Lindsay C. Gibson

Als Kind emotional unreifer Eltern Heilung finden

kailash

LINDSAY C. GIBSON

# Als Kind emotional unreifer Eltern Heilung finden

Das Praxisbuch – Schritt für Schritt Grenzen setzen und emotionale Unabhängigkeit gewinnen

Aus dem Englischen von Dr. Gabriele Würdinger

kailash

MIX
Papier | Fördert gute Waldnutzung
FSC® C014496

Penguin Random House Verlagsgruppe FSC® N001967

Die amerikanische Originalausgabe ist 2019 unter dem Titel
*Recovering from Emotionally Immature Parents. Practical Tools to
Establish Boundaries & Reclaim Your Emotional Autonomy* erschienen bei
New Harbinger Publications, Inc.

3. Auflage
Deutsche Erstausgabe

in der Penguin Random House Verlagsgruppe GmbH
Neumarkter Straße 28, 81673 München
produktsicherheit@penguinrandomhouse.de
(Vorstehende Angaben sind zugleich
Pflichtinformationen nach GPSR.)


Lektorat: Ralf Lay, Mönchengladbach
Umschlaggestaltung: ki 36, Daniela Hofner Editorial Design, München
Satz: Satzwerk Huber, Germering
Druck und Bindung: GGP Media GmbH, Pößneck
Printed in Germany
ISBN 978-3-424-63266-8

www.kailash-verlag.de

*Für Skip*
*Bis in die Unendlichkeit und noch weiter*

# Inhalt

Einleitung . . . . . . . . . . 9

**Teil I: Womit Sie es zu tun haben**
Mit emotionaler Unreife umgehen

1. **Ihre emotional unreifen Eltern** . . . . . . . . . . 21
   Wie die Beziehung zu ihnen aussieht und wie sie so geworden sind, wie sie jetzt sind

2. **Emotional unreife Eltern verstehen** . . . . . . . . . . 45
   Ihre Charaktereigenschaften und ihr Hang zu emotionaler Vereinnahmung

3. **Die Sehnsucht nach einer Beziehung zu Ihrem emotional unreifen Elternteil** . . . . . . . . . . 73
   Warum Sie es immer wieder versuchen

4. **Emotionale Vereinnahmung abwehren** . . . . . . . . . . 101
   Erkennen Sie die Verzerrungen anderer und verlieren Sie nicht den Kontakt zu sich selbst

5. **Interaktionen meistern und mit emotionaler Erpressung umgehen** ........ 126
Maßnahmen, die Sie handlungsfähig machen

6. **Emotional unreife Eltern sind Ihrer inneren Welt gegenüber feindlich eingestellt** ........ 151
Wie Sie Ihr Recht auf Ihre ureigensten Erfahrungen verteidigen

**Teil II: Emotionale Autonomie**
Fordern Sie die Freiheit ein, Sie selbst zu sein

7. **Nähren Sie die Verbindung zu sich selbst** ........ 179
Wie Sie Vertrauen in Ihre innere Welt schöpfen

8. **Mental Clearing – die Kunst, zu geistiger Klarheit zu gelangen** ........ 203
Schaffen Sie Raum für Ihre eigenen Gedanken

9. **Bringen Sie Ihr Selbstkonzept auf den neuesten Stand** ........ 228
Wie Sie Verzerrungen korrigieren und selbstbewusster werden

10. **Jetzt können Sie die Beziehung aufbauen, die Sie sich immer gewünscht haben** ........ 254
Fokussieren Sie sich jeweils auf nur eine Interaktion

Epilog: Die Grundrechte erwachsener Kinder emotional unreifer Eltern ........ 285

Danksagung ........ 290

Literaturverzeichnis ........ 293

# Einleitung

Als ich eines Tages einer Klientin zuhörte, die von ihrem Vater erzählte, wurde mir klar, dass dieser sich nicht nur unangemessen und ausfallend verhielt, sondern dass er auch krankhaft *unreif* war. Der Vater dieser Klientin war impulsiv und egozentrisch und dachte keine Sekunde darüber nach, welche Auswirkungen sein Verhalten auf seine Tochter hatte. Emotional befand er sich auf der Stufe eines zu groß geratenen Kleinkinds – bestenfalls auf der Stufe eines Vierzehnjährigen. Mir wurde bewusst, wie viele Klienten zu mir kamen, weil ihre Kindheit von der Unberechenbarkeit und den emotionalen Überreaktionen ihrer Eltern überschattet worden war. Deren emotionale Unreife war für sie wie ein Gefängnis. Psychologisch gesehen waren diese Eltern zwar noch Kleinkinder, aber sie steckten in einem starken Erwachsenenkörper und besaßen große Autorität. An jenem Tag sah ich diese Eltern in einem anderen Licht, denn jenseits ihrer vermeintlichen Autorität waren sie nichts anderes als Mobber.

Andere Klienten hatten emotional unreife Eltern, die sich zwar unauffällig zu verhalten wussten, aber so distanziert, ja geradezu abweisend waren, dass ihre Kinder unter seelischer Vereinsamung litten und mit einem Gefühl der Unverbundenheit aufwuchsen. Diese Eltern wirkten nach außen oft kompetent und verlässlich, waren aber empathielos und so mit sich selbst beschäftigt, dass sie sich nicht auf ihre Kinder einlassen konnten. Die Eltern anderer Klienten waren zwar freundlich, ließen aber ihre Kinder im Stich, weil sie sich immer dann aus dem Staub machten, wenn es ein ernsthaftes Problem gab oder ihr Kind ihren Schutz gebraucht hätte.

Auch wenn es Unterschiede im Verhalten der emotional unreifen Eltern meiner Klienten gab, waren sie im Grunde alle gleich: Allen fehlte es an Empathie, alle waren egozentrisch und alle waren nicht in der Lage, eine angemessene emotionale Beziehung zu ihren Kindern aufzubauen. Insgesamt wuchsen viele meiner Klienten in einem familiären Umfeld auf, das von Konflikten, Hänseleien und einem Mangel an gefühlsmäßiger Nähe geprägt war.

Paradoxerweise können sich viele solche Eltern ansonsten wie echte Erwachsene verhalten und am Arbeitsplatz oder in ihrer sozialen Gruppe gut funktionieren. Von außen betrachtet, ist es schwer zu glauben, dass sie ihren Kindern zu Hause so viel Leid zufügen.

Meine Klienten wurden in ihrer Kindheit durch die widersprüchlichen Persönlichkeiten ihrer Eltern stark verunsichert. Es erschien ihnen daher naheliegend, sich selbst die Schuld zu geben. Diejenigen, die sich als Kinder schlecht behandelt oder vernachlässigt fühlten, glaubten, dass es an ihnen lag, weil sie nicht liebenswert oder interessant genug wären. Diese Klienten und Klientinnen empfanden ihre emotionalen Bedürfnisse als unangemessen, hatten Schuldgefühle wegen ihrer Wut auf die Eltern und bagatellisierten oder entschuldigten deren Verhalten. (»Natürlich haben sie mich geschlagen, aber das haben damals viele Eltern mit ihren Kindern gemacht.«)

## Das Problem mit emotional unreifen Eltern

Eine Kindheit mit solchen Eltern kann zu einem dauerhaften Gefühl der Einsamkeit und generell zu einem ambivalenten Beziehungsverhalten führen. Emotionale Einsamkeit entsteht aus dem Gefühl, nicht gesehen zu werden und unbeachtet zu bleiben, egal, wie sehr man sich um Kommunikation und Beziehungen bemüht. Im Erwachsenenalter fühlen sich diese Kinder oft zu Partnern und Freunden hingezogen, die sie enttäuschen und die ihnen in ihrer Selbstbezogenheit und ihrer Weigerung, tiefe emotionale Bindungen einzugehen, sehr vertraut sind.

Wenn ich Klienten über emotional unreife Eltern aufkläre, erkennen viele ihre eigene Lebensgeschichte wieder. Es ist, als ob ihnen ein Licht aufgeht. Ihnen wird klar, warum sie das Gefühl hatten, dass ihre Eltern in erster Linie sich selbst liebten, und warum ihre Versuche, eine tiefere Bindung zu ihnen aufzubauen, scheiterten. Wenn meine Klienten erst einmal verstehen, dass sie emotional unreife Eltern haben, bekommen die einschneidenden Erlebnisse ihrer Kindheit endlich einen Sinn. Sobald sie deren Unzulänglichkeiten objektiver sehen, können sie sich aus dem Gefängnis der elterlichen Unreife befreien.

Es ist nicht nur die tatsächliche Misshandlung, die Schaden anrichtet. Der gesamte Erziehungsansatz dieser Eltern ist ungesund für die emotionale Entwicklung und schafft ein Klima der Angst und des Misstrauens zwischen Eltern und Kind. Ihr Umgang mit dem Kind ist oberflächlich, zwanghaft und verurteilend. Sie hindern das Kind daran, seinen eigenen Gedanken und Gefühlen zu vertrauen, und hemmen dadurch die Entwicklung seiner Intuition, Selbststeuerung, Leistungsfähigkeit und Autonomie.

Als Kind derart aufgelegter Eltern haben Sie vielleicht gelernt, sich abzuschotten, um deren emotionales Gleichgewicht nicht zu stören. Sie sind so dünnhäutig, dass sie sich durch Ihre Spontaneität leicht gekränkt fühlen.

Statt die Individualität ihres Kindes und sein Vertrauen in andere zu fördern, machen emotional unreife Eltern mit ihren heftigen Reaktionen ihr Kind gehemmt, passiv und unterwürfig. Um mit ihnen zurechtzukommen, ist es kurzfristig einfacher, zu verbergen, wer man wirklich ist und was man wirklich will. Auf Dauer wird man jedoch von Schuldgefühlen und Scham eingeholt. Sie werden sich gefangen fühlen in der Rolle, die Sie in Ihrer Familie spielen. Die gute Nachricht ist aber, dass Sie Ihr Leben wieder selbst in die Hand nehmen können, wenn Sie verstehen, wie Ihre Eltern ticken und welche Auswirkungen ihr Verhalten auf Sie hat.

## Das Ziel dieses Buches

In diesem Buch geht es darum, zu verstehen, wie sich die emotionale Unreife Ihrer Eltern auf Sie auswirkt. Solange Ihnen nicht klar ist, dass Ihre Eltern psychisch krank sind, werden Sie sich vielleicht Vorwürfe machen oder vergeblich hoffen, dass sich Ihr Vater oder Ihre Mutter eines Tages ändern wird. Dieses Buch hilft Ihnen, zu erkennen, womit Sie es zu tun haben, und Ihre Eltern so gut wie möglich zu verstehen.

Sie werden lernen, typische Merkmale und Verhaltensweisen emotional unreifer Eltern zu benennen und zu erklären, da es bisher keine allgemeingültigen Definitionen gibt. Mit diesem Buch möchte ich Ihnen eine Sprache für all das geben, was in der Beziehung mit solchen Eltern vor sich geht. Sowohl für das, was *zwischen* Ihnen und Ihren Eltern passiert, als auch für das, was in Ihrem *Inneren* vorgeht, während Sie versuchen, mit Ihren Eltern zurechtzukommen. Wenn Sie es benennen können, können Sie damit umgehen. Ihr Leben muss nicht von emotional unreifen Menschen bestimmt werden. Sie können herausfinden, welchen Einfluss sie auf Ihr Leben haben, und sich von ihnen befreien. In diesem Buch finden Sie Übungen, die Sie schriftlich ausführen können, um Ihre Selbstwahrnehmung zu stärken und Einblicke in Ihre Erfahrungen mit emotional unreifen Eltern und Personen zu gewinnen. Ich hoffe, dass Sie diese interaktiven Übungen aufschlussreich und unterhaltsam finden.

## Emotionale Unreife – ein hochaktuelles Thema

Das Thema war noch nie so wichtig wie heute. Emotional unreifes Verhalten ist weit verbreitet und verursacht in allen Lebensbereichen enormes Leid. Das Dominanzstreben emotional Unreifer und ihr Drang, immer im Mittelpunkt zu stehen, lassen anderen keinen Raum, ganz sie selbst zu sein. Ihr Ich-zuerst-Anspruch und ihre Selbstgerechtigkeit untergraben die Rechte ihrer Mitmenschen, sodass sie ihrer Neigung zu Missbrauch, Schikane, Vorurteilen, Ausbeutung und Korruption aller Art freien Lauf lassen können.

Leider führt die Unfähigkeit, sich selbst infrage zu stellen, dazu, dass so disponierte Führungspersönlichkeiten stark und selbstbewusst erscheinen, was ihre Anhänger oder Untergebenen dazu verleitet, Pläne zu unterstützen, die nicht in ihrem besten Interesse und fast ausschließlich der Führungspersönlichkeit von Nutzen sind. Unsere Anfälligkeit für egozentrische Autorität beginnt in der Kindheit, wenn emotional unreife Eltern uns beibringen, dass unsere Gedanken nicht so wertvoll sind wie ihre und dass wir alles akzeptieren müssen, was sie sagen. Es ist nachvollziehbar, dass die betroffenen Kinder im späteren Leben zu Extremismus neigen und häufig Opfer von Ausbeutung oder sogar Sekten werden.

Das Wissen über emotionale Unreife wird Ihnen helfen, das entsprechende Verhalten zu verstehen und damit umzugehen, unabhängig davon, von wem es ausgeht. Die emotional unreife Person in Ihrem Leben kann ein Elternteil, ein Partner, ein Kind, ein Geschwister, ein Arbeitgeber, ein Kunde oder jemand anders sein. Ob innerhalb oder außerhalb der Familie, die zwischenmenschliche Dynamik ist immer die gleiche. Alle Methoden, die mit solchen Eltern funktionieren, funktionieren auch mit anderen emotional unreifen Menschen.

## Themenübersicht

In der ersten Hälfte dieses Buches, in Teil I, geht es darum, wie es ist, mit solchen Eltern aufzuwachsen – oder in einer Beziehung mit einem entsprechend disponierten Menschen zu leben –, und wie man damit umgehen kann. In Kapitel 1 erkunden wir die Beziehung zu Ihrem emotional unreifen Elternteil. Sie werden etwas über sein charakteristisches *Beziehungssystem* erfahren und darüber, wie er versucht, Sie für sein Selbstwertgefühl und seine emotionale Stabilität verantwortlich zu machen. Sie werden auch mögliche Gründe erfahren, warum Ihr Vater oder Ihre Mutter zu einer solchen Persönlichkeit geworden ist.

In Kapitel 2 werden die typischen Persönlichkeitsmerkmale ausführlich beschrieben. Sie werden auch lernen, *emotionale Erpressung* und *Vereinnahmung* durch emotional unreife Personen zu erkennen – und wie diese Ihre Selbstzweifel, Angst, Scham und Schuldgefühle instrumentalisieren, um in Ihrer Beziehung langfristig die dominante Rolle zu spielen.

In Kapitel 3 werden wir untersuchen, wie Sie sich fühlten, als Sie versuchten, eine zufriedenstellende Beziehung zu Ihren Eltern zu haben. Wir werden uns die verschiedenen Typen emotional unreifer Eltern ansehen und die Gründe, warum sie keine Nähe zulassen. Sie werden lernen, die Eltern objektiver zu betrachten, Ihre Trauer über das, was Ihnen vorenthalten wurde, zuzulassen und eine mitfühlendere und loyalere Beziehung zu sich selbst und anderen aufzubauen.

Kapitel 4 zeigt Ihnen, wie Sie die Vereinnahmung durch solche Personen vermeiden können, indem Sie deren Realitätsverzerrungen und vermeintliche Notlagen hinterfragen. Sie erfahren, wie Sie angemessene Grenzen setzen und wann und wie Sie auf Hilferufe reagieren können. Sie werden verstehen, wie zwischenmenschlicher Druck dazu führen kann, dass Sie nicht mehr auf sich selbst hören und wider besseres Wissen die Verantwortung für das Glück Ihrer emotional unreifen Eltern übernehmen.

In Kapitel 5 beschreibe ich im Detail, wie Sie auf typische Verhaltensweisen derart eingestellter Leute reagieren und was Sie sagen und tun sollten. Sie erfahren, wie Sie dem Druck einer solchen Person ausweichen, wie Sie die Führung im Umgang mit ihr übernehmen und wie Sie sie davon abhalten können, das Ruder an sich zu reißen.

Kapitel 6 zeigt die unzähligen subtilen Wege auf, auf denen emotional unreife Eltern und andere Menschen Ihr Selbstvertrauen und Ihr Vertrauen in Ihre Intuition untergraben. Sie sind feindselig gegenüber Ihrem Seelenleben, indem sie Ihre Wahrnehmungen, Gedanken und Gefühle verspotten und abwerten. In diesem Kapitel werden Sie erfahren, wie Sie sich gegen Abwertung immunisieren können, indem Sie Ihrer eigenen Erfahrungswelt treu bleiben.

In der zweiten Hälfte des Buches, Teil II, geht es nicht mehr vornehmlich darum, emotional unreife Menschen zu verstehen und mit ihnen umzugehen, sondern darum, wie Sie trotz ihres Einflusses Ihre eigene Individualität stärken können. Sie werden die Auswirkungen Ihrer Kindheit revidieren, indem Sie sich auf Ihre eigene persönliche Entwicklung konzentrieren.

In Kapitel 7 erfahren Sie, warum die Wertschätzung Ihrer inneren Welt entscheidend ist, um wieder eine stabile Beziehung zu sich selbst aufzubauen. Mit dieser neu gewonnenen Loyalität gegenüber den eigenen Gefühlen werden Sie Selbstvertrauen gewinnen und Ihre Gefühle als wertvolle Hinweise darauf sehen, worauf Sie Ihre Aufmerksamkeit richten sollten.

Kapitel 8 zeigt Ihnen, wie Sie sich von der Denkweise, die Ihnen aufgezwungen wurde, befreien können, um Platz für Ihre eigenen Ideen zu schaffen. Sie werden lernen, Selbstzweifel zu überwinden, die von kritischen, emotional unreifen Eltern verursacht wurden, welche alle Ansichten ablehnten, die nicht ihren eigenen entsprachen. Wenn Sie Ihre Gedankenwelt vom Einfluss einer solchen Person befreit haben, werden Sie weniger anfällig für zwanghafte Sorgen und Selbstkritik sein.

In Kapitel 9 werden Sie Ihr Selbstbild aktualisieren und erweitern. Es ist unwahrscheinlich, dass Ihre Eltern Ihnen geholfen haben, ein stimmiges und selbstbewusstes Selbstbild zu entwickeln. Stattdessen haben sie Ihnen wahrscheinlich Unterwürfigkeit beigebracht, was dazu führt, dass die Bedürfnisse und Gefühle anderer wichtiger für Sie sind als Ihre eigenen. Erst wenn Ihr Selbstkonzept auf dem neuesten Stand ist, werden Sie erkennen, was Ihr Beitrag zu dieser Welt ist. Darüber hinaus lernen Sie, sich von verzerrten oder überholten Selbstbildern zu verabschieden.

Im letzten Kapitel fassen Sie zusammen, was Sie gelernt haben. Sie werden die unterschwelligen Bedingungen des Beziehungsvertrags mit Ihren Eltern überprüfen und herausfinden, ob Sie bereit sind, eine Beziehung auf Augenhöhe zu führen.

Ihr ultimatives Ziel ist es, eine loyale Beziehung zu sich selbst aufzubauen und sich engagiert um Ihr eigenes Wohlergehen zu kümmern. Sie werden Klarheit darüber gewinnen, wie Sie die Beziehung zu Ihren Eltern am besten gestalten können, ohne Ihre Integrität zu opfern oder Ihren Eltern Vorwürfe zu machen.

Im Nachwort finden Sie einen Katalog von Rechten für alle erwachsenen Kinder emotional unreifer Eltern. Diese Rechte fassen die zentralen Ideen des Buchs zusammen und dienen Ihnen als schnelle Erinnerung an das Gelernte.

## Was ich mir für Sie wünsche

Ich hoffe, dass Sie sich nach der Lektüre dieses Buches verstanden und ermutigt fühlen, eine tiefere Beziehung zu sich selbst aufzubauen und sich selbst besser zu verstehen. Ihre Eltern haben Ihnen Leben und Liebe geschenkt, aber nur so, wie sie sie kannten. Dafür können Sie ihnen dankbar sein, aber Sie sollten ihnen nicht länger ungerechtfertigte Macht über Ihr emotionales Wohlbefinden geben. Ihre Aufgabe ist es nun, sich selbst weiterzuentwickeln: ein Mensch zu werden, der sich der eigenen Person und anderen gegenüber verpflichtet fühlt. Für mich ginge ein Traum in Erfüllung, wenn dieses Buch Ihnen dabei helfen würde.

# TEIL I

# Womit Sie es zu tun haben

## Mit emotionaler Unreife umgehen

Im ersten Teil dieses Buches erfahren Sie, wie es sich anfühlt, mit emotional unreifen Eltern zu tun zu haben, wie sie zu solchen geworden sind, welche Persönlichkeitsmerkmale sie haben und warum es schwierig ist, mit ihnen eine befriedigende, enge Beziehung zu führen. Sie lernen Methoden und Interaktionsstrategien kennen, um Ihren Eltern trotz ihrer Verzerrungen und Versuche, Sie zu dominieren, Grenzen zu setzen. Sie werden verstehen, warum es so wichtig ist, sich selbst in ihrer Gegenwart treu zu bleiben, und wie Sie ihren dringenden Forderungen und emotionalen Erpressungsversuchen widerstehen können.

# Kapitel 1

# Ihre emotional unreifen Eltern

## Wie die Beziehung zu ihnen aussieht und wie sie so geworden sind, wie sie jetzt sind

Emotional unreife Eltern sind frustrierend und demoralisierend. Es ist schwer, Eltern zu lieben, die auf der Gefühlsebene nicht verfügbar sind, die Respekt erwarten, Sie aber zugleich kontrollieren wollen und mit Ablehnung bestrafen. Typisch für solche Eltern ist es, dass sie nicht auf die emotionalen Bedürfnisse ihrer Kinder eingehen. Sie haben wenig Interesse an emotionaler Nähe, bei der sich zwei Menschen auf einer tiefen Ebene kennen- und verstehen lernen. Eine befriedigende, enge Bindung, die die Beteiligten füreinander wertvoll macht, entsteht durch das Teilen tiefer Gefühle. Solche Eltern sind dazu nicht in der Lage.

Manchmal erahnt man bei ihnen eine flüchtige Sehnsucht nach echter Nähe, die einen weiter auf sie zugehen lässt. Leider ziehen sie sich aber immer weiter zurück, je näher man ihnen kommt, weil sie Angst vor echter Nähe haben. Es ist, als würde man mit jemandem tanzen, der sich in perfekter Synchronisation mit den eigenen Bemühungen um Nähe von einem entfernt. Das Bedürfnis nach Aufmerksamkeit und die Unfähigkeit, wirkliche Nähe zuzulassen, führt zu einer »Push-pull-Dynamik« in der Beziehung, die Ihre Bedürfnisse nicht erfüllt und zu seelischer Einsamkeit führt. Ihr Vater oder Ihre Mutter ist Ihnen wichtig, aber Sie können ihnen nicht nah genug kommen, um eine echte Beziehung aufzubauen.

Doch wenn Sie erst einmal herausgefunden haben, wie Ihre Eltern ticken, bekommen Ihre Erfahrungen einen Sinn – und damit auch die emotionale Einsamkeit. Wenn Sie die Psyche Ihrer emotional unreifen Eltern verstehen, werden Sie in der Lage sein, mit ihnen und allen anderen Menschen gleichen Schlages umzugehen, ohne Opfer *emotionaler Erpressung* zu werden. Auf diese Weise können Sie eine ehrlichere Beziehung zu Ihren Eltern aufbauen, weil Sie wissen, was Sie von ihnen erwarten können und was nicht.

In diesem Kapitel erforschen wir, wie es ist, eng mit emotional unreifen Eltern verbunden zu sein. Sie erfahren etwas über das Beziehungssystem, das Ihre Eltern als Liebesersatz benutzen, und Sie erhalten Erklärungen dafür, warum Ihre Eltern so geworden sind, wie sie sind.

Im weiteren Verlauf dieses Buches finden Sie Übungen, die Ihnen helfen, das Gelesene zu verarbeiten. Es bietet sich an, als Teil Ihres Selbstfindungsprozesses ein Tagebuch darüber zu führen, was Sie im Laufe der Zeit lernen. Wenn Sie Ihre Selbsterkenntnisse festhalten – am besten in einem neuen Tagebuch speziell für diesen Zweck –, geben Sie sich selbst emotionale Unterstützung und Bestätigung, die Sie von Ihren Eltern kaum erhalten.

Der Prozess des Schreibens wird Ihnen helfen, schwer fassbare und vage Erfahrungen endlich in Worte zu fassen. Machen Sie sich Notizen zu den Gefühlen, Erinnerungen und Erkenntnissen, die beim Lesen auftauchen. Diese Notizen können sich auf Ihre Eltern oder andere emotional unreife Menschen beziehen, denen Sie in Ihrem Leben begegnet sind. Wenn Sie Ihre Erfahrungen und Erkenntnisse aufschreiben, lassen Sie nach jedem Eintrag ein paar Zeilen frei, damit Sie nachträglich noch etwas hinzufügen können. Es ist von unschätzbarem Wert, später einmal zurückzublicken und zu sehen, wo Sie angefangen haben. Lassen Sie uns auf solche Weise mal einen Blick darauf werfen, was Sie dazu gebracht hat, dieses Buch zu lesen.

### Übung
### Warum Sie zu diesem Buch gegriffen haben

Nehmen Sie sich einen Moment Zeit, um darüber nachzudenken, was Sie an diesem Buch gereizt hat. Schreiben Sie in Ihr Tagebuch oder vorerst nur auf ein Blatt Papier, was Sie neugierig gemacht hat, als Sie den Titel gelesen haben. Was haben Sie sich erhofft zu erfahren und an welche Person haben Sie dabei gedacht? Welche Gefühle löst diese Person in Ihnen aus? Inwiefern wünschen Sie sich eine andere Beziehung zu dieser Person? Wie hätte die Beziehung zu dieser Person aussehen sollen, falls sie nicht mehr lebt?

Schauen wir uns nun an, wie es ist, eine Beziehung zu einem emotional unreifen Elternteil oder anderen Menschen mit solchen Eigenschaften zu haben, und welche Gefühle diese Person bei Ihnen auslöst. Das kann alte Wunden aufreißen, daher sollten Sie – wie bei jedem Selbstfindungsprozess – bei Bedarf einen Psychotherapeuten aufsuchen, um weitere Hilfe und Unterstützung zu erhalten.

## Was es bedeutet, eine Beziehung mit ihnen zu haben

Emotional unreife Eltern und Personen zeigen ein typisches Verhalten in zwischenmenschlichen Beziehungen. Die folgenden zehn Erfahrungen können mit einem solchen Menschen gemacht werden.

### 1. Sie fühlen sich in ihrer Gegenwart einsam

Eine Kindheit mit emotional unreifen Eltern begünstigt emotionale Einsamkeit. Auch wenn Ihr Vater oder Ihre Mutter physisch anwesend war, haben Sie sich vielleicht allein gelassen gefühlt. Obwohl Sie möglicherweise eine familiäre Bindung zu Ihrem emotional unreifen Elternteil haben, unterscheidet sich diese doch sehr von einer emotional sicheren Eltern-Kind-Beziehung. Unreife Eltern sagen ihren Kindern gern, was sie tun sollen, doch emotionale Fürsorge ist ihre Sache nicht. Sie können sich gut um ihr Kind kümmern, wenn es krank ist, aber sie wissen nicht, was zu tun ist, wenn es Liebeskummer hat. Daher wirkt ihr Verhalten, etwa wenn sie versuchen, ihr wütendes Kind zu beruhigen, manchmal gekünstelt oder unbeholfen.

### 2. Interaktionen mit ihnen fühlen sich einseitig und frustrierend an

Die Selbstbezogenheit und das begrenzte Einfühlungsvermögen emotional unreifer Eltern führen dazu, dass sich die Interaktion mit ihnen einseitig anfühlt. Wenn Sie versuchen, ihnen etwas mitzuteilen, was Ihnen wichtig ist, werden sie Sie wahrscheinlich ignorieren, das Thema wechseln, über sich selbst sprechen oder einfach abtun, was Sie sagen. So aufgewachsene Kinder wissen oft sehr viel mehr über die Probleme ihrer Eltern als die Eltern über ihre.

Obwohl emotional unreife Eltern Ihre Aufmerksamkeit einfordern, wenn sie verärgert sind, sind sie selten bereit, Ihnen zuzuhören oder mit Ihnen zu fühlen, wenn Sie Sorgen oder Probleme haben. Anstatt sich mit Ihnen zusammenzusetzen, damit Sie Ihr Herz ausschütten können, bieten sie in der Regel oberflächliche Lösungen an, sagen Ihnen, dass Sie sich keine Sorgen machen sollen, oder reagieren sogar verärgert, wenn Sie wütend sind. Sie haben das Gefühl, dass Ihnen der Zugang zu Ihren Eltern versperrt ist und dass Sie vergeblich nach Mitgefühl und Trost suchen.

## 3. Sie fühlen sich genötigt und gefangen

Emotional unreife Eltern bestehen darauf, dass man sie an die erste Stelle setzt und ihnen die Bühne überlässt. Um ihren Willen durchzusetzen, lösen sie bei Ihnen Scham-, Schuld- und Angstgefühle aus. Hält man sich nicht an ihre Regeln, reagieren sie mit heftigen Vorwürfen oder Wutausbrüchen.

Oft wird für diese Art der emotionalen Erpressung der Begriff »Manipulation« verwendet, den ich aber für irreführend halte. Dieses Verhalten ist eher ein Überlebensinstinkt. Die Eltern tun alles, was sie können, um in der jeweiligen Situation das Gefühl von Kontrolle und Sicherheit zu erhalten, ganz gleich, welchen Preis Sie dafür zahlen.

Vielleicht fühlen Sie sich auch von ihrem oberflächlichen Beziehungsstil eingeengt. Diese Eltern pflegen einen unverbindlichen, egozentrischen Umgang mit ihren Mitmenschen, weshalb Gespräche mit ihnen oft langweilig sind. Sie halten sich an Themen, bei denen sie sich sicher fühlen, was schnell zu Stagnation und Wiederholungen führt.

## 4. Sie kommen zuerst und erst danach ihr Kind

Emotional unreife Eltern sind extrem selbstbezogen, was bedeutet, dass sich alles immer nur um sie dreht. Sie erwarten von Ihnen, dass Sie Ihre eigenen Bedürfnisse als zweitrangig betrachten, und stellen ihre eigenen Interessen so sehr in den Vordergrund, dass es sich anfühlt, als würden sie Ihre herabsetzen. Sie streben keine Beziehung auf Augenhöhe an. Sie erwarten von ihren Kindern, dass sie ihrem Anspruch, an erster Stelle zu stehen, blind folgen.

Wenn Eltern nicht bereit sind, den Bedürfnissen ihres Kindes hohe Priorität einzuräumen, kann dies zu Unsicherheit beim Kind führen. Nicht sicher sein zu können, dass die Eltern an einen denken und einen unterstützen, macht anfällig für Stress, Ängste und Depressionen. Dies sind verständliche Reaktionen auf eine Kindheit, in der Sie sich nicht darauf verlassen konnten, dass Vater oder Mutter Ihre Bedürfnisse wahrnehmen und Sie vor Überforderung bewahren.

## 5. Sie lassen weder innige Vertrautheit zu, noch zeigen Sie sich von Ihrer verletzlichen Seite

Obwohl emotional unreife Eltern zu heftigen emotionalen Reaktionen neigen, lassen sie keine tiefen Gefühle zu (McCullough et al. 2003). Sie haben Angst, sich emotional zu exponieren, und verstecken sich oft hinter einer defensiven Fassade. Das geht so weit, dass sie sogar den zärtlichen Umgang mit ihren Kindern vermeiden, weil sie sich dadurch zu verletzlich machen würden. Da Macht in ihren Augen alles ist, was sie haben, befürchten sie, dass Liebe zu zeigen ihre Macht als Eltern untergraben könnte.

Auch wenn sich diese Eltern ungern von ihrer verletzlichen Seite zeigen, können sie sehr emotional werden, wenn sie sich mit ihrem Partner streiten, über ihre Probleme klagen, Dampf ablassen oder vor ihren Kindern regelrecht in Rage geraten.

Wenn sie wütend sind, sieht es ganz und gar nicht so aus, als hätten sie Angst vor ihren Gefühlen. Bei diesen einseitigen Ausbrüchen lassen sie jedoch lediglich Druck ab. Mit der Bereitschaft, sich auf eine echte emotionale Beziehung einzulassen, hat das nichts zu tun.

Aus diesem Grund ist es schwierig, sie zu trösten. Sie wollen, dass man ihren Ärger spürt, wehren sich aber gegen die Nähe, die entsteht, wenn man wirklich getröstet wird. Beim Versuch, ihnen Trost zu spenden, kann es passieren, dass sie Sie mit steifen Armen auf Abstand halten. Diese geringe *Aufnahmefähigkeit* (McCullough 1997) macht es unmöglich, sie zu trösten oder eine Bindung zu ihnen aufzubauen.

## 6. Sie kommunizieren über emotionale Ansteckung

Anstatt über ihre Gefühle zu sprechen, drücken sich solche Personen nonverbal durch *Gefühlsansteckung* aus (Hatfield et al. 2009), wobei sie die Grenzen ihres Kindes überschreiten und es in den Zustand der Wut versetzen, in dem sie sich selbst befinden. In der Familiensystemtheorie wird dieses Fehlen gesunder

Grenzen als »emotionale Verschmelzung« (Bowen 1985) und in der strukturellen Familientherapie als »Verstrickung« (Minuchin 2015) bezeichnet. Damit wird der Prozess beschrieben, in dem Familienmitglieder in die Emotionen und psychischen Probleme der jeweils anderen hineingezogen werden.

Wie Kleinkinder erwarten emotional unreife Eltern, dass Sie intuitiv wissen, was sie fühlen, ohne dass sie es sagen müssen. Sie sind verletzt und wütend, wenn Sie ihre Bedürfnisse nicht erahnen, und erwarten, dass Sie wissen, was sie wollen. Hält man dagegen, dass sie nicht gesagt haben, was sie wollen, reagieren sie so: »Würdest du mich wirklich lieben, hättest du es gewusst.« Sie erwarten von ihren Kindern, dass sie ihnen ständig Aufmerksamkeit schenken. Dass Kleinkinder diese Aufmerksamkeit von ihren Eltern einfordern, ist legitim; doch wenn Eltern dies von ihren Kindern erwarten, ist es das nicht.

## 7. Sie missachten Ihre Grenzen und Ihre Individualität

Emotional unreife Eltern verstehen die Bedeutung von Grenzen nicht. Sie setzen diese mit Ablehnung gleich und schließen daraus, dass sie Ihnen nicht wichtig genug sind, um ihnen freien Zugang zu Ihrem Leben zu gewähren. Deshalb reagieren sie ungläubig, beleidigt oder verletzt, wenn Sie sie bitten, Ihre Privatsphäre zu respektieren. Sie fühlen sich nur dann geliebt, wenn Sie sich jederzeit von ihnen stören lassen, und streben dominante und privilegierte Rollen an, in denen sie die Grenzen anderer nicht respektieren müssen.

Genauso wenig achten solche Eltern Ihre Individualität, weil sie keine Notwendigkeit dafür sehen. Die Rollenverteilung in der Familie ist für sie unantastbar und sie verstehen nicht, warum Sie einen Freiraum oder eine eigene Identität beanspruchen, die sich von ihnen abgrenzt. Sie sehen nicht ein, warum ihr Kind nicht einfach so sein kann wie sie, genauso denkt, die gleiche Weltanschauung hat und die gleichen Werte vertritt. Als ihr Kind gehören Sie nach Meinung Ihrer Eltern ihnen. Noch im Erwachsenenalter erwarten sie von Ihnen, dass Sie ihr gehorsames Kind bleiben oder – wenn Sie darauf bestehen, ein eigenes Leben zu führen – zumindest immer ihren Ratschlägen folgen.

## 8. Die Emotionsarbeit in der Beziehung zu den Eltern leisten Sie

*Emotionsarbeit* (Fraad 2008) ist das Bemühen, das man unternimmt, um sich gefühlsmäßig auf die Bedürfnisse anderer einzustellen. Emotionsarbeit kann einfach sein – zum Beispiel höflich und freundlich zu sein – oder kompliziert, wenn man sich beispielsweise bemüht, gegenüber einem verzweifelten Teenager die richtigen Worte zu finden. Emotionale Arbeit zu leisten, bedeutet, einfühlsam und mit gesundem Menschenverstand zu handeln, tiefer liegende Motive zu erkennen und zu antizipieren, wie das Gegenüber auf das eigene Handeln reagieren wird.Wenn in einer Beziehung etwas schiefgeht, steigt die Notwendigkeit, emotionale Arbeit zu leisten, sprunghaft an. Sich zu entschuldigen, eine Versöhnung anzustreben und Wiedergutmachung zu leisten, gehören zu den anstrengenden Aspekten emotionaler Arbeit, die der Aufrechterhaltung einer gesunden, langfristigen Beziehung dienen. Da emotional unreife Eltern aber kein Interesse daran haben, die Reparaturarbeit in ihrer Beziehung zu machen, bleibt es an Ihnen hängen, sich um die Wiederherstellung ihrer Bindung zu bemühen.

Anstatt die Dinge richtigzustellen oder sich zu entschuldigen, verschlimmern solche Eltern die Situation oft, indem sie anderen die Schuld zuschieben und die Verantwortung für ihr Verhalten ablehnen. In einer Situation, in der es einfacher wäre, sich zu entschuldigen, beharren diese Eltern gern darauf, dass Sie etwas getan oder nicht getan haben, was ihr verletzendes Verhalten rechtfertigt. Nach ihrer Logik wäre das Problem gar nicht erst entstanden, wenn man sich im Voraus an ihre Erwartungen gehalten und entsprechend gehandelt hätte.

## 9. Sie verlieren Ihre emotionale Autonomie und mentale Freiheit

Weil emotional unreife Eltern Sie als verlängerten Arm ihrer selbst betrachten, missachten sie Ihre Gedanken- und Gefühlswelt. Stattdessen beanspruchen sie das alleinige Recht, Ihre Gefühle als nachvollziehbar oder unberechtigt zu beurteilen. Sie missachten Ihre emotionale Autonomie, Ihre Freiheit und Ihr Recht auf eigene Gefühle.

Da solche Eltern glauben, dass die Gedanken ihres Kindes den ihren entsprechen sollten, reagieren sie schockiert und ablehnend, wenn es kontroverse Ideen hat. Daher steht es Ihnen nicht frei, über bestimmte Dinge nachzudenken, nicht einmal in der Privatsphäre Ihrer eigenen Gedanken. (»Denk nicht einmal darüber nach …!«) Ihre Gedanken werden danach gefiltert, ob sie Ihren Eltern gefallen oder nicht, und dementsprechend in *gut* und *schlecht* sortiert.

## 10. Solche Eltern können Spielverderber und manchmal regelrecht sadistisch sein

Da emotional unreife Eltern sich schwertun, sich in die Gefühlswelt ihrer Mitmenschen hineinzuversetzen, können sie sich auch nicht über das Glück anderer oder über die Leistungen ihres Kindes freuen und verderben ihm das Gefühl, auf sich selbst stolz zu sein. Den Träumen ihrer Kinder versetzen sie gern einen Dämpfer, indem sie sie an die deprimierende Realität des Erwachsenenlebens erinnern.

So erzählte Martin als Teenager seinem Vater stolz, dass er bei seinem ersten Auftritt als Musiker fünfzig Dollar verdient hatte. Die unmittelbare Reaktion seines Vaters bestand darin, ihn darauf hinzuweisen, dass dieser Lohn niemals ausreichen würde, um eine Familie zu ernähren. Aufgrund seines mangelnden Einfühlungsvermögens versagte sein Vater dabei, Martins Gefühlslage richtig einzuschätzen.

Ein Sadist geht noch weiter als ein Spielverderber. Sadisten machen sich einen Spaß daraus, ein Lebewesen gewaltsam zu beherrschen und ihm Schmerzen und Demütigungen zuzufügen. Sadismus ist auch ein Weg, in einer Beziehung zu dominieren und Macht und Bedeutung für sich zu beanspruchen. Sadistische Eltern genießen es, ihrem Kind körperliche oder seelische Schmerzen zuzufügen. Körperliche Misshandlung ist offensichtlich sadistisch, doch auch hinter »Necken« und »Witzeleien« kann sich Sadismus verbergen.

Als Emily zum Beispiel ihrer Familie ihren Verlobten vorstellte, »scherzte« ihr Vater, der sie körperlich misshandelte, Emilys Verlobter solle sie einfach »rauswerfen«, wenn sie zu vorlaut werde. Emilys Mutter und ihre Schwestern machten mit und lachten über die Demütigung, die Emily als unerträglich empfand.

Sadistische Eltern mögen es, wenn sich ihr Kind hilflos fühlt. Sie haben insgeheim Freude daran, es durch körperliche Züchtigung, dauernde Missachtung, lange Einschränkungen oder das Gefühl, gefangen zu sein, zur Verzweiflung zu bringen. Als Bruce ein kleiner Junge war, klemmte ihn sein Vater zwischen seine Beine und ließ ihn nicht mehr los. Wenn Bruce versuchte, sich herauszuwinden, oder zu weinen begann, schickte ihn sein Vater auf sein Zimmer und schlug ihn mit dem Gürtel. Später entschuldigte er sich bei Bruce, erklärte ihm aber, dass Bruce selbst schuld sei, weil er so »böse« gewesen sei.

Im nächsten Abschnitt werden wir uns ansehen, wie emotional unreife Eltern die Gefühle und das Selbstwertgefühl anderer Menschen beeinflussen. Ihr Beziehungsstil hat unmittelbare, unbewusste Auswirkungen auf Ihre Gefühle und Ihr Selbstwertgefühl. Die Art und Weise, wie Ihre Eltern auf Sie reagieren, kann Ihnen ein schlechtes oder ein gutes Selbstwertgefühl vermitteln, je nachdem, ob sie versuchen, Sie zu kontrollieren oder auf ihre Seite zu ziehen.

## Das emotional unreife Beziehungssystem

Emotional unreife Menschen können ihr Selbstwertgefühl und ihr emotionales Gleichgewicht nicht gut selbst regulieren. Um ausgeglichen zu bleiben, sind sie darauf angewiesen, dass andere sie entsprechend behandeln. Um dies zu erreichen, verhalten sie sich so, dass sich ihre Mitmenschen für ihr Glück verantwortlich fühlen. Dies geschieht durch komplexe, sehr subtile Signale, die bei ihrem Gegenüber bestimmte Gefühle auslösen. Das bezeichne ich als das »emotional unreife Beziehungssystem«.

Dieses Beziehungssystem verleitet Sie dazu, mehr auf den emotionalen Zustand des emotional unreifen Elternteils zu achten als auf Ihr Bauchgefühl. Man hat den Eindruck, die Launen der Eltern um jeden Preis beschwichtigen zu müssen, und ertappt sich dabei, ihre Bedürfnisse und Gefühle über die eigene emotionale Gesundheit zu stellen. Dieser ungesunde und übertriebene Wunsch, die Eltern immer zu besänftigen, lenkt den Fokus immer mehr auf deren Launen, bis man regelrecht besessen davon wird. Wenn dies geschieht, ist Ihren Eltern die emotionale Vereinnahmung gelungen. Emotionale Vereinnahmung liegt dann vor, wenn der gefühlsmäßige Zustand Ihrer Eltern zum Mittelpunkt Ihrer Aufmerksamkeit geworden ist.

In den ersten Lebensjahren ist ein solches Beziehungssystem die Norm. Es ist ein unverzichtbares Arrangement zwischen dem Säugling und seinen Bezugspersonen. Um zu überleben und zu gedeihen, brauchen Babys liebevolle Erwachsene, die auf ihre Bedürfnisse eingehen und sie beruhigen. Das Schreien eines Säuglings ist für normale Eltern so belastend, dass sie alles tun, um ihn zu beruhigen. Sensible Eltern empfinden den Stress ihres Kindes augenblicklich als ihren eigenen und kümmern sich sowohl um die emotionalen als auch die körperlichen Bedürfnisse ihres Kindes (Ainsworth et al. 1974, Schore 2012). Diese emotionale Unterstützung ist im Säuglings- und Kleinkindalter von entscheidender Bedeutung.

Bei normalen Kindern nimmt das Bedürfnis nach ständiger Zuwendung mit zunehmendem Alter ab. Bei emotional unreifen Eltern ist die emotionale Selbstregulierung aber noch nicht vollständig entwickelt. Da sie nicht in der Lage sind, ihre eigenen Gefühle und Enttäuschungen zu regulieren, erwarten sie immer noch, dass andere Menschen, die genau wissen, welches Verhalten von ihnen erwartet wird, sie sofort beruhigen. Wenn man ihnen keine Priorität einräumt, kommen sie damit nicht zurande. Wie Kleinkinder brauchen sie viel Aufmerksamkeit, Zustimmung und positives Feedback, um stabil zu bleiben, doch im Gegensatz zu Kleinkindern entwickeln sie sich trotz dieser Zuwendung nicht weiter. Seelische Verletzungen und Entbehrungen in ihrer eigenen Kindheit haben bei ihnen zu Abwehrmechanismen geführt, die sie in defensiven Verhaltensmustern verharren lassen, gleich, wie viel Zuwendung sie erhalten.

## Welchen Einfluss das emotional unreife Beziehungssystem Ihrer Eltern auf Sie hat

Wahrscheinlich merken Sie zunächst gar nicht, dass Sie in das Beziehungssystem einer anderen Person hineingezogen werden. Die emotionale oder Gefühlsansteckung (Hatfield et al. 2009) in diesem zwischenmenschlichen System ist vom ersten Moment an so unwiderstehlich, dass man schon mittendrin ist, bevor man sich dessen bewusst wird. Deshalb ist es so wichtig, den Druck, den diese Person auf Sie ausübt, schon im Voraus zu erkennen, um Ihre Grenzen, Ihre emotionale Autonomie und Ihr Selbstwertgefühl zu schützen. Sie müssen wachsam und vorbereitet sein, damit dieser Druck Sie nicht überwältigt.

### Sie fühlen sich für ihre Gefühle verantwortlich

Stellen Sie sich das emotional unreife Beziehungssystem als eine Art Bann vor, mit dem diese Person Sie belegt und Sie davon überzeugt hat, dass *Sie* für *ihr* Glück verantwortlich sind. Natürlich werden Sie auch für Ärger und schlechte Laune zur Rechenschaft gezogen, da Sie schon im Vorfeld alles Unangenehme von dieser Person fernzuhalten haben.

Wenn sich emotional unreife Menschen ärgern, dringt ihre Verstimmung in Ihre Gedankenwelt ein und wird zum zentralen Thema. Sie machen sich zwanghaft Gedanken darüber, wie Sie alles wieder ins Lot bringen können, wobei Ihnen das, was Sie gesagt oder getan haben, ständig im Kopf herumspukt. Selbst während Sie andere Dinge erledigen oder nachts schlafen wollen, kreisen in Ihrem Kopf Gedanken wie etwa »Was habe ich falsch gemacht?«, »Was kann ich besser machen?« oder »Habe ich alles getan, um ihm/ihr zu helfen?« … Da Sie von der Unzufriedenheit dieser Person völlig eingenommen sind, haben Sie das Gefühl, dass es Ihre Aufgabe ist, alles wieder in Ordnung zu bringen. Die emotional unreife Person hat Sie so sehr in ihr Beziehungssystem hineingezogen, dass ihr Schmerz auch Ihr Schmerz ist. Sie verlieren Ihre eigenen Gefühle und Bedürfnisse aus den Augen. Da Sie von dem unreifen Beziehungssystem dieser Person völlig vereinnahmt sind, empfinden Sie deren Probleme als Ihre eigenen, obwohl Sie es rein rational betrachtet besser wüssten.

### *Johns Geschichte*

*Johns betagte Mutter lebte in einer schönen Seniorenresidenz. Dennoch rief sie ihn häufig wegen Problemen an, die das Personal der Einrichtung leicht hätte lösen können. Sie machte es stets so dringend, dass John das Gefühl hatte, alles stehen und liegen lassen zu müssen, um ihr zu helfen. In Wirklichkeit war es nicht nötig, dass er ihr half, aber die Mutter wollte sichergehen, jederzeit Zugriff auf ihren Sohn zu haben. Obwohl John wusste, dass seine Mutter nicht so verzweifelt war, wie es den Anschein hatte, ließ es ihm keine Ruhe, wenn sie verärgert war.*

***Franks Geschichte***

*Franks geschiedener Vater Robert meldete sich häufig mitten in der Nacht, wenn er viel getrunken hatte. Robert schloss sich oft aus seiner Wohnung aus und rief Frank an, damit dieser ihn abhole. Als Robert krank wurde, bat er Frank, bei ihm im Krankenhaus zu bleiben, »weil ich sonst niemanden habe«. Frank konnte nicht Nein sagen, weil sein Vater so erbärmlich klang. Als Franks Gedanken immer mehr um die Probleme seines Vaters kreisten, begannen seine Arbeit und seine Familie darunter zu leiden. Frank hatte sich so sehr mit Roberts Problemen identifiziert, dass es ihm nicht in den Sinn kam, dass sein Vater auch selbst dafür verantwortlich war, sein Leben wieder in den Griff zu bekommen.*

Auch gesunde und reife Menschen sind manchmal auf Hilfe angewiesen. Aber sie gehen dabei anders vor. Wenn sie um Hilfe bitten, nehmen sie Rücksicht auf die Situation des anderen und geben ihm die Möglichkeit, Nein zu sagen. Sie erwarten nicht, dass man alles stehen und liegen lässt, um sich um sie zu kümmern, und sie sind dankbar für Hilfe. Im Gegensatz dazu üben emotional unreife Eltern Druck aus und unterstellen ihren Kindern, dass sie ihnen nicht wichtig sind, wenn sie Nein sagen.

## Sie fühlen sich erschöpft und ängstlich

In ein solches Beziehungssystem einer anderen Person verstrickt zu sein, ist anstrengend, weil man so viel emotionale Arbeit für diese Person leistet. In der Beziehung wenden Sie viel mehr psychische Energie für diese Person auf als für andere.

Ständig ist die bange Frage im Hinterkopf, wann wohl der nächste Notfall eintritt. Haben Sie sich vom emotional unreifen Beziehungssystem eines Menschen erst einmal vereinnahmen lassen, hängen dessen Stimmungsschwankungen wie ein Damoklesschwert über Ihnen und versetzen Sie in ständige Alarmbereitschaft. Diese unfreiwillige Dauerbeobachtung der Stimmungen der emotional unreifen Person ist unglaublich auslaugend.

Reife Menschen hingegen wissen, dass Sie nicht immer verfügbar sein können, gehen sensibel mit Ihren Lebensumständen um und respektieren Ihre Grenzen.

## Sie haben das Gefühl, nicht Nein sagen zu können

Derart aufgelegte Eltern laden ihre Probleme in der Rolle des wütenden Opfers bei Ihnen ab und lassen Ihnen gar nicht die Wahl, Nein zu sagen. Ehe Sie sich's versehen, treten Ihre eigenen Gefühle in den Hintergrund, und es gibt nur noch ein Ziel: die Stabilisierung Ihrer Eltern. Wenn das passiert, haben Sie Ihre emotionale Autonomie eingebüßt – die Freiheit, *Ihre* Gefühle anzuerkennen und ihnen zu folgen.

Emotional unreife Eltern drängen Sie in die Rolle, die ihren eigenen Bedürfnissen am besten entspricht. Wenn sie sich zum Beispiel überfordert fühlen, müssen Sie eingreifen, um die Dinge in Ordnung zu bringen. Wenn sie sich ungerecht behandelt fühlen, wollen sie sich rächen, und wenn sie sich einsam oder unwichtig fühlen, bringen sie Liebe und Loyalität in einem Ausmaß zum Ausdruck, das weit über das hinausgeht, was sie tatsächlich fühlen. Darin liegt die Macht des emotional unreifen Beziehungssystems.

Solche Eltern reagieren nicht nur verletzt oder zurückgewiesen, sondern auch schnell wütend und verärgert, wenn Sie nicht nachgeben. Zunächst appellieren sie an Ihr Mitgefühl, um Ihnen dann damit zu drohen, bei ihnen in Ungnade zu fallen. Wenn Sie nicht sofort aufspringen, um Ihre Eltern wieder in ihre Komfortzone zu bringen, sind sie beleidigt und beschuldigen Sie, herzlos zu sein. Sie werden als egoistisch und unzuverlässig abgestempelt, wenn Sie sich nicht sofort um ihre Probleme kümmern.

In einer Familie schafft das Beziehungssystem eines emotional unreifen Elternteils eine Atmosphäre des gefühlsmäßigen Totalitarismus. Alle Augen sind auf die Stimmungen und Bedürfnisse dieses Elternteils gerichtet, denn wenn das Kind dessen missliche Lage nicht mildert, droht er, die Fassung zu verlieren und auszurasten. Das bringt das Kind in der Regel wieder auf Linie, denn nichts ist für das Kind schlimmer, als wenn ein erwachsener Elternteil die Fassung verliert. Das Gleiche gilt für einen emotional unreifen Partner, Freund oder Vorgesetzten.

## Sie empfinden es als Niederlage, wenn Sie ihre Probleme zu lösen versuchen

Selbst wenn sich Ihre Eltern bei Ihnen beschweren, sind sie in der Regel nicht empfänglich für Ideen zur Lösung ihrer Probleme. Sie wollen gar nicht, dass Sie etwas dazu beitragen. Vielleicht reagieren sie sogar beleidigt, wenn Sie ihnen Vorschläge machen. Oder sie reagieren ungehalten auf Problemlösungsvorschläge und beginnen ihre Sätze mit »Ja, aber …«, weil Sie offensichtlich nicht einsehen wollen, wie unhaltbar ihre Situation ist. Eigentlich sind sie sogar ein wenig empört, dass es eine so einfache Lösung für ihr Problem gibt. Sehen Sie denn nicht, wie heikel, komplex und außergewöhnlich ihre Notlage ist? Können Sie sich nicht einfach auf ihre Seite stellen?

Emotional unreife Eltern werden ihre Bitte, ihnen bei der Lösung eines Problems zu helfen, selten höflich formulieren, etwa indem sie »Könntest du mir damit helfen?« oder »Welche Schritte sollte ich unternehmen, um die Situation zu klären?« sagen. Stattdessen werden Sie mit der vermeintlichen Dringlichkeit ihrer Probleme konfrontiert, als ob es Ihre Aufgabe wäre, sie zu lösen oder zu beseitigen. Aber es ist nicht vorbei, wenn Sie das erste Problem gelöst haben; es ist erst der Anfang.

Ihre Hilfe wird Ihre Eltern nicht lange zufriedenstellen. Eine hilfreiche Geste wird es nicht tun, denn das Hauptziel Ihrer Eltern ist es, Ihre Aufmerksamkeit und Ihr Interesse so lange wie möglich aufrechtzuerhalten. Ständige unlösbare Probleme sind das perfekte Mittel zu diesem Zweck. Es ist, wie Hydra den Kopf abzuschlagen: Kaum haben Sie ein Problem gelöst, tauchen zwei neue auf. Probleme sind das Druckmittel, das Sie in dem emotional unreifen Beziehungssystem Ihrer Eltern gefangen hält.

## Ihre Eltern beschuldigen Sie, sie im Stich zu lassen

Mit großer Wahrscheinlichkeit projizieren Ihre Eltern ihre problematischen frühen Kindheitserlebnisse in der Beziehung zu ihrer Mutter auf die Beziehung mit Ihnen. Vielleicht werfen sie Ihnen deshalb häufig vor, Sie würden sie nicht genug lieben oder sich nicht genug um sie kümmern. Möglicherweise fühlen Sie sich schuldig, weil Sie die traumatischen Kindheitserlebnisse, verursacht durch den Verrat der Eltern Ihrer Eltern, wiederaufleben lassen. Dadurch fühlen Sie sich vielleicht wie ein »Bösewicht« aus alten Familiengeschichten, mit denen Sie eigentlich gar nichts zu tun haben.

***Jills Geschichte***

*Jills Mutter Claire war wütend: Jill hatte eine lange geplante Reise angetreten, eine Woche nachdem Claire einen kleinen Autounfall gehabt hatte, bei dem sie unverletzt geblieben war. Insgeheim hatte Claire gehofft, dass Jill die Reise absagen würde, aber als sie es nicht tat, fühlte sich Claire verletzt. »Ich dachte, du liebst mich«, schluchzte Claire. Vermutlich fühlte sie sich genauso verloren wie in ihrer frühen Kindheit, als ihre eigene Mutter sie zu den Großeltern abschob. Da Claire ihr frühes Trauma des Verlassenwerdens unbewusst auf die Beziehung zu ihrer erwachsenen Tochter projizierte, behandelte sie Jill, als wäre sie die treulose Mutter aus ihrer schweren Kindheit.*

## Sie reagieren übermäßig stark auf Ihre Eltern

Emotional unreife Eltern bringen Sie dazu, ungewöhnlich heftig zu reagieren. Das liegt daran, dass sich Ihre Eltern unangenehmer Emotionen dadurch entledigen, dass sie durch ihr Verhalten ebendiese Emotionen bei ihrem Kind auslösen. Sie geben vor, solche Gefühle nicht zu empfinden, aber in Wirklichkeit projizieren sie sie auf ihre Kinder, um sie zu verarbeiten, sodass es so aussieht, als hätten *Sie* selbst mit diesen Gefühlen zu kämpfen. Eine emotional unreife, passiv-aggressive Person ist in der Lage, Sie sehr wütend zu machen, obwohl diese Person sich des Ausmaßes ihrer eigenen Wut überhaupt nicht bewusst ist. Diese unbewusste Art, störende Emotionen loszuwerden, indem man sie andere fühlen lässt, wird »projektive Identifikation« genannt (Ogden 1982). Wie im Zusammenleben mit Kindern wird man schließlich mit den schwierigen verdrängten Emotionen des emotional unreifen Menschen belastet. Dies geschieht so schnell – und für unser Bewusstsein kaum wahrnehmbar –, dass man sich in diesem Gefühlsstrudel wiederfindet, ehe man es merkt. Es handelt sich um ein außergewöhnliches psychologisches Phänomen, bei dem unreife Menschen unbewusste verdrängte Emotionen bewältigen, indem sie diese in einer anderen Person hervorrufen.

Wenn man in das emotional unreife Beziehungssystem eines anderen Menschen hineingezogen wird, ist es daher immer gut, sich zu fragen: »Wessen Gefühle sind das?« Wenn Ihre Reaktionen übermäßig intensiv oder untypisch für Sie selbst sind, kann es sein, dass die betreffende Person bestimmte Gefühle in Ihnen ausgelöst hat, mit denen Sie nun an ihrer Stelle umgehen müssen. Wenn Sie mit einer emotional unreifen Person zu tun haben, behalten Sie Ihre Reaktionen im Auge, indem Sie sich fragen: *»Kommt das von mir oder von ihr?«* Es ist wichtig, einen Schritt zurückzutreten und sich diese Frage zu stellen, denn sollte sich herausstellen, dass diese Übertragung stattgefunden hat, können Sie sich von der fehlgeleiteten Verantwortung für diese Emotion befreien.

## Wie emotional unreife Eltern so wurden, wie sie heute sind

Diese Eltern haben möglicherweise selbst eine schwierige Kindheit erlebt, die von Missbrauch und Gefühlskälte geprägt war. In früheren Generationen gab es keine Erziehungsberatung, keine Psychotherapie, keine Schulpsychologen und keine kulturellen Normen zum Schutz der Kinderrechte. Körperliche Züchtigung, emotionaler Missbrauch und Demütigung waren damals gängige Erziehungsmittel. Ein Anzeichen dafür, dass emotional unreife Eltern in ihrer Kindheit Vernachlässigung oder Traumata erlebt haben, ist, dass sie sich übermäßig um ihre unmittelbaren Bedürfnisse kümmern, als würden sie ständig eine nicht verheilte Wunde pflegen.

Im Folgenden finden Sie einige Fragen zur Kindheit Ihrer Eltern.

**Sind sie ohne ausreichend enge Bindungen aufgewachsen?** Emotional unreifen Eltern fehlt es im Gegensatz zu Menschen, deren emotionale Bedürfnisse erfüllt wurden, oft an Ausgeglichenheit und Tiefe. Sie zeigen nicht die Sicherheit und tiefe Selbstakzeptanz, die aus der Verbindung mit einer einfühlsamen Bezugsperson in der Kindheit erwächst. Vielleicht ist es dieser Mangel an Bindung, der sie dazu bringt, von ihren Kindern absolute Loyalität und Aufopferung zu verlangen. Sie verhalten sich, als hätten sie schreckliche Angst, nicht wirklich wichtig zu sein.

Eine Kindheit ohne verlässliche Bindungen führt bei emotional unreifen Eltern zur Vermeidung und Ablehnung tiefer Gefühle, wodurch sie unfähig sind, eine innige Beziehung zu ihren Kindern aufzubauen. Daher bleiben ihre Beziehungen oberflächlich. Den Mangel an Liebe und Geborgenheit versuchen sie im späteren Leben durch Kontrolle anderer auszugleichen.

**Haben sie unbearbeitete Familientraumata verinnerlicht?** Viele meiner Klienten berichteten von Traumata, die von einer Generation an die nächste weitergegeben werden, zum Beispiel Verluste, Verlassenwerden, Deprivation, Missbrauch, Suchtprobleme, finanzielle Krisen, Gesundheitsprobleme oder belastende Umzüge. Leider werden Familientraumata gern von den Eltern an die Kinder weitergereicht und wiederholt (van der Kolk 2023), wodurch Unreife und emotionales Leid über Generationen hinweg bestehen bleiben, bis jemand in der Familie endlich innehält, sich seinen schmerzhaften Gefühlen bewusst stellt und sie verarbeitet (Wolynn 2017).

**Durften sie ein Selbstgefühl entwickeln?** In früheren Generationen sollten Kinder »gesehen, aber nicht gehört werden«. Ziemlich sicher wurden emotional unreife Eltern in diesem sozialen Umfeld nicht dabei unterstützt, sich ihre Gefühle so weit bewusst zu machen, um ein Selbstgefühl zu entwickeln.

Dies ist problematisch, da das Selbstgefühl die emotionale Grundlage für das Gefühl ist, wer wir sind (Jung 2021, Kohut 1976, Schwartz 2024). Menschen ohne Selbstgefühl empfinden sich nicht als gut so, wie sie sind, liebenswert oder selbstbewusst, und sie sind zwangsläufig davon abhängig, dass ihre Identität von anderen definiert wird. Viele emotional unreife Eltern missachteten oder verdrängten ihr emotionales Erleben so stark, dass ihnen ausschließlich äußere Einflussfaktoren Sicherheit boten. Ohne echtes Selbstbewusstsein und ein Gefühl für die eigene Identität ist ein Mensch gezwungen, sich diese von außen beziehungsweise von anderen Menschen zu holen. Selbstgefühl zu entwickeln, ist darüber hinaus wichtig für die Selbstwahrnehmung und -reflexion. Dank dieser Fähigkeiten können wir uns selbst beobachten und den Einfluss unseres Verhaltens auf andere einschätzen. Ohne ein in der Kindheit entwickeltes Selbstgefühl ist man nicht zur Selbstreflexion fähig, wodurch man keine Möglichkeit hat, sich persönlich weiterzuentwickeln. Stattdessen beschränken sich solche Persönlichkeiten darauf, anderen die Schuld zu geben und zu erwarten, dass sich zunächst die anderen ändern.

## Das Wichtigste in Kürze

Sie wissen nun, womit Sie es bei emotional unreifen Eltern zu tun haben. Sie haben Einblick in deren Beziehungssystem gewonnen und erfahren, warum Sie sich für ihr Selbstwertgefühl und ihre emotionale Stabilität verantwortlich fühlen. Sie haben gesehen, wie sie Ihnen ihre Probleme aufzwingen und Ihnen vorschreiben, was Sie denken und fühlen sollen. Wir haben untersucht, wie sich die Kindheitserfahrungen emotional unreifer Eltern auf ihre Persönlichkeit und Verhalten auswirken, sowie die Möglichkeit in Betracht gezogen, dass sie selbst ungelöste Familientraumata in sich tragen. Dies ist ein guter Ausgangspunkt, um die Dynamik in Ihrer Familie zu hinterfragen und sich ungeachtet der emotionalen Erpressung durch andere um Ihre eigene Entwicklung zu kümmern.

## Kapitel 2

# Emotional unreife Eltern verstehen

### Ihre Charaktereigenschaften und ihr Hang zu emotionaler Vereinnahmung

Was ihre allgemeine Lebenseinstellung und ihre zwischenmenschlichen Beziehungen anbelangt, setzen sich emotional unreife Personen immer an die erste Stelle, wodurch sich andere nicht beachtet fühlen. Haben Sie aber die Persönlichkeitsmerkmale Ihrer Eltern erst einmal verstanden, werden Sie ihre Ablehnung nicht mehr persönlich nehmen und sich durch ihre emotionalen Bedürfnisse nicht mehr so unter Druck gesetzt fühlen. Bevor wir fortfahren, überprüfen wir ihren Elternteil auf die Merkmale emotionaler Unreife.

Notieren Sie in Ihrem Tagebuch, welche der folgenden Aussagen auf einen Elternteil oder beide Eltern zutreffen:

1. Meine Eltern reagierten oft bei relativ unbedeutenden Anlässen übermäßig heftig.
2. Meine Eltern waren nicht besonders sensibel oder einfühlsam gegenüber meinen Gefühlen.
3. Auf tiefe Gefühle und emotionale Nähe ließen sich meine Eltern nicht ein, da es bei ihnen Unbehagen auslöste.

4. Angesichts individueller Abweichungen oder andersartiger Sichtweisen zeigten sich meine Eltern oft verärgert.
5. Ich war in meiner Kindheit eine Vertrauensperson für meine Eltern, sie waren dies aber nicht für mich.
6. Meine Eltern haben Dinge gesagt oder getan, ohne an die Gefühle anderer zu denken.
7. Ich habe von meinen Eltern nicht besonders viel Aufmerksamkeit oder Mitgefühl bekommen, außer vielleicht wenn ich sehr krank war.
8. Meine Eltern waren widersprüchlich – manchmal weise, manchmal unvernünftig.
9. Die Gespräche drehten sich meistens um die Interessen meiner Eltern.
10. Wenn ich wütend war, reagierten meine Eltern oberflächlich, sagten etwas, was mir nicht half, oder wurden selbst wütend und sarkastisch.
11. Auch wenn ich ihnen sehr höflich widersprach, reagierten meine Eltern sehr abweisend.
12. Es war ernüchternd, meinen Eltern von meinen Erfolgen zu erzählen, weil sie sich nicht dafür zu interessieren schienen.
13. Ich habe mich oft schuldig gefühlt, nicht genug für sie getan oder mich nicht gut genug um sie gekümmert zu haben.
14. Auch mit Fakten und Logik konnte man gegen die Meinung meiner Eltern nichts ausrichten.
15. Meine Eltern hinterfragten sich nicht selbst und machten sich selten Gedanken darüber, welche Rolle sie bei einem Problem spielten.
16. Sie neigten zu Schwarz-Weiß-Denken und waren nicht offen für neue Ideen.

Selbst wenn nur einige dieser Merkmale zutreffen, ist dies ein starker Hinweis auf emotionale Unreife, da alle diese Verhaltensweisen typisch für eine solche Persönlichkeit sind.

## Die verschiedenen Typen emotional unreifer Eltern

Emotionale Unreife umfasst ein breites Spektrum von sehr leichter bis hin zu psychopathologischer Unreife. Emotional unreif zu sein, ist nicht dasselbe, wie psychisch krank zu sein, aber viele psychisch kranke Menschen sind auch emotional unreif. Emotionale Unreife ist ein umfassenderes Konzept als eine klinische Diagnose und daher leichter anwendbar und weniger pathologisierend. Sie kann vielen psychischen Problemen zugrunde liegen, insbesondere narzisstischen, histrionischen, Borderline-, dissozialen oder paranoiden Persönlichkeitsstörungen. Allen emotional unreifen Personen gemeinsam sind Selbstbezogenheit, geringe Empathiefähigkeit, das Bedürfnis, im Mittelpunkt zu stehen, wenig Respekt gegenüber individuellen Unterschieden und Schwierigkeiten mit emotionaler Nähe.

Diese Eltern können extravertiert oder introvertiert sein. Im ersteren Fall verlangen sie nach Aufmerksamkeit und Interaktion, wodurch ihr Egozentrismus offensichtlicher wird. Introvertierte emotional unreife Eltern mögen weniger auffällig erscheinen, sind aber im Grunde genauso egozentrisch wie die extravertierten. Auch sie zeigen nur begrenztes Einfühlungsvermögen oder Interesse an den Erfahrungen ihrer Kinder. Sie führen eine einseitige Beziehung mit ihnen, bei der sie im Mittelpunkt stehen, wenn auch auf ruhigere Art und Weise.

Werfen wir einen Blick auf die vier Grundtypen emotional unreifer Eltern (Gibson 2018):

1. *Emotionale* Eltern sind von ihren Gefühlen beherrscht und neigen dazu, bei überraschenden oder aufregenden Ereignissen extrem reaktiv und überfordert zu sein. Ihre Stimmungen sind sehr unbeständig und beängstigend sprunghaft. Kleine Dinge können für sie das Ende der Welt bedeuten, wobei sie dazu neigen, andere entweder als Retter oder als Verräter zu sehen, je nachdem, ob ihre Wünsche erfüllt werden oder nicht.
2. *Getriebene* Eltern sind sehr zielstrebig und ständig beschäftigt. Sie sind immer auf Fortschritt bedacht, fokussieren sich auf Verbesserungen und versuchen, alles zu perfektionieren, auch andere Menschen. Sie behandeln ihre Familie als eng getaktetes Projekt, haben aber kaum Feingefühl für die emotionalen Bedürfnisse ihrer Kinder.
3. *Passive* Eltern sind die vermeintlich netteren Eltern und lassen den Partner den Bösewicht spielen. Sie scheinen sich an ihren Kindern zu erfreuen, aber es fehlt ihnen an echter Empathie, und sie greifen nicht ein, um ihre Kinder zu schützen. Sie wirken zwar liebevoller, tolerieren aber den dominanten Elternteil, was so weit gehen kann, dass sie sogar über Missbrauch und Vernachlässigung hinwegsehen.
4. *Zurückweisende* beziehungsweise *ablehnende* Eltern sind nicht an Beziehungen interessiert. Sie vermeiden die Interaktion und erwarten, dass sich alles in der Familie um ihre Bedürfnisse dreht und nicht um die ihrer Kinder. Sie tolerieren die Bedürfnisse anderer nicht und erwarten, dass sie in Ruhe gelassen werden, um ihr eigenes Ding zu machen. Sie zeigen wenig Engagement und reagieren ärgerlich oder sogar ausfallend, wenn es nicht nach ihren Vorstellungen läuft.

Im Folgenden betrachten wir die Persönlichkeitsmerkmale, die auf emotionale Unreife hinweisen.

## Anzeichen für emotionale Unreife

Neben den Bindungsproblemen, die wir in Kapitel 1 besprochen haben, weisen emotional unreife Eltern spezifische Persönlichkeitsmerkmale auf. Dabei handelt es sich um Charaktereigenschaften und Verhaltensweisen, die klassische Indikatoren bei Eltern und bei emotional unreifen Personen im Allgemeinen sind.

### Die Lebenseinstellung emotional unreifer Eltern

Diese Eltern haben eine sehr egozentrische Lebenseinstellung. Wie gesagt: Im Umgang mit anderen Menschen stellen sie sich immer an die erste Stelle.

#### Sie sind zutiefst verängstigt und unsicher

Wie wir im vorangegangenen Kapitel sehen konnten, haben viele dieser Eltern in ihrer Kindheit selbst emotionale Deprivation, Missbrauch oder Traumata erlebt. Sie handeln, als fühlten sie sich in ihrem Innersten nicht geliebt. Daher befürchten sie, ihren Status zu verlieren und in der Bedeutungslosigkeit zu verschwinden. Die Sorge, verlassen zu werden oder nicht zu genügen, schürt ihr Unbehagen. Aus dieser tiefen Angst heraus, nicht liebenswert zu sein, müssen sie andere kontrollieren, um sich besser zu fühlen.

#### Sie müssen dominieren und Kontrolle ausüben

Emotional unreife Eltern versuchen, andere durch emotionales, getriebenes oder ablehnendes Verhalten zu kontrollieren, während passive Eltern alles mitmachen, was der dominante Elternteil tut. Alle Typen unternehmen alles in ihrer Macht Stehende, um sich sicher zu fühlen. Die effektivste Methode dieser Eltern, Kontrolle über ihre Kinder auszuüben, besteht darin, deren Emotionen auszunutzen. Sie beeinflussen ihr Verhalten, indem sie bei ihnen Angst, Scham, Schuldgefühle oder Selbstzweifel auslösen. Gelingt es Ihren Eltern, diese negativen Gefühlszustände bei Ihnen hervorzurufen, haben Sie das Problem, nicht Ihre Eltern. Diese fühlen sich besser, wenn Sie der oder die »Böse« sind, aber nur vorübergehend, denn nichts gibt ihnen auf Dauer ein Gefühl der Sicherheit.

Um sich zu rechtfertigen, behandeln emotional unreife Eltern andere als nicht ausreichend urteilsfähig und kompetent. Da leiten sie ihr Recht her, den Kindern vorzuschreiben, was sie zu tun und was sie zu sein haben. Diese übermäßige Kontrolle kann sich besonders destruktiv auf die Selbstwirksamkeit und das Selbstvertrauen des Kindes auswirken. Solche Eltern stellen sich ihren Kindern auch in den Weg, indem sie ihnen schlimme Ereignisse voraussagen, wenn sie den elterlichen Ratschlägen nicht folgen.

Da diese Eltern sich darauf konzentrieren, die Kontrolle zu behalten, fehlt ihnen die Herzenswärme reifer Menschen. Sie können sich zwar warmherzig verhalten, doch es wirkt aufgesetzt. Sie können charmant und charismatisch sein, sind aber nicht zu echter Wärme und Offenheit fähig. Im Umgang mit anderen geht es ihnen um Dominanz, nicht um den Aufbau von Bindungen.

### Sie definieren sich und andere über Rollen

Rollen sind für das Sicherheitsgefühl und das Selbstkonzept emotional unreifer Eltern von zentraler Bedeutung und sie erwarten, dass andere genau diesen klar definierten Rollen entsprechen. Sie ordnen Menschen entweder eine dominante oder eine untergeordnete Funktion zu. Gleichberechtigte Beziehungen verunsichern sie, weil nicht klar ist, wer das Sagen hat.

Sie nehmen es mit den Grenzen ihrer Kinder nicht so genau und schieben gern ihre Elternrolle vor. So legen sie Sie auf eine Rolle fest, mit der sie sich wohlfühlen. Individuelle Bestrebungen, die ihre Position in der Familie ins Wanken bringen, werden nicht geduldet.

### Sie sind egozentrisch und nicht zur Selbstreflexion fähig

Emotional unreife Eltern stellen ihre eigenen Wünsche an erste Stelle. Sie gehen davon aus, dass sie ein Recht auf das haben, was sie wollen, und sehen sich selbst selten objektiv. Da sie sich nicht mit ihrem Seelenleben auseinandersetzen, hinterfragen sie kaum ihre Motive und Reaktionen. So stellen sie sich zum Beispiel selten die Frage, ob sie an ihren Schwierigkeiten mitschuldig sind.

Mit dem Gedanken, sich persönlich weiterzuentwickeln, können diese Eltern nichts anfangen und lehnen ihn in der Regel ab. Aufgrund ihrer Unfähigkeit zur Selbstreflexion haben sie kein Interesse daran, mehr über sich selbst zu erfahren oder ihre Beziehungen zu verbessern. Es geht ihnen nur darum, mehr von dem zu bekommen, was sie wollen. Weiterentwicklung empfinden sie als Bedrohung, da sie unvorhersehbare Veränderungen und mehr Unsicherheit bedeutet.

Da sie nicht über die eigene Person nachdenken, sagen sie Dinge ungefiltert, ohne vorher darüber nachzudenken. Mit ihren unangemessenen Kommentaren lassen sie ihr Gegenüber manchmal fassungslos zurück. Werden sie mit ihrer mangelnden Sensibilität konfrontiert, antworten sie etwas wie »Ich habe nur gesagt, was ich denke«, als wäre es normal, alle Gedanken laut auszusprechen.

### Sie finden Ausreden und geben anderen die Schuld

Viele solche Eltern sind misstrauisch und haben das Gefühl, die Welt sei gegen sie. Sie haben oft den Eindruck, dass andere sie grundlos unglücklich machen. Ihr Misstrauen führt dazu, dass sie anderen die Schuld geben, wenn etwas schiefläuft. Dadurch sind ihre Beziehungen sehr konfliktbeladen und instabil. Da ihr fragiles Selbstwertgefühl keinerlei Kritik verträgt, entziehen sie sich der Verantwortung. Ihr Selbstwertgefühl hängt davon ab, ob alles nach ihren Vorstellungen läuft. Ist dies der Fall, strotzen sie vor Selbstbewusstsein, wenn nicht, sind sie verzweifelt.

### Sie sind impulsiv und stressintolerant

Emotional unreife Eltern können nicht gut mit Belastungen umgehen. Es fällt ihnen schwer zu warten, weshalb sie ihre Kinder oder andere Menschen hetzen. Wenn sie im Leben auf Widerstände stoßen, führt ihre geringe Stresstoleranz dazu, dass sie das Gefühl haben, alles sei verloren. Um sich zu beruhigen, fällt ihnen nichts anderes ein, als das Problem so schnell wie möglich aus der Welt zu schaffen. Daher greifen sie zur nächstbesten Maßnahme. Manchmal funktioniert es, manchmal nicht. Oft macht ihre Lösung alles nur noch schlimmer. Solche Eltern sind dafür bekannt, impulsiv Maßnahmen zu ergreifen, die »nach hinten losgehen«: Ihre Versuche, Stress zu vermeiden, führen in der Regel zu noch mehr Stress.

## Ihr Umgang mit der Realität

Statt sich der Realität anzupassen, versuchen sie, die Realität umzugestalten. Obwohl die Wirklichkeit ein überbordendes, rauschendes Meer von Reizen ist, vereinfachen emotional unreife Eltern sie, indem sie sie in gleichförmige Fragmente zerlegen, die für sie einen Sinn ergeben und überschaubar erscheinen.

## Sie wenden Bewältigungsstrategien an, die die Realität verleugnen

George Vaillant ist ein Forscher, der dreißig Jahre lang zum Team der Harvard Grant Study of Adult Development gehörte, einem Projekt, das das Leben von Männern über Jahrzehnte hinweg verfolgte, um die Faktoren zu ermitteln, die mit Gesundheit, Erfolg und Glück zusammenhängen (Vaillant 1977). Er entwickelte eine Bewertungsskala, um zu beurteilen, wie erfolgreich und anpassungsfähig eine Person mit dem Leben umgeht, eine Art Index der emotionalen Reife. Vaillant kam zu dem Schluss, dass wir uns am besten an das Leben anpassen, wenn wir uns unserer eigenen Gefühle und Motive bewusst sind und die Realität objektiv beurteilen können.

Anpassungsfähige, emotional reife Menschen führen ein ausgeglichenes Leben und emotional befriedigende Beziehungen. Sie akzeptieren die Realität, wie sie ist, passen sich ihr an und kämpfen nicht dagegen an. Ihre Bewältigungsstrategien sind flexibel und anstatt zu versuchen, alles streng zu kontrollieren, suchen sie nach einer möglichst passenden und stressfreien Lösung, die alle Faktoren berücksichtigt. In schwierigen Zeiten greifen sie auf Humor, Kreativität, das bewusste Unterdrücken nicht hilfreicher Gedanken und altruistisches Handeln zurück.

Im Gegensatz dazu versuchen Menschen mit einem hohen Grad an emotionaler Unreife, die Realität zu verändern, indem sie unangenehme Tatsachen leugnen, verdrängen oder verzerren. Besonders ausgeprägte maladaptive Bewältigungsstrategien führen zu Realitätsverlust und zu Psychosen.

Manche von ihnen haben einen realistischen Blick auf die objektive Realität, können aber mit Gefühlen nicht umgehen. Sie wenden Abwehrmechanismen wie Rationalisierung, Intellektualisierung und Bagatellisierung an, um unangenehme Gefühle zu vermeiden. Bei dem Versuch, schmerzhaften Gefühlen zu entgehen, spielen auch Drogenmissbrauch und andere Formen des Acting-outs eine Rolle, obwohl ein Bewusstsein für die faktische Realität vorhanden ist.

### Ihre Emotionen bestimmen über ihre Realität

Da emotional unreife Personen und Eltern das Leben eher emotional als rational angehen (Bowen 1985), definieren sie die Realität so, wie sie sich für sie anfühlt. Die Realität als identisch mit der Art und Weise wahrzunehmen, wie man sich gerade fühlt, wird als »affektiver Realismus« bezeichnet (Barrett 2023, Clore und Huntsinger 2007). Wir alle machen das hin und wieder: Wenn wir uns gut fühlen, sehen die Dinge besser aus. Emotional unreife Personen aber treiben es auf die Spitze. Für sie ist es immer so, wie es sich für sie *anfühlt.*

Darcys Mutter zum Beispiel hatte die Angewohnheit, Dinge zu behaupten, die ihr gerade in den Sinn kamen, aber nicht stimmten. Darcy war sich nicht sicher, warum sie das so wütend machte, erkannte aber irgendwann, dass dieses Verhalten Ausdruck der pathologischen Egozentrik ihrer Mutter war: Alles und jeder sollte so sein, wie sie es für richtig hielt.

### Die Gefühle anderer nehmen sie nicht ernst oder sie leugnen sie

Obwohl diese Eltern selbst dünnhäutig sind, nehmen sie wenig Rücksicht auf die Gefühle anderer. Aufgrund ihres geringen Einfühlungsvermögens reagieren sie oft in einer Weise, die von anderen als unsensibel oder verletzend empfunden wird. Dieser Mangel an empathischer Resonanz vermindert ihre emotionale Intelligenz (Goleman 1997) und erschwert es ihnen, mit anderen auszukommen.

### Ihre intensiven Emotionen führen zu einer stark vereinfachten Wahrnehmung der Realität

Emotional unreife Menschen und Eltern haben intensive Emotionen, bei denen es, ähnlich wie bei Kleinkindern mit ihren unmodulierten Emotionen, immer um alles oder nichts geht. Sie ordnen Menschen und Situationen in zwei Kategorien ein: gut oder schlecht. Ihr Schwarz-Weiß-Denken hindert sie daran, widersprüchliche Emotionen gleichzeitig zu erleben, was es ihnen erschwert, sich emotional zu mäßigen. Dies stellt ein ernsthaftes Problem dar, da für eine umfassende und realistische Wahrnehmung unserer vielschichtigen Realität die Koexistenz verschiedener, nuancenreicher Emotionen notwendig ist. Emotionale Reife ermöglicht es uns, verschiedene Gefühle gleichzeitig zu empfinden, zum Beispiel traurig und doch dankbar oder wütend und dennoch auf der Hut zu sein. Wir haben es ausschließlich unserer emotionalen Komplexität zu verdanken, dass wir auch nicht offensichtliche Gefühlszustände anderer sowie die umfassenden Auswirkungen der Realität verstehen und begreifen.

### Sie erkennen die chronologische Abfolge realer Ereignisse nicht an

Zu verstehen, wie Lebensereignisse auf einer Zeitachse miteinander verknüpft sind, ist wichtig, um das Prinzip von Ursache und Wirkung nachzuvollziehen. Emotional unreife Personen leben jedoch ganz und gar im emotionalen Moment, sodass sie sich Kausalketten nicht bewusst machen. Anstatt die Realität als eine Zeitachse zu sehen, erleben sie Ereignisse als isolierte, kurzzeitige Phänomene, die in keinem Zusammenhang zueinander stehen. Dies macht es ihnen schwer, Zukünftiges zu antizipieren oder aus Fehlern zu lernen. Die Verleugnung der Realität, dass die Zeit eine Abfolge von Ereignissen ist, lässt sie sehr dumme Dinge sagen und tun, weil sie es nicht für nötig halten, dass sie mit früheren Aussagen oder Handlungen logisch übereinstimmen. So bemerken sie möglicherweise gar nicht, wenn sie sich durch ihr Verhalten in letzter Zeit unbeliebt gemacht haben.

Anstatt ihre Fehler zu analysieren, denken sie: »Das war damals, heute ist heute.« Sie sind bekannt für ihre Philosophie des »Weitermachens« und »Darüber-hinweg-Kommens« und andere Vermeidungsstrategien, wodurch sie Vergangenes weder verarbeiten noch die Lehren daraus ziehen. Sie sehen nicht, welchen Entwicklungsverlauf ihr Dasein nimmt, weil sie die einzelnen Punkte nicht miteinander verbinden. Daher bemerken sie es nicht einmal, wenn sie Fehler aus der Vergangenheit wiederholen, und sind nicht in der Lage, künftige Veränderungen in ihrem Leben herbeizuführen.

Da die Zukunft für sie keine Rolle spielt, haben sie keine Skrupel, andere zu hintergehen, Brücken abzureißen oder sich Feinde zu machen. Stets auf der Suche nach unmittelbarer Belohnung, überlassen sie ihre Zukunft sich selbst, oft mit vorhersehbar negativen Konsequenzen.

Durch ihr mangelndes Bewusstsein für die chronologische Abfolge realer Ereignisse ist Lügen für solche Personen eine valide Option. Dass etwas, was sie in der Vergangenheit getan haben, oder Lügen, die sie erzählt haben, sie früher oder später einholen werden, leuchtet ihnen nicht ein. Sie denken sich etwas aus, um sich kurzfristig aus der Affäre zu ziehen, merken aber nicht, dass andere aufgrund früherer Lügen misstrauisch werden.

Der Versuch, diese Personen dazu zu bringen, Verantwortung für ihr früheres Verhalten zu übernehmen, kann einen schier verrückt machen. Da ihre Erinnerungen nicht logisch mit der Gegenwart verknüpft sind, verstehen sie nicht, warum Ereignisse aus der Vergangenheit auch in der Gegenwart noch relevant sind. Sie denken: »Es ist vorbei: Warum kann mein Kind nicht einfach weitermachen, so wie ich?« Sie verstehen nicht, dass Ursache und Wirkung fortbestehen, vor allem wenn die Gefühle anderer betroffen sind.

## Wie sie denken

In seiner oben erwähnten Studie stellte Vaillant fest, dass reifes Verhalten bei der Bewältigung von Problemen unabhängig vom Bildungsstand und der sozialen Stellung ist (Vaillant 1977). Emotionale Reife ist viel tiefgreifender als intellektuelle Fähigkeiten oder Erfolg im herkömmlichen Sinn.

### Trotz ihrer Intelligenz dringen sie nicht in die Welt der Emotionen vor

Emotionale Unreife beeinträchtigt nicht notwendigerweise die Intelligenz einer Person. Wenn sie nicht emotional verunsichert sind, können solche Leute eine hervorragende Auffassungsgabe aufweisen. Manche sind sogar hochintelligent und sehr gut in der Lage, mit theoretischen Konzepten, abstrakten Ideen oder Geschäftsmodellen zu arbeiten. Solange es sich um datenbasierte Themen handelt, die sich rein kognitiv erfassen lassen, sind diese Personen auch in der Lage, sich mit Vergangenem und Zukünftigem zu befassen, zum Beispiel mit Budgets, Tabellenkalkulationen oder Rentenplanung.

### Sie haben eine vereinfachte, starre Lebenshaltung

Die unausgereifte Persönlichkeitsstruktur emotional unreifer Personen führt zu einem vereinfachten Schwarz-Weiß-Denken und starren moralischen Kategorien, nach denen alles in »gut« oder »schlecht« eingeteilt wird (Kernberg 1985). So kommt es zu einer vereinfachten Bewertung von komplexen, vieldeutigen Situationen, in der entscheidende Elemente außer Acht gelassen werden.

Diese Menschen weisen eine eindimensionale Denkweise auf, die auf einigen wenigen Lieblingskonzepten und abgedroschenen Metaphern beruht. Da sie die Ungewissheit, die Veränderungen mit sich bringen, nicht mögen, verteidigen sie das Vertraute auch gegen jede Vernunft. Komplexität ist ihnen zutiefst zuwider, daher lassen sie Fakten außer Acht, um schnell zu einer Schlussfolgerung zu gelangen, die mit ihrer vorgefassten Meinung übereinstimmt.

Manchmal werden ihre Vereinfachungen irrtümlich für Klugheit gehalten. Diese Menschen sind für ihre einprägsamen, prägnanten Aussagen bekannt. Dank ihrer Ichbezogenheit tragen sie diese auch mit entsprechender Autorität vor. Bei genauer Betrachtung aber fällt auf, dass es sich um banale Aussagen handelt, die nichts Neues enthalten. Darin liegt der Unterschied zu den klugen Aussagen eines reifen Menschen, die einen immer weiter zum Nachdenken anregen.

Aufgrund ihrer geistigen Starrheit sind emotional unreife Personen große Verfechter von Regeln und autoritären Werten. Sie lieben das Gefühl, die Kontrolle zu haben, so sehr, dass sie sich schnell irgendeine Regel einfallen lassen, um überhaupt eine zu haben. An ihren Regeln halten sie auch dann stur fest, wenn Situationen so komplex sind, dass starre Richtlinien dem gesunden Menschenverstand zuwiderlaufen.

Ihre Egozentrik bedeutet aber auch, dass sie ihre Regeln zum eigenen Vorteil brechen. Das ist der Grund, warum einige von ihnen solch ungeheuerliches moralisches Fehlverhalten in einer eigentlich regelbasierten Kultur begehen: Gibt es keine spezifische Regel für ein spezifisches Verhalten, ist es eine Option. Emotional unreife Personen sind bekannt für Verhaltensweisen, die so unrecht sind, dass niemand auf die Idee käme, eine ausdrückliche Regel dagegen aufzustellen.

Diese Menschen werden zunehmend zielstrebiger und sturer, je komplizierter und stressiger eine Situation wird. Ihr einseitiges

Denken hindert sie daran, individuelle Unterschiede oder Unvorhergesehenes zu berücksichtigen. Sie sind stolz darauf, unnachgiebig zu sein, und bezeichnen ihr inflexibles Urteilsvermögen als »moralische Stärke« oder »starkes Rückgrat«.

***Friedas Geschichte***

*Als Frieda sich mit einem Mann verlobte, der eine andere Hautfarbe als sie hatte, war ihr Vater außer sich vor Wut. Da sie eine seiner Regeln gebrochen hatte, zeigte er keinerlei Interesse daran, sich ihre Sicht der Dinge anzuhören. Als auch seine Einschüchterungsversuche Frieda nicht von ihrem Vorhaben abbringen konnten, verstieß er sie. Nachdem sie gegangen war, fühlte sie sich »wie ein Geist«, weil er allen Familienmitgliedern den Kontakt mit ihr verboten hatte.*

## Sie werden zwanghaft

Wenn emotional unreife Personen sich verletzt oder beleidigt fühlen oder den Eindruck haben, dass ihre Autorität nicht anerkannt wird, verfallen sie wie Friedas Vater in obsessive Wut. Für sie besteht die Welt aus Guten und Bösen und sie beschäftigen sich zwanghaft mit jedem, von dem sie glauben, dass er ihnen unrecht getan hat. Ihnen fehlt die geistige Flexibilität oder die emotionale Bereitschaft, die Dinge anders zu sehen.

## Gefühle werden mithilfe oberflächlicher Logik verdrängt

Anstatt Einfühlungsvermögen zu zeigen, wenden solche Personen eine deplatzierte Logik an, um die Probleme anderer kleinzureden. Sie regen sich maßlos über *ihre eigenen* Schwierigkeiten auf, vereinfachen jedoch Ihre Probleme drastisch und ignorieren darüber hinaus tiefer liegende emotionale Faktoren. Typischerweise haben sie Plattitüden für Sie bereit, anstatt Ihr Dilemma in seiner Einzigartigkeit zu berücksichtigen. Ihrer Meinung nach sollten sich Ihre Probleme ihrer vereinfachten Weltsicht und ihren übertrieben rationalen Ratschlägen anpassen. Wenn Einfühlungsvermögen gefragt ist, ist auf Gefühlsebene reine Logik eine unangemessene Reaktion.

Diese Eltern greifen gern auf eine unangemessene Logik zurück, wenn ihr Kind bei ihnen Trost sucht, und raten ihm, sein Problem nicht so sehr an sich heranzulassen. Sie schlagen schlaue Sachen vor, die das Kind zu der Person, die es verletzt hat, hätte sagen sollen. Sie antworten ihrem Kind, es solle sich nicht aufregen, über den Kummer hinwegsehen und einfach aufhören, sich darüber Gedanken zu machen. Das ist natürlich unmöglich. Was das Kind wirklich braucht, sind einfühlsame Eltern, die zuhören und ihm helfen, seinen Kummer zu verarbeiten, bis es ihn in den Griff bekommt.

Auch wenn ihrem Kind ein Fehler unterläuft, wenden emotional unreife Eltern eine unangemessene Logik an, indem sie den Eindruck erwecken, es hätte den Fehler von vornherein vermeiden müssen. Sie unterstützen die unrealistische Annahme, dass Fehler erst gar nicht passieren, wenn man nur weit genug vorausdenkt. Kinder solcher Eltern lernen nicht nur, dass man sich wegen eines Fehlers schlecht fühlen soll, sondern auch, dass sie unzulänglich sind.

Nun, da Sie mit den Persönlichkeitsmerkmalen und Verhaltensweisen Ihrer emotional unreifen Eltern vertraut sind, wollen wir uns ansehen, wie sie in Ihnen negative Emotionen wecken, um Sie zu kontrollieren. Sie setzen Ihre Gefühle gegen Sie ein, damit Sie sich für ihre emotionale Sicherheit, Stabilität sowie ihr Selbstwertgefühl verantwortlich fühlen.

## Die Strategien hinter emotionaler Erpressung und Vereinnahmung

Emotionale Erpressung liegt vor, wenn jemand Sie kontrolliert, indem er Ihnen Angst, Schuldgefühle, Scham und Selbstzweifel einflößt. Solche Menschen sind Meister darin, Gefühle in Ihnen hervorzurufen, die ihnen zum Vorteil gereichen. Mächtige Erwachsene können Kinder, die von ihnen abhängig sind, dazu bringen, bestimmte Emotionen zu empfinden. Wenn es ein Machtgefälle gibt, gilt dies auch für Erwachsene. So zu tun, als sei man gegen ihren Einfluss immun, ist nicht realistisch. Vielmehr besteht das Ziel darin, frühzeitig darauf aufmerksam zu werden und sich diesen übergriffigen Versuchen, Sie zu dominieren, rasch zu entziehen.

Letzten Endes werden Sie lernen, emotionale Vereinnahmung zu erkennen und abzuwenden, sodass Sie nicht mehr anfällig für die Versuche anderer sind, bestimmte Gefühle in Ihnen auszulösen. Zunächst aber arbeiten wir daran, emotionale Erpressungsversuche abzuwehren. In einem nächsten Schritt werfen wir einen Blick darauf, wie Ihre emotional unreifen Eltern bei Ihnen toxische Gefühle wecken, die Sie dazu veranlassen, nachzugeben und sich vereinnahmen zu lassen.

### Selbstzweifel unterdrücken Ihre Autonomie und Ihren Selbstwert

Solche Eltern kappen die emotionale Bindung zu ihren Kindern, um sie für die Äußerung unerwünschter Gedanken oder Gefühle zu bestrafen. Die Angst vor dieser Entfremdung führt zu Selbstzweifeln und Unsicherheit über die eigenen Gedanken und Gefühle.

Menschen, denen eingetrichtert wurde, an sich selbst zu zweifeln, fangen an, sich an anderen zu orientieren und deren Sichtweise mehr zu vertrauen als der eigenen. Es geht nur noch darum, akzeptiert zu werden, anstatt den eigenen Gedanken und Gefühlen zu folgen. Ambivalenz untergräbt ihr Selbstvertrauen und sie hören nicht mehr auf ihre Intuition und ihr Bauchgefühl. Sie erkennen, dass Selbstzweifel die elterliche Akzeptanz fördern, während Unabhängigkeit zu Spannungen führt. Wer von seinen emotional unreifen Eltern akzeptiert und geliebt werden will, sollte sich seiner selbst nicht allzu sicher sein.

Doch wer seinem Instinkt nicht traut, kann nicht mehr klar denken. Selbstzweifel und die Angst vor Ablehnung vernebeln seine Gedanken. Angesichts der Zwangstaktiken seiner Eltern wird es immer schwieriger, einen klaren Gedanken zu fassen.

Wir neigen dazu, emotionaler Erpressung nachzugeben, weil es zu schmerzhaft ist, sich einzugestehen, dass wir das, was unsere Eltern uns antun, hassen. Aber Hass ist nur ein Zeichen dafür, dass wir kontrolliert werden; und niemand lässt sich gern von den Launen anderer beeinflussen und erpressen. Vielleicht machen Sie sich aufgrund Ihrer unvermeidlichen emotionalen Reaktionen Sorgen, dass Sie nicht gut oder liebevoll genug seien. Doch je mehr Sie an Ihrem guten Charakter und an Ihrem Selbstwert zweifeln, desto ungehinderter können Ihre Eltern Sie beeinflussen.

## Wenn Sie Angst haben, sind Sie leichter zu kontrollieren

Angst ist vielleicht die einfachste und unkomplizierteste Taktik, um andere gefügig zu machen. Emotional unreife Personen sind wahre Genies, wenn es darum geht, Ängste zu schüren und Sie unsicher zu machen. Ob Gewaltausbruch oder Wutanfall, ihnen ist jedes Mittel recht, damit Sie sich aus Angst so verhalten, wie sie es wollen. Denn wenn Sie Angst haben, sind Sie viel eher dazu bereit, sie an die erste Stelle zu setzen.

Körperliche Misshandlung ist die machtvollste Taktik, um Angst auszulösen. Ängste vor Gewalt graben sich tief ins Unterbewusstsein und müssen bewusst bearbeitet werden, um bestimmte Reaktionsweisen abzulegen. Aber auch Drohungen mit Liebesentzug, Nichtbeachtung oder gar Suizid können schädlich sein.

## Sie blockieren sich selbst

Anfangs fürchten Sie sich vielleicht nur vor den Reaktionen eines emotional unreifen Elternteils, aber schon bald beginnen Sie, sich vor Ihren eigenen Gefühlen zu fürchten. Sie fangen an, Ihre natürlichen Reaktionen als das Problem und die vermeidbare Ursache des Konflikts mit der betreffenden Person zu sehen. Tragischerweise lernt man so, Angst zu haben, sobald man etwas fühlt, was den Eltern nicht gefällt (Ezriel 1952). Sobald Sie Gefühle als »gefährlich« einstufen, unterdrücken Sie sie, noch bevor Ihre Eltern darauf reagieren können. Diese Selbsthemmung zeigt, dass Sie emotional kontrolliert werden. Sie brauchen noch nicht einmal eine Bedrohung von außen, damit Sie Ihre Gefühle zum Schweigen bringen. Weil Sie genau wissen, was passieren würde, lassen Sie es erst gar nicht zu.

## Sie werden oft von Schuldgefühlen gequält

Schuldgefühle sollten ein kurzes korrigierendes Signal sein, kein Dauerzustand. Sie motivieren dazu, sich zu entschuldigen, und sollten der Beziehungspflege dienen, nicht als Auslöser für

Selbsthass. Reife Schuldgefühle helfen uns, aus Fehlern zu lernen, sie wiedergutzumachen und nicht zu wiederholen.

Emotional unreife Eltern hingegen nutzen das Zwangspotenzial von Schuldgefühlen aus. Sie bringen ihren Kindern bei, sich schuldig zu fühlen und zugleich perfekt sein zu wollen. Diese Kinder lernen weder, sich selbst Fehler zu verzeihen, noch, dass es einen Weg aus der Schuld gibt, indem man die Verantwortung für seine Fehler übernimmt und sie wiedergutmacht.

Ein besonders schlechtes Gewissen machen emotional unreife Eltern ihren Kindern dann, wenn sie sich in ihren Augen nicht hingebungsvoll genug aufgeopfert haben. Außerdem plagt die Kinder eine Art »Überlebensschuld«, wenn sie ein glücklicheres Leben als ihre Eltern führen.

**Schuldgefühle, weil man sich nicht aufopfert.** Emotional unreife Eltern verlangen oft mehr, als man ihnen geben kann. Bekommen sie ein Nein von Ihnen zu hören, reagieren sie, als würden Sie sie nicht wirklich lieben. Erwachsene Kinder solcher Eltern haben oft das Gefühl, dass sie nur dann gute Menschen sind, wenn sie sich selbst aufopfern.

***Ginas Geschichte***

*Eines Tages teilten Ginas älter gewordene Eltern ihr mit, dass sie in ihre Nähe ziehen wollten, damit Gina sich besser um sie kümmern könne. Gina geriet in Panik. Sie hatte sich ihren chronisch unzufriedenen Eltern nie verbunden gefühlt. Als Erstgeborene hatte sie immer die Rolle der Ersatzmutter für ihre Geschwister übernommen. Außerdem erholte sie sich gerade von einer Brustkrebserkrankung und fühlte sich als alleinerziehende Mutter von drei Jungen im Teenageralter ohnehin schon überfordert. Sie konnte sich nicht vorstellen, sich auch noch um ihre Eltern zu kümmern. Gina hatte das Gefühl, dass ihr die zusätzliche Verantwortung für ihre egozentrischen Eltern endgültig den*

*Rest geben würde. Doch ihre Schuldgefühle waren zu übermächtig, um ihnen eine Absage zu erteilen, auch wenn sie es gern getan hätte. Sie fragte mich: »Aber bin ich ihnen gegenüber nicht verpflichtet?«*

Meine Antwort war ein klares Nein. Gina war nicht verpflichtet, ihre eigene Situation zu ignorieren, nur weil ihre Eltern sich wünschten, dass sie die Dinge in die Hand nahm und ihnen uneingeschränkt zur Verfügung stand. Warum sollte Gina ihre geistige und körperliche Gesundheit gefährden, nur weil ihre Eltern sie als Betreuerin auserkoren hatten? Sie waren finanziell abgesichert. Sollten sie etwas brauchen, konnten sie sich an zwei ihrer Kinder wenden, die in ihrer Nähe wohnten. Darüber hinaus konnten sie auf die Hilfe ihrer Freunde zählen. Realistisch betrachtet hatte Gina nicht den geringsten Anlass, sich schuldig zu fühlen, die Forderung abzulehnen. Aber dennoch rang sie mit sich und fühlte sich in die Pflicht genommen.

Ginas Eltern hatten keinen Augenblick darüber nachgedacht, dass sie ihrer Tochter zur Last fallen könnten. Sie fragten sie nicht, was sie von ihrer Idee hielt, sondern teilten ihr lediglich mit, dass sie kommen würden. Gina befürchtete zu Recht, dass sie ihr Lieblosigkeit vorwerfen könnten, wenn sie es wagte, Nein zu sagen. Diese Schlussfolgerung allerdings ist falsch: Jemandem zu zeigen, wo die eigenen Grenzen liegen, ist kein Zeichen mangelnder Liebe. Es bedeutet nur, dass man sich das Recht nimmt, auch an sich selbst zu denken.

Glücklicherweise durchschaute Gina die Situation und erkannte schließlich, dass sie kein schlechter Mensch war, nur weil sie ihre Gesundheit nicht einem Plan opferte, den ihre Eltern aus einer Laune heraus geschmiedet hatten. Letzten Endes sagte sie Nein. Ihre Eltern zeigten sich entsprechend gekränkt, zogen sich wutentbrannt zurück und beschlossen, stattdessen in die Nähe von Ginas Schwester zu ziehen.

**Überlebensschuld**. Manchmal fühlen sich die erwachsenen Kinder emotional unreifer Eltern schuldig, weil ihr Leben besser läuft als das ihrer Eltern. Überlebensschuld, also Schuldgefühle wegen des eigenen Glücks im Vergleich zu anderen, kann entstehen, wenn man emotional unreife Eltern hat, die im Leben nicht gut klarkommen. Solche Eltern haben häufig sowohl Job- als auch Beziehungsprobleme. Eltern, die bei ihren Kindern Überlebensschuld auslösen, finden sich in ihrer Rolle als Erwachsene nicht zurecht und leiden unter Depressionen, psychischen Erkrankungen oder Suchtproblemen. Es kann sein, dass Sie sich für Ihren Erfolg schuldig fühlen, wenn Sie sich ein glücklicheres Leben aufgebaut haben.

Schuld ist ein bewusstes Gefühl, das sich leicht in Worte fassen lässt. Man kann über die Gründe sprechen und begleitende Gefühle näher beschreiben. Da Schuldgefühle vertraut und leicht auszudrücken sind, gehen wir manchmal davon aus, Schuldgefühle zu haben, obwohl wir in Wirklichkeit Scham empfinden.

## Dank Ihrer Schamgefühle haben Ihre Eltern ein leichtes Spiel, Sie zu dominieren

Scham entsteht, wenn man sich von anderen Menschen abgelehnt fühlt (DeYoung 2015). Sie geht viel tiefer als bloße Verlegenheit, weil man sich als Mensch infrage gestellt fühlt. Es ist eine mächtige Grunderfahrung, die nicht nur bedeutet, dass man *etwas* falsch gemacht hat, sondern dass *mit einem selbst* etwas nicht stimmt. Scham kann so unerträglich sein, dass ihre bloße Androhung Sie dazu bringt, das zu tun, was eine emotional unreife Person von Ihnen will. Dieses Gefühl, nicht liebenswert und inakzeptabel zu sein, kann zu einer, wie der Psychotherapeut Jerry

Duvinsky es bezeichnet, *Core Shame Identity* führen: einem chronischen Gefühl der Wertlosigkeit, das unabhängig von den eigenen positiven Eigenschaften bestehen bleibt (Duvinsky 2017).

Scham kann dazu führen, dass man das Vertrauen in die eigenen Gedanken und Gefühle verliert. Vielleicht sind es Sätze wie »Bist du verrückt?«, »Hast du den Verstand verloren?«, »Wie kannst du es wagen?«, »Denk nicht mal dran!«, »Es ist falsch, so zu fühlen!« oder »So etwas habe ich ja noch nie gehört!«, mit denen Ihre Eltern bei Ihnen Schuldgefühle auslösen. Aus diesen Reaktionen schließen Kinder, dass mit ihnen etwas ganz und gar nicht stimmt. Die Eltern bringen sie in Verlegenheit und lösen Schamgefühle bei ihnen aus, was dazu führt, dass diese sich als Erwachsene emotional dominanten Menschen unterwerfen.

Wahrscheinlich löst der Vorwurf Ihrer Eltern, Sie seien egoistisch, besonders leicht Schamgefühle bei Ihnen aus. Für sensible Menschen gibt es wohl kaum einen verletzenderen Vorwurf als den, sich nicht um andere zu kümmern. Daher gelingt es Eltern besonders leicht, feinfühlige Kinder unter Kontrolle zu bringen, indem sie sie als »egoistisch« beschimpfen. Unter Egoismus verstehen solche Personen jedoch in der Regel, dass man innehält, um über seine Bedürfnisse nachzudenken, anstatt automatisch ihren Forderungen nachzugeben.

## Wenn die eigenen Bedürfnisse Schamgefühle auslösen

Emotional unreife Eltern reagieren aufgrund ihrer Selbstbezogenheit häufig gereizt auf ihre von ihnen abhängigen Kinder. Da sie ständig um ihre eigenen Probleme kreisen, lösen die Bedürfnisse ihres Kindes mitunter Jähzorn aus, und sie geben ihm das Gefühl, etwas falsch gemacht zu haben. Kinder solcher Eltern fühlen sich schlecht, weil sie Bedürfnisse haben und dadurch ihren Eltern das Leben schwer machen. Wenn Sie als Kind auf diese Weise behandelt wurden, schämen Sie sich vielleicht heute noch dafür, Probleme zu haben oder Hilfe zu brauchen.

### Das vernichtende Gefühl der Scham

Patricia DeYoung beschreibt, wie verheerend es sich anfühlt, wenn sich jemand in einer Situation, in der wir dringend emotionale Unterstützung brauchen, weigert, mit uns in Kontakt zu treten (DeYoung 2015). Es ist unerträglich beschämend, wenn die eigene Bitte um Trost oder Nähe zurückgewiesen wird. Wenn die Bemühungen eines Kindes, mit seinen Eltern in Kontakt zu treten, scheitern, löst dies im Kind eine Hoffnungslosigkeit aus, als wäre es ganz allein auf dieser Welt. DeYoung erklärt, dass die zerbrechliche Persönlichkeitsstruktur von Kindern, die das Gefühl haben, nicht wichtig zu sein, zusammenbricht – ein Gefühl, als ob sie sterben würden. Kein Wunder, dass sich Nichtbeachtung wie das Ende der Welt anfühlen kann.

In meiner Arbeit mit erwachsenen Kindern emotional unreifer Eltern erinnern sich viele dieser Kinder an tiefe, vernichtende Schamgefühle, als sie von ihren Eltern im Moment größter Not abgelehnt wurden. Sie beschreiben es als »in ein schwarzes Loch fallen«, »ins Nichts stürzen« oder »sterben«. Wenn eine gleichgültige Bezugsperson zwar erkennt, was man so dringend braucht, aber nicht darauf eingeht, äußert sich dies in einer Form von psychischer Desintegration, einem Gefühl, als würde man aufhören zu existieren (DeYoung 2015). Diese Erfahrungen sind so schmerzhaft, dass die Betroffenen die Erinnerungen daran oft verdrängen und vermeiden, sich damit auseinanderzusetzen.

Die schmerzliche Erfahrung der Ohnmacht führt dazu, dass Kinder alles tun, um von ihren Eltern gesehen und beachtet zu werden. Deshalb kommt es bei Kleinkindern so häufig zu Trotzanfällen wegen scheinbar unbedeutender Anlässe. Wird ihr subjektives Erleben von den Eltern nicht anerkannt oder verstanden

(Stern 2004), bricht ihr Selbstkonzept zusammen, und sie haben das Gefühl, ins Nichts zu fallen. Ohne die Zuneigung eines Erwachsenen, der sie unterstützt, haben sie keine Möglichkeit, dieses aufrechtzuerhalten (Wallin 2016).

### Wir nehmen Scham nicht als Gefühl wahr

Die Angst vor Scham bleibt auch nach der Kindheit bestehen, weil wir nicht gelernt haben, dass Scham nur ein Gefühl ist. Wir erkennen nicht, dass wir schlecht behandelt wurden, und interpretieren Schamgefühle stattdessen als Beweis für unseren schlechten Charakter (Duvinsky 2017). Eine meiner Klientinnen erkannte in einer Sitzung: »Ich glaube, ich bin wertlos, weil ich mich so *fühle*.« Scham fühlt sich so real an, weil sie eine so überwältigende emotionale Erfahrung ist. Wenn Eltern ihren Kindern jedoch helfen, Scham als eines von vielen Gefühlen zu erkennen und zu benennen, werden ihre Kinder nicht unerbittlich mit sich selbst ins Gericht gehen. Emotional unreife Eltern hingegen tragen selbst so viele Schamgefühle in sich, dass sie ihren Kindern nicht helfen können, ihre eigenen zu verstehen.

## Übung
## Retten Sie Ihr beschämtes und verängstigtes Selbst

Scham und ein geringes Selbstwertgefühl wurzeln in der Angst, für andere nicht wichtig zu sein und verlassen zu werden. Um Schamgefühle zu bekämpfen, empfiehlt Jerry Duvinsky, die zugrunde liegenden Ängste schonungslos offenzulegen und aufzuschreiben (Duvinsky 2017). Meine eigene Methode besteht darin, Klienten mit Sorgen oder Ängsten zu bitten, die peinlichsten Dinge aufzuschreiben, die sie sich vorstellen können.

Wenn Sie herausgefunden haben, welche Art von Bloßstellung Sie am meisten fürchten, steigern Sie den Horror, indem Sie sich fragen: »Und dann?«, bis Sie herausgefunden haben, welches Worst-Case-Szenario Anlass für die Schamgefühle ist, die Sie so sehr fürchten. Dann bleiben Sie einen Moment bei diesen Gedanken, bis Sie merken, dass nichts Schlimmes passiert. Es ist nur ein Gefühl.

Als Nächstes erzählen Sie die Horrorgeschichte, die sich hinter Ihrer großen Scham verbirgt. Welches Selbstbild haben Sie, wenn Sie sich schämen? Statt natürlich davon auszugehen, dass es das Ende der Welt wäre, könnten Sie Mitgefühl für sich selbst haben, weil man Sie dazu gebracht hat, sich so schlecht in Ihrer eigenen Haut zu fühlen. Stellen Sie sich nun vor, dieses zutiefst beschämte innere Selbst zu retten und ihm den Trost und die Akzeptanz zu geben, die es braucht, um sich wieder gut zu fühlen.

Sobald Sie erkennen, dass Ihr geringes Selbstwertgefühl auf die emotionale Ablehnung in Ihrer frühen Kindheit zurückzuführen ist, werden Sie sich selbst anders sehen. Sie werden verstehen, dass das Gefühl, nicht liebenswert zu sein, nicht auf grundlegende Defizite zurückzuführen ist, sondern auf die Unfähigkeit Ihrer Eltern, emotionale Nähe herzustellen. Ihr Bedürfnis nach enger emotionaler Bindung war normal, nicht widerlich oder abstoßend, und hätte für Eltern mit der entsprechenden emotionalen Reife *keine* Überforderung dargestellt.

### Subtiles Auslösen von Schamgefühlen in der Interaktion zwischen Gleichaltrigen und Erwachsenen

Das Auslösen von Schamgefühlen wird häufig eingesetzt, um soziale Dominanz auszuüben. Dabei handelt es sich meist um sehr subtile soziale Verhaltensweisen, zum Beispiel nicht auf Ihren Vorschlag einzugehen, Ihre Bedenken abzulehnen oder Ihnen das Gefühl zu geben, dass Sie stören. Diese beschämenden Verhaltensweisen sind oft schwer zu erkennen, da sie nicht offensichtlich erniedrigend oder unhöflich sind. Solche Vorfälle können noch lange nachwirken, ohne dass man genau sagen kann, warum man sich so schlecht fühlt. Sobald Sie jedoch die subtile Beschämung als solche erkennen, werden Sie sich sofort besser fühlen. Sie werden begreifen, was vor sich geht, und nicht mehr das Selbstwertgefühl der emotional unreifen Person stärken, indem Sie die Rolle des Unterlegenen übernehmen.

### Übung
### Welche Erfahrungen haben Sie mit emotionaler Vereinnahmung gemacht?

Schreiben Sie in Ihr Tagebuch, wann Sie sich von Ihren Eltern oder einer anderen Person emotional erpresst gefühlt haben. Erinnern Sie sich an Episoden, in denen diese Person versucht hat, Sie durch Angst, Schuldgefühle, Scham oder Selbstzweifel dazu zu bringen, das zu tun, was sie wollte. Was hat bei Ihnen am verheerendsten gewirkt? Auf welche Art von emotionaler Manipulation reagieren Sie am empfindlichsten? Welche körperlichen Empfindungen haben Sie, wenn jemand versucht, Ihnen aus Eigeninteresse ein schlechtes Gewissen zu machen? Denken Sie darüber nach und notieren Sie, wie Sie emotionale Erpressung zukünftig erkennen und vermeiden.

## Das Wichtigste in Kürze

In diesem Kapitel haben Sie Faktoren kennengelernt, die darauf hindeuten, dass Ihre Eltern emotional unreif sind. Sie haben die verschiedenen Typen solcher Eltern sowie ihre wesentlichen

Persönlichkeitsmerkmale kennengelernt. Darüber hinaus wissen Sie jetzt, was ihre selbstbezogene Sichtweise, ihre Realitätsverweigerung und ihre Zeitempfindung ausmacht. Sie erkennen nun, wie solche Eltern Ihre Selbstzweifel, Ängste, Schuld- und Schamgefühle ausnutzen, um Sie emotional zu erpressen und ihr eigenes Selbstwertgefühl, ihre emotionale Stabilität und Selbstsicherheit zu stärken. Mithilfe dieser Vereinnahmung zementieren sie ihre Dominanz und untergraben das Selbstvertrauen ihrer Kinder – aber nur, solange diese nicht durchschauen, was die Eltern da tun.

## Kapitel 3

# Die Sehnsucht nach einer Beziehung zu Ihrem emotional unreifen Elternteil

### Warum Sie es immer wieder versuchen

Als Kind emotional unreifer Eltern haben Sie vielleicht nie aufgehört, sich nach einer engeren Beziehung zu ihnen zu sehnen. Möglicherweise wünschen Sie sich nach wie vor, dass sie mehr Interesse an Ihrem Leben zeigen. Und vor allem hoffen Sie vielleicht immer noch, dass sie Sie eines Tages auf eine Weise lieben werden, die Ihnen das Gefühl gibt, gesehen zu werden. Oder Sie träumen davon, einen Weg zu finden, Ihre Eltern zu erreichen, wenn Sie nur den geeigneten Moment erwischen und es richtig machen. Vielleicht hoffen Sie, als Erwachsener einen Weg zu finden, sie endlich emotional zu erreichen.

Leider machen es die Abwehrmechanismen und Ängste dieser Eltern fast unmöglich, Nähe über einen längeren Zeitraum zu tolerieren. In diesem Kapitel werden wir untersuchen, warum Ihre Hoffnungen auf eine bessere Beziehung zu Ihren Eltern oft in Enttäuschung und emotionaler Einsamkeit enden.

## Welche Beziehung Sie sich wünschen

Als erwachsenes Kind emotional unreifer Eltern haben Sie in Ihrer Kindheit wahrscheinlich das Gefühl von Verbundenheit, einfühlsamer Kommunikation und Anerkennung vermisst – Dinge, die einem die Gewissheit vermitteln, von seinen Eltern geliebt zu werden. Diese würden vermutlich mit Spott auf die Vorstellung reagieren, dass Sie sich nicht geliebt fühlten. Würden Sie sie mit ihrer Lieblosigkeit konfrontieren, wären sie genauso verwirrt wie Sie. Natürlich lieben sie Sie; Sie sind ihr Kind. Sie wissen nur nicht, dass sie Sie auf eine bestimmte Art und Weise behandeln müssen, damit Sie das auch *spüren* … Die Liebe eines emotional unreifen Vaters oder einer solchen Mutter zu spüren, ist wie der Versuch, ein Gebirge durch das Betrachten eines Fotos zu erleben. Man kann die Farbe und die Form der Berge sehen, aber man kann nicht die frische Luft, das Rauschen der Bäume oder das Gefühl von Weite und Erhabenheit erleben. Wie auf einem Foto kann man seine Eltern sehen, aber nicht ihre emotionale Präsenz spüren. Es ist, als würde man versuchen, eine Beziehung zu ihrem Spiegelbild aufzubauen anstatt zu ihnen selbst, von Angesicht zu Angesicht. Man kann es nicht in Worte fassen, aber man weiß, dass man keine direkte Verbindung zu ihnen hat.

Lassen Sie uns nun weiter erforschen, was Sie an Ihren Eltern vermissen und wonach Sie sich sehnen.

### Sie sehnen sich danach, dass sie Ihr wahres Wesen erkennen

Wir wissen, dass Kinder Aufmerksamkeit und liebevolle Zuwendung brauchen, aber wie genau tun Eltern das? Es braucht mehr als nur Zusehen und Zuhören, es braucht die aktive emotionale

Beteiligung der Eltern. Ein Vater oder eine Mutter kann das Kind direkt ansehen und alles wiederholen, was das Kind sagt, aber wenn die Eltern sich nicht auch einfühlsam in seine innere Welt hineinversetzen (Fonagy et al. 2004), wird das Kind keine Verbindung spüren. Es kommt nicht darauf an, *was* die Eltern sagen, sondern *wie* sie ihr Interesse an der einzigartigen, subjektiven Erfahrung des Kindes zeigen (Stern 2004). Wenn Eltern sich emotional auf die innere Erlebniswelt ihres Kindes einstellen, fühlt es sich gesehen, anerkannt und geliebt.

Bei der Beobachtung von Kleinkindern und ihren Eltern fällt auf, wie oft die Kinder den Blickkontakt zu den Eltern suchen und in eine bedeutungsvolle Interaktion treten wollen (Campbell 1977). Dabei geht es nicht nur um das Bedürfnis nach Aufmerksamkeit. Kinder *tanken* in diesen Momenten der Verbundenheit mit ihren Eltern *emotional auf* (Mahler und Pine 2008). Kinder brauchen das emotionale Engagement und die Zuneigung ihrer Eltern, um stark, sicher und schließlich unabhängig zu werden. Kein Wunder, dass sich die Liebe der Eltern so essenziell anfühlt.

Wenn Sie als Erwachsener den Wunsch verspüren, eine bessere Beziehung zu Ihren emotional unreifen Eltern aufzubauen, ist dies zum Teil auf Ihr »inneres Kind« zurückzuführen, das immer noch gesehen werden möchte und sich eine Reaktion der Eltern wünscht. Leider scheitert der Versuch, mit ihnen in Kontakt zu treten, oft an deren Weigerung, sich auf eine tiefere Beziehung einzulassen. Die Vermeidung tiefer Gefühle – ihre Affektphobie (McCullough et al. 2003) – lässt sie vor solch großer Nähe zurückschrecken.

## Sie wünschen sich eine bessere Kommunikation

Als Erwachsener wissen Sie sehr wahrscheinlich, wie wichtig Kommunikation für eine gut funktionierende Beziehung ist. Vielleicht haben Sie gelernt, ein Problem anzusprechen und es direkt mit der betreffenden Person zu klären. Möglicherweise haben Sie diese neuen Fähigkeiten mit Ihren Eltern ausprobiert und festgestellt, dass effektive Kommunikation zwar wichtig für gute Beziehungen ist, aber nur funktioniert, wenn die andere Person bereit ist, sich darauf einzulassen.

Emotional unreife Eltern sprechen nicht gern über Gefühle. Sie sind es nicht gewohnt, mit den Gefühlen anderer umzugehen, und wissen nicht, was sie sagen sollen. Anstatt ihren Kindern einfühlsam zuzuhören oder sie liebevoll zu beruhigen, wenn sie aufgebracht sind, versuchen diese Eltern oft, sie mit Süßigkeiten oder Aktivitäten zu trösten. Mit ihren erwachsenen Kindern über Gefühle zu sprechen, fällt ihnen auch nicht leichter.

Vielleicht möchten Sie ihnen einfach nur Ihr Herz ausschütten oder darüber sprechen, wie Sie Ihre Beziehung verbessern können. Für Sie ist es ein aufrichtiger Versuch, Nähe herzustellen, während Ihre Eltern das Gefühl haben, mit etwas konfrontiert zu werden, mit dem sie überhaupt nicht umgehen können.

Betrachten wir Ihre Bitte um ein Gespräch einmal aus der Perspektive Ihrer emotional unreifen Eltern. In ihrer Kindheit bedeutete es vielleicht, dass sie in Schwierigkeiten waren, wenn jemand mit ihnen reden wollte. Die Ankündigung, mit ihnen sprechen zu wollen, kann bei ihnen die Befürchtung wecken, mit Vorwürfen konfrontiert zu werden, was ihre Abwehrhaltung verstärkt. Aus diesem Grund ist es am besten, tiefer gehende Gespräche zu beginnen, indem man um ein kurzes Zeitfenster bittet, zum Beispiel fünf oder zehn Minuten, und dann nur bestimmte Fragen stellt oder nicht mehr als ein oder zwei Gefühle äußert. Wenn Sie sich zu Beginn kurzfassen und strukturiert vorgehen, sind Ihre Eltern später vielleicht bereit, offenere Fragen zu beantworten.

### Übung
### Wie ist es gelaufen, wenn Sie versucht haben, mit ihnen zu kommunizieren?

Denken Sie an eine Situation, in der Sie versucht haben, Ihre Eltern dazu zu bringen, Ihnen zuzuhören und mit Ihnen auf einer tieferen Ebene zu sprechen. Wie haben sie reagiert? Wie haben Sie sich gefühlt, nachdem Sie sich ihnen geöffnet hatten? Schreiben Sie Ihre Erinnerungen in Ihr Tagebuch. Wenn Ihre Eltern in einer Weise reagiert haben, die Sie emotional nicht zufriedenstellte, denken Sie nach allem, was Sie bisher gelesen haben, einmal daran, dass das Problem vielleicht darin lag, dass Ihre Eltern Schwierigkeiten hatten, auf einer tieferen Ebene mit Ihnen in Beziehung zu treten. Notieren Sie Ihre Schlussfolgerungen.

## Sie sehnen sich nach Lob und Anerkennung durch die Eltern

Viele erwachsene Kinder emotional unreifer Eltern hoffen, dass Leistung und Erfolg der magische Schlüssel zu mehr Aufmerksamkeit sind. Selbst wenn sie sich als Erwachsene ein erfolgreiches Leben aufgebaut haben, sehnen sie sich immer noch nach der Anerkennung ihrer Eltern.

Durch Perfektionismus und Streben nach Erfolg versuchen manche von uns, die ersehnte Anerkennung und das Lob unserer

Eltern zu erhalten. Zu diesem Zweck wählen wir vielleicht Berufe, um sie zu beeindrucken, oder heiraten Partner, die ihrem Geschmack entsprechen. Aber es ist schwer, von egozentrischen Eltern Lob zu bekommen. Sie interessieren sich einfach nicht so sehr für die Leistungen ihrer Kinder, es sei denn, sie können damit angeben.

Viele meiner Klienten berichten, wie überrascht sie waren, als ihre Eltern vor Freunden mit ihnen prahlten, da sie nie direkt von ihnen gehört hatten, dass sie stolz auf sie waren. Das kann verwirrend sein, ergibt aber Sinn, denn das Strunzen vor anderen ermöglicht es solchen Eltern, emotional auf Distanz zu bleiben, während sie die Leistungen ihrer Kinder als soziale Währung einfordern. In emotionaler Hinsicht ist dies für sie sicherer, als den Kindern in die Augen zu schauen und ihnen zu sagen, wie sehr sie sich freuen. Solche Eltern würden solches direktes emotionales Lob als äußerst unangenehm empfinden.

## Verhaltensweisen emotional unreifer Eltern, die Nähe verhindern

Diese fünf verbreiteten Verhaltensweisen solcher Eltern erschweren es ihren Kindern, eine enge Bindung aufzubauen.

### 1. Sie zeigen kein Interesse

Oft hat es den Anschein, emotional unreife Eltern würden sich nicht für das Leben ihrer Kinder interessieren. Da es ihnen an Einfühlungsvermögen mangelt und sie sich vornehmlich um ihre eigenen Belange kümmern, zeigen sie selten Interesse an etwas, das über das hinausgeht, was sie unmittelbar betrifft. Diese

Eltern blühen auf, wenn sie über ihre Belange sprechen, wirken aber desinteressiert oder abgelenkt, wenn ihre Kinder etwas über ihr Leben erzählen.

***Brendas Geschichte***

*Brendas Vater Ben, ein wortkarger Neuengländer, zog seine Tochter allein auf, nachdem ihre launische und strafende Mutter gestorben war. Brenda war da fünfzehn Jahre alt. Obwohl Ben sich meist zurückhielt, hatte er Brenda manchmal getröstet, wenn ihre Mutter schimpfte. Deshalb sah sie in ihm den fürsorglicheren Elternteil, auch wenn er ansonsten wenig Interesse an ihren Aktivitäten zeigte.*

*Brenda machte Karriere als angesehene medizinische Forscherin. Als sie eingeladen wurde, auf einer renommierten internationalen Konferenz über ihre Arbeit zu sprechen, dachte sie, ihr Vater würde sich endlich für sie freuen und von ihren Leistungen beeindruckt sein.*

*Doch Ben zeigte gar kein Interesse daran. Brenda war am Boden zerstört, weil er kaum auf ihre Erfolge reagierte. Er schien immer auszuweichen, wenn sie seine Anerkennung suchte. Selbst als Ben zu einer Veranstaltung kam, auf der ihr ein Preis verliehen wurde, brachte er sie mit seinen unhöflichen und abfälligen Bemerkungen über ihre Arbeit in Verlegenheit. Er hatte nicht das nötige Feingefühl, um zu erkennen, was dies bei Brenda bewirkte.*

*Ben hatte sehr begrenzte Interessen, die sich hauptsächlich auf seine politischen Überzeugungen und den Zustand der Wirtschaft konzentrierten. Was Brenda erreicht hatte, schien ihm im Vergleich zu seinen Lieblingsthemen unwichtig. Nach jedem Telefonat hatte Brenda das demütigende Gefühl, ihren Vater förmlich anzuflehen, stolz auf sie zu sein.*

## 2. Sie sind immer beschäftigt

Manche emotional unreifen Eltern distanzieren sich von ihren Kindern, indem sie sich ständig mit anderen Dingen befassen, um nicht innehalten und sich ihnen zuwenden zu müssen. Kinder übermäßig geschäftiger Eltern wissen, dass deren wirkliche Interessen woanders liegen und sie erst nach diesen anderweitigen Beschäftigungen an zweiter Stelle rangieren. Diese beschäftigten Eltern sind zum Teil so getrieben und erfolgsorientiert, dass die Beziehung zu ihren Kindern verkümmert. Sie bemerken gar nicht, dass sie ihrem Kind Anwesenheit und Aufmerksamkeit vorenthalten. Geben sie nicht immer alles?

Eltern, die zu viel arbeiten, schätzen falsch ein, wie viel Zeit sie ihrer Familie vorenthalten. Sie übertreiben ihren Arbeitswahn, ihre körperlichen Aktivitäten, ihr Streben nach höheren Bildungsabschlüssen, ihr ständiges Knüpfen neuer Kontakte oder ihr ehrenamtliches Engagement. Sie können sich einfach nicht vorstellen, dass sie mit ihren wertvollen Aktivitäten jemandem schaden könnten. Wenn Probleme auftauchen, argumentieren sie, die Wichtigkeit ihrer Aufgaben rechtfertige es, dass alle in der Familie dafür ein kleines Opfer bringen.

***Katies Geschichte***

*Katies Mutter Bella war immer damit beschäftigt, irgendetwas zu erledigen, zum Beispiel das Haus zu putzen, das Abendessen vorzubereiten oder Anrufe entgegenzunehmen. Katie merkte bei ihren Besuchen, dass ihre Mutter es kaum erwarten konnte, sich wieder ihren Aufgaben zu widmen, immer mit der Ausrede, dass sie später Zeit haben würde, sich mit Katie zu entspannen. Doch dazu kam es nie. Selbst wenn sich die Gelegenheit zu einem Gespräch ergab, schielte Katies Mutter immer wieder auf den Fernseher oder kritzelte nebenbei in ihr Rätselheft. Wenn Katie ihre Mutter darauf ansprach, ent-*

*gegnete diese: »Ich höre zu!«, tat es aber nicht. Katies Vater verhielt sich genauso und stahl sich bei der erstbesten Gelegenheit davon, um in seiner Garage zu werkeln. Die Geschäftigkeit ihrer Eltern machte es unmöglich, eine dauerhafte emotionale Bindung aufzubauen. Ihren Unwillen, Nähe zuzulassen, kaschierten die Eltern, indem sie sagten, dass gewisse Dinge »einfach erledigt werden müssen«.*

Jedem kann es passieren, dass er sich mit zu vielen Aktivitäten oder Verpflichtungen überlastet, zum Beispiel in einem anspruchsvollen Beruf. Allerdings nehmen es einfühlsame Eltern ernst, wenn sich ihre Kinder darüber beschweren, dass sie nicht genug Zeit für sie haben. Eltern mit der entsprechenden emotionalen Reife werden versuchen, sich in die Gefühlswelt ihres Kindes hineinzuversetzen, und bemühen sich, die Zeit für ihre eigenen Aktivitäten und die Zeit für ihre Kinder auszubalancieren.

Natürlich kann die wirtschaftliche Situation Eltern daran hindern, für ihre Kinder da zu sein, unabhängig davon, wie reif sie emotional sind. Wenn ein Elternteil nicht frei über sein Arbeitspensum entscheiden kann, bedeutet das eine schwierige Zeit für die ganze Familie. Aber wenn Eltern offen für die Gefühle ihrer Kinder sind und die finanzielle Situation erklären, wissen die Kinder zumindest, dass es einen guten Grund für die Entbehrungen gibt und sie nichts damit zu tun haben, dass den Eltern andere Dinge wichtiger sind.

## 3. Sie sind neidisch und eifersüchtig

Manche emotional unreife Eltern sind tatsächlich neidisch auf den Erfolg und die soziale Anerkennung, die ihre Kinder genießen. Anstatt sich für ihr Kind zu freuen, neigen *neidische* Eltern eher dazu, die Fähigkeiten und Leistungen ihres Kindes herabzuwürdigen oder herunterzuspielen. Ihnen fehlt die Reife, sich über das Glück eines anderen zu freuen. In ihrem Konkurrenzdenken droht sie der erfolgreiche Nachwuchs aus dem Rampenlicht zu drängen.

*Eifersüchtige* Eltern fühlen sich übergangen, wenn ihr Kind die Aufmerksamkeit anderer bekommt. Sie glauben, dass ihr Kind ihnen die Beachtung stiehlt, die eigentlich ihnen gebührt. Während Neid etwas mit Begehren zu tun hat – Ihre Eltern wollen etwas haben, was Sie haben –, ist Eifersucht ein Beziehungsthema. Eifersüchtige Eltern nehmen ihrem Kind übel, dass es da steht, wo sie selbst gern wären: im Zentrum der Aufmerksamkeit.

***Shondas Geschichte***

*Shondas Mutter Ayana spielte in ihrem sozialen Umfeld gern die Matriarchin und konnte es nicht ertragen, wenn Shonda mehr Aufmerksamkeit bekam als sie selbst. Auch als Shonda erwachsen war, behandelte Ayana sie in Gegenwart anderer stets wie ihr Kind. Bei einem Familientreffen kam ein Onkel auf sie zu, um sie zu begrüßen. Shonda war Bewährungshelferin und ihr Onkel fragte sie nach ihrer Meinung zu einem Verbrechen, das Jugendliche aus der Nachbarschaft gerade begangen hatten und von dem alle Medien berichteten. Bevor Shonda antworten konnte, meldete sich Ayana ungläubig zu Wort und meinte: »Shonda? Was sollte sie schon darüber wissen?« Obwohl Shonda tatsächlich viel darüber wusste, konnte Ayana es nicht ertragen, dass Shonda die ganze Aufmerksamkeit auf sich zog.*

***Georges Geschichte***

*Georges unreifer Vater genoss es, im Mittelpunkt zu stehen. Wenn George als Kind Freunde zu Besuch hatte, lachte sein Vater ihn gern aus und machte ihn vor den anderen schlecht. Der Vater brachte die anderen Jungen dazu, sich auf seine Seite zu stellen, und sabotierte so die Freundschaft zwischen den Kindern, obwohl sich George dabei ganz offensichtlich schlecht fühlte.*

Unter solchen Bedingungen aufzuwachsen, bedeutet für Kinder neidischer und eifersüchtiger Eltern, dass es besser ist, ihre Talente zu verbergen und das Rampenlicht zu meiden, um nicht in Konkurrenz mit ihnen zu treten und schlechtgemacht zu werden. Der Neid und die Eifersucht solcher Eltern können dazu führen, dass ihre Kinder auch im Erwachsenenalter eine ambivalente Einstellung zum Erfolg haben.

## 4. Sie regen sich schnell auf und ärgern sich leicht

Einige emotional unreife Eltern haben im Allgemeinen keine guten zwischenmenschlichen Beziehungen, da sie sich ständig in Krisen und Ausnahmezuständen befinden. Sie können die Dinge nicht auf sich beruhen lassen und regen sich über Kleinigkeiten auf. Sie reagieren krankhaft empfindlich auf – oft rein eingebildete – Kritik und haben ständig das Gefühl, man kümmere sich nicht gut genug um sie. Manchmal entwickeln solche Eltern eine regelrechte Paranoia und sind sich sicher, dass andere gegen sie sind. Selbst Kleinigkeiten bringen sie so sehr auf, dass die Menschen in ihrem Umfeld ständig damit beschäftigt sind, sie zu beruhigen und die Situation zu schlichten. Ein Mensch, der so sehr von seinen eigenen Ängsten und Projektionen gefangen ist, hat keine Kapazitäten für eine friedliche und liebevolle Beziehung zu anderen.

## 5. Sie sind inkonsequent und widersprüchlich

Emotional unreife Eltern weisen eine schlecht integrierte, emotional fragmentierte Persönlichkeitsstruktur auf, die sich in einem extrem widersprüchlichen und inkonsistenten Verhalten äußert. Es ist schwierig, als Erwachsener eine enge Beziehung zu ihnen zu haben, da sie – wie Kinder – eher eine Ansammlung reaktiver Stimmungen als eine stabile, integrierte Persönlichkeit sind. Wie wir in Kapitel 1 gesehen haben, haben sie kein kohärentes Selbstbild entwickelt, das ihnen innere Stabilität und Sicherheit geben könnte.

Die Persönlichkeit eines jeden Menschen hat innere Anteile, die quasi kleine autonome Teilpersönlichkeiten innerhalb der Gesamtpersönlichkeit sind (Schwartz 2024). Wir erkennen unsere innere Vielfalt an (Goulding und Schwartz 2002), wenn wir Dinge sagen wie »Ich weiß nicht, was in mich gefahren ist«, »Du scheinst heute nicht du selbst zu sein« oder »Ein Teil von mir will, aber ein anderer Teil will nicht«. Verschiedene Therapeuten haben diese Persönlichkeitsaspekte das »innere Kind« genannt (Bradshaw 2018, Whitfield 1993, Capacchione 1991), »innere Rollen« und »Stimmen« (Berne 2002, Stone und Stone 1989) oder das »System der inneren Familie« (Schwartz 2024). Das Vorhandensein verschiedener Persönlichkeitsaspekte ist kein Krankheitsbild wie zum Beispiel die multiple Persönlichkeitsstörung, sondern ein natürliches Merkmal der menschlichen Persönlichkeit.

Bei emotional gesunden Menschen interagieren diese Anteile auf bewusste, gut integrierte Weise miteinander, ähnlich einer reibungslos funktionierenden Arbeitsgemeinschaft. Die Persönlichkeitsanteile emotional unreifer Eltern bleiben jedoch isoliert und stehen im Widerspruch zueinander. Deshalb können bei einer solchen Person defensive Anteile plötzlich und ohne Vorwarnung die Oberhand gewinnen. Die unerwartete Aktivierung dieser diskrepanten Wesensmerkmale erklärt die oft erstaunliche Widersprüchlichkeit emotional unreifer Eltern.

Solche Menschen schützen sich emotional, indem sie über ihre argwöhnischen und abwehrenden Persönlichkeitsanteile mit anderen interagieren (Schwartz 2024). Gelegentlich lassen sie in ihrer Wachsamkeit nach – zum Beispiel wenn sie sich verlieben –, aber da ihre abwehrenden Anteile auf Dauer keine emotionale Nähe zulassen, kehren Aufruhr und Misstrauen bald zurück. Sobald sie einer anderen Person »bedrohlich« nahe kommen, finden diese schützenden Aspekte ihrer Persönlichkeit schnell einen Grund, misstrauisch zu werden, andere zu beschuldigen oder Streit anzufangen. Aus diesem Grund können diese Menschen zwar Momente der Zärtlichkeit mit anderen erleben, aber auf Dauer keine Nähe ertragen.

## Vielleicht haben Sie Angst, dass auch Sie emotional unreif sind

Beim Lesen dieser Zeilen drängt sich Ihnen vielleicht die Frage auf, ob auch Sie sich Ihrem Kind gegenüber schon einmal so verhalten haben. Dies ist durchaus nachvollziehbar, da jeder von uns zuweilen kein Interesse zeigte, äußerst beschäftigt, neidisch, aufgewühlt oder inkonsequent war. Der Unterschied besteht darin, dass Menschen, die emotionale Bindungen eingehen können, solche Verhaltensweisen nur vorübergehend zeigen und diese nicht ihre Beziehungsfähigkeit beeinträchtigen.

Sie haben zu diesem Buch gegriffen, weil Ihnen wahrscheinlich bewusst ist, wie sehr Sie unter der fehlenden Bindung zu Ihren Eltern gelitten haben. Vermutlich wissen Sie, wie es ist, sich aufgrund von emotionaler Deprivation oder Missbrauch nicht wichtig zu fühlen oder ein geringes Selbstwertgefühl zu haben. Diese Selbsterkenntnis führt dazu, dass Sie sich fragen, welchen Einfluss Sie auf Ihre Kinder haben, und macht es unwahrscheinlich, dass Sie als Mutter oder Vater Ihren Kindern das gleiche emotionale Leid zufügen.

Allein die Tatsache, dass Sie sich Sorgen machen, Ihre Kinder negativ zu beeinflussen, zeigt, dass Sie sicher nicht emotional unreif sind. Solche Bedenken deuten darauf hin, dass Sie in der Lage sind, über sich selbst nachzudenken und sich in andere hineinzuversetzen, auch dass Sie den Wunsch haben, sich persönlich weiterzuentwickeln – Eigenschaften, die man bei emotional unreifen Eltern selten findet. Wir alle machen manchmal Fehler oder verletzen unsere Mitmenschen; aber wenn Sie sich dafür interessieren, was in anderen vorgeht, darauf achten, Ihre Beziehungen zu pflegen, und Verantwortung übernehmen, wenn es Probleme gibt, sind Sie per Definition emotional reif genug.

Emotional unreife Eltern zu haben, bedeutet nicht automatisch, dass Sie sozusagen in deren Fußstapfen treten. Vielleicht sind Sie sogar die Person in Ihrer Familie, die endlich die Weitergabe von seelischem Leid von einer Generation zur nächsten stoppt. Dazu müssen Sie nur wahrnehmen, wie sich Ihr Kind fühlt, ihm einfühlsam zuhören und es wissen lassen, dass es einen festen Platz in Ihrem Herzen hat. Entschuldigen Sie sich, wenn Sie sich geirrt haben, nehmen Sie Ihr Kind ernst, verzichten Sie auf Sarkasmus und Spott und behandeln Sie es mit Achtung. Wenn Ihr Kind weiß, dass Sie für es da sind, und Sie respektvoll, einfühlsam und fair mit ihm umgehen, wird es nicht unter der seelischen Vereinsamung leiden, die Ihnen so sehr zu schaffen machte.

## Warum Sie immer noch auf eine Beziehung zu Ihren Eltern hoffen

Warum sollten erwachsene Kinder emotional unreifer Eltern weiterhin mit ihnen in Kontakt bleiben, obwohl die Beziehung bisher mit so viel Schmerz und Einsamkeit verbunden war? Warum geben erwachsene Kinder die Hoffnung nicht auf, dass sie ihre Eltern dazu bringen können, einfühlsam und respektvoll zu sein, obwohl diese oft verletzend und herrschsüchtig sind? Die Antwort ist, dass sie einem von Zeit zu Zeit Grund zur Hoffnung geben und dass es lange dauern kann, bis man seine Erwartungen angepasst hat. Schauen wir uns an, warum die erwachsenen Kinder es immer wieder versuchen.

### Manchmal erfüllen Ihre emotional unreifen Eltern Ihre Bedürfnisse

Kinder werden nur dann aufhören, auf eine Verbindung zu hoffen, wenn ihre Eltern *konsequent* abweisend und unnahbar sind. Mit solchen Eltern ist es, als würde man gegen eine Wand laufen, und ihre Kinder wissen das. Aber Eltern, die sich manchmal emotional öffnen, geben ihren Kindern Grund, auf mehr zu hoffen. Ab und zu, an guten Tagen, lassen sie ihren Schutzschild fallen und sind so zugänglich, dass man die Zeit mit ihnen genießen kann. Diese flüchtigen schönen Erlebnisse halten bei Kindern jeden Alters die Hoffnung wach, eines Tages eine erfüllende Beziehung zu ihren Eltern zu haben.

Vielleicht haben Sie in der Vergangenheit besondere Momente mit Ihren Eltern erlebt, Augenblicke der Liebe und Unbeschwertheit, in denen sie sich weniger streng und von einer so zärtlichen und kameradschaftlichen Seite gezeigt haben, dass sich all Ihre Mühen gelohnt zu haben schienen. Wahrscheinlich fühlten sich Ihre Eltern wohl, hatten Lust, mit Ihnen zu spielen oder einen Ausflug zu machen, und ließen Sie an ihrem Vergnügen teilhaben. In guten Zeiten haben es Ihre Eltern vielleicht genossen, in Ihrer Gegenwart wieder Kind zu sein. Solange Sie das, was Ihren Eltern Spaß machte, auch toll fanden, war alles in Ordnung.

Müssen sich emotional unreife Eltern hingegen fragen, wie es ihrem Kind geht, oder sich für ihr Kind anstrengen, hat der Spaß ein jähes Ende. Sie machen unmissverständlich klar, dass man nur dann eine gute Zeit miteinander haben kann, wenn ihre Kinder das wollen, was sie wollen. Manchmal bringen sie das Kind dazu, sich zu fügen, indem sie etwas sagen wie »Das macht doch Spaß, oder?« beziehungsweise »Das willst du doch nicht wirklich machen, oder?«, um die gewünschte Antwort zu erhalten; und ihre Begeisterung kühlt schnell ab, wenn zwischen ihnen und ihren Kindern ein Interessenkonflikt besteht.

Solche Eltern können auch sehr großzügig sein, allerdings hat die Sache einen Haken. Sie fragen sich, was ihnen selbst gefallen würde, und schenken dem Kind das, was sie selbst gern hätten. Die Präsente solcher Eltern entsprechen oft ihrem eigenen Geschmack und nicht dem ihrer Kinder. Es ist, als würden sie sich unbewusst selbst beschenken. In anderen Fällen suchen sie Geschenke aus, die zwar allgemein für Kinder geeignet sind, doch ohne die individuellen Vorlieben ihres Kindes zu berücksichtigen. Aber natürlich treffen sie manchmal auch ins Schwarze und nähren im Kind damit die Hoffnung, von ihnen gesehen und geliebt zu werden.

Es gibt auch Fälle, in denen Eltern gezwungen sind, ihren Schutzschild sinken zu lassen und sich zu öffnen, etwa in einer extremen Notlage oder auf dem Sterbebett. Unter diesen außergewöhnlichen Bedingungen reflektieren manche von ihnen ihr

Verhalten und zeigen Reue. Diese Momente tieferer Verbundenheit bedeuten dem Kind sehr viel. Versucht es aber, einen Schritt weiterzugehen, machen die Eltern wahrscheinlich wieder dicht. Leider lässt es ihre Defensivität nicht zu, sich dauerhaft für andere zu öffnen.

## Sie fühlen sich Ihren Eltern verbunden und halten eine Beziehung für möglich

*Bindung* und *Beziehung* sind zwei verschiedene Angelegenheiten (Stern 2004). Bindung ist ein sicheres Gefühl der Zugehörigkeit, das durch Vertrautheit und körperliche Nähe entsteht (Bowlby 1979). Bindung vermittelt ein Gefühl von Familie und Zugehörigkeit, während eine Beziehung das emotionale Bedürfnis befriedigt, eine andere Person zu kennen und von ihr gekannt zu werden. Man kann sich einer Person sehr verbunden fühlen, auch wenn sie wenig Interesse an der gemeinsamen Beziehung und dem eigenen subjektiven Erleben zeigt (Stern 2004).

Erwachsene Kinder können sich ihren Eltern verbunden fühlen und dies fälschlicherweise als Beweis elterlicher Liebe ansehen. Wenn die Bindung als stark empfunden wird, kann das Gefühl entstehen, dass eine erfüllte Beziehung möglich sein *sollte*. Leider ist dies nicht notwendigerweise der Fall. Um zwischen Bindung und Beziehung zu unterscheiden, sollten Sie sich fragen, ob die Person, der Sie sich verbunden fühlen, sich Ihrer Gefühle und subjektiven Erfahrungen bewusst ist. Wenn dieser Interesse und Einfühlungsvermögen fehlen, basiert Ihre gemeinsame Beziehung eher auf Bindung als auf gegenseitiger Liebe.

Um sich von der emotionalen Vereinnahmung durch Ihre Eltern zu erholen, müssen Sie umdenken und erkennen, dass Bindung nicht gleichbedeutend ist mit einer engen Beziehung.

Als Erwachsener sind Sie vielleicht besser beraten, in eine tiefere Beziehung zu sich selbst zu investieren und gleichzeitig Ihre Erwartungen an die Beziehung zu einem unzugänglichen Elternteil zu reduzieren.

## Sie projizieren Ihre Reife und Stärken auf Ihre Eltern

Die meisten von uns wissen, dass Projektion eine negative psychologische Abwehrreaktion ist, zum Beispiel die Übertragung eigener Schwächen auf andere. Fast ebenso problematisch ist es aber, fälschlicherweise eigene positive Eigenschaften auf andere zu projizieren. Erwachsene Kinder emotional unreifer Eltern gehen besonders häufig davon aus, dass andere so sind wie sie selbst, halten diese für reifer und fähiger, als sie in Wirklichkeit sind. Es ist in Ordnung, seinen Mitmenschen einen Vertrauensvorschuss zu geben, aber dies sollte nicht so weit gehen, dass man von ihnen ein Verhalten erwartet, zu dem sie nicht in der Lage sind. Dieser übertriebene Optimismus entwickelt sich bereits früh im Leben, da man als Kind an das Gute seiner Eltern glauben muss.

Unabhängig davon, ob es sich um die Beziehung zu einem emotional unreifen Elternteil oder einer anderen erwachsenen Person handelt, ist es wichtig, zwischen den typischen Charakterzügen dieser Personen und den eigenen Qualitäten zu unterscheiden. Man sollte sie nicht vermischen, indem man seine Stärken auf die Eltern projiziert. Um eine bewusste Entscheidung darüber treffen zu können, welche Art von Beziehung Sie zu ihnen führen können und wollen, sollten Sie ein realistisches Bild von ihnen haben.

## Vielleicht ist es zu schmerzhaft, die Realität anzuerkennen

Emotional unreife Eltern können durch ihre Unnahbarkeit so enttäuschend sein, dass die Kinder es nicht ertragen, sie so zu sehen, wie sie sind. Solche Kinder schützen ihre sich entwickelnde Psyche oft, indem sie an der Vorstellung festhalten, eine echte Bindung zu ihren Eltern zu haben. Selbst wenn diese sich ihnen gegenüber destruktiv und distanziert verhalten, verherrlichen die Kinder die guten Eigenschaften ihrer Eltern, um zumindest dem Anschein nach eine Bindung zu ihnen zu haben. Als Psychotherapeutin habe ich Klienten erlebt, die ihre Kindheit und ihre Eltern zunächst in den höchsten Tönen lobten, um später zu erkennen, wie wenig sie emotional bekommen hatten.

Manchmal ist es einfacher, sich vorzumachen, man habe eine gute, enge Beziehung zu seinen Eltern, als sich einzugestehen, dass es ihnen an Einfühlungsvermögen mangelte und die Bindung zu ihnen nur eine Illusion war. Einer der wichtigsten Momente für Patienten in der Psychotherapie ist, wenn sich auf der Gefühlsebene die Wahrheit durchsetzt, dass sie bestimmte Dinge nie bekommen haben. Manchmal sind sie dann traurig oder wütend, aber irgendwann sind sie mehr daran interessiert, eine Verbindung zu anderen Menschen aufzubauen.

Die folgende Übung kann Ihnen helfen, in diesen Prozess einzusteigen, aber bitte erwägen Sie, eine Selbsthilfegruppe zu finden oder eine psychotherapeutische Behandlung in Anspruch zu nehmen, um mit den heftigen Gefühlen, die vielleicht aufkommen, umgehen zu können.

## Übung
Was Sie vielleicht verloren haben

Holen Sie Ihr Tagebuch hervor und nehmen Sie sich etwas Zeit, um darüber nachzudenken, was Ihnen als Kind emotional unreifer Eltern vorenthalten wurde. (Diese Übung ist besonders aussagekräftig, wenn Sie ein Foto aus Ihrer Kindheit vor sich haben.) Vervollständigen Sie dann die folgenden Sätze und denken Sie über das Geschriebene nach:

- Ich hatte keine Möglichkeit, … zu sein.
- Ich hatte keine Chance, mich … zu fühlen.
- Es tat weh, aber ich lernte zu akzeptieren, dass …
- Ich wünschte, man hätte mich nie dazu gebracht, mich … zu fühlen.
- Wenn ich zaubern könnte, hätte ich dafür gesorgt, dass meine Mutter viel … ist.
- Wenn ich zaubern könnte, hätte ich dafür gesorgt, dass mein Vater viel … ist.
- Ich hätte mir jemanden gewünscht, mit dem ich …

Nachdem Sie über das Geschriebene nachgedacht haben, lassen Sie Ihr inneres Kind wissen, dass Sie sich nun die Aufmerksamkeit und Akzeptanz geben, die Ihnen vorenthalten wurde, und dass Sie jetzt die Nähe von Menschen suchen, die sich wirklich für Sie interessieren und mit denen Sie eine Beziehung aufbauen können, die auf Gegenseitigkeit beruht.

## Warum können sie sich nicht ändern?

Erwachsene Kinder emotional unreifer Eltern neigen zu Heilungsfantasien (Gibson 2018), in denen sie insgeheim hoffen, ihre Eltern ändern und eine bereichernde Beziehung zu ihnen aufbauen zu können. Erinnern Sie sich an Gina aus Kapitel 2, deren betagte Eltern in ihre Nähe ziehen wollten? Gina gestand, dass einer der Gründe, warum sie überhaupt darüber nachdachte, dem Wunsch ihrer Eltern nachzukommen, die Vorstellung war, dass ihr kritischer und cholerischer Vater sich ihr gegenüber eines Tages öffnen würde und so doch noch eine gemeinsame Beziehung möglich wäre. Sie fürchtete, die letzte Chance zu verpassen, ihrem Vater nah zu sein, wenn sie das Vorhaben ihrer Eltern nicht unterstützte.

Diese Heilungsfantasien sind kritisch zu sehen, da sie Ihre unberechtigte Hoffnung, dass sich Ihre Eltern ändern, nur unnötig verlängern. Statt darauf zu warten, dass Ihre Eltern etwas unternehmen, ist es viel wahrscheinlicher, dass Sie sich selbst heilen. Jede Verbesserung in der Beziehung mit Ihren Eltern ist wohl eher darauf zurückzuführen, dass Sie Ihre Einstellung modifizieren, als darauf, dass Ihre Eltern sich ändern.

Es ist nachvollziehbar, wenn Sie davon ausgehen, dass Ihre Eltern sich das Gleiche wünschen wie Sie: gegenseitiges Interesse und eine enge Beziehung. Doch Ihre Versuche, Ihre Eltern zu ändern, werden scheitern, da sie durch die emotionale Intensität solcher Begegnungen leicht die Fassung verlieren. Wenn Sie versuchen, Ihrem Vater oder Ihrer Mutter emotional nah zu sein, werden sie sich instinktiv zurückziehen. Sie wollen Ihren Eltern zeigen, dass Sie sie lieben, doch diese fühlen sich überhaupt nicht wohl dabei. Ihre Eltern haben bereits einen Persönlichkeitsstil entwickelt, der sie schützt. Sie wollen sich nicht ändern.

Da emotional unreife Eltern ihr Bedürfnis nach Nähe so erfolgreich verdrängt haben, verstehen sie nicht, warum so viel Aufhebens darum gemacht wird. Ihnen leuchtet nicht ein, warum es so wichtig für Sie ist, weil sie nicht erkennen, wie entscheidend die Eltern-Kind-Beziehung für die emotionale Sicherheit und das Selbstwertgefühl ihres Kindes ist. Viele von ihnen haben ein so geringes Selbstwertgefühl, dass sie sich nicht vorstellen können, von welch unschätzbarem Wert es für ihre Kinder ist, dass sie für sie da sind und sich um sie kümmern. Es ist für diese Eltern fast unmöglich, zu erkennen, wie viel sie ihren Kindern geben könnten, wenn sie einfach nur für sie präsent wären.

## Trauer, weil Sie Ihre Heilungsfantasie aufgeben müssen

Wenn Sie die Grenzen Ihrer emotional unreifen Eltern akzeptieren, können Sie realistischere Erwartungen an sie stellen. Aber den Traum zu begraben, dass sie sich ändern und die liebevollen Eltern werden, die Sie bräuchten, kann schwer sein. Diese Fantasie, dass sie die seelische Isolation und die Selbstzweifel, die sie verursacht haben, eines Tages wiedergutmachen, hat Ihnen wahrscheinlich geholfen, schwierige Zeiten mit ihnen durchzustehen. Aber vielleicht ist es besser, sich mit der Realität abzufinden, statt sich weiterhin unerfüllbaren Wunschvorstellungen hinzugeben.

### Das Bedürfnis, zu trauern

Seine Hoffnungen und Wünsche begraben zu müssen, ist ein echter Verlust. Man kann etwas so Wichtiges nicht aufgeben, ohne sich Raum zum Trauern zu lassen.

Die Trauer über die geplatzten Träume kann auch bedeuten, sich selbst zu bedauern, weil man so viele Opfer bringen musste, um sich den Eltern anzupassen. Aber die Trauer über die eigene Selbstverleugnung bringt Sie wieder in Kontakt mit vernachlässigten Aspekten in Ihrem Inneren, denen Sie lange keine Beachtung geschenkt haben. Ich hoffe, Sie hören auf sie, denn traurig darüber zu sein, diese Seiten so lange unterdrückt zu haben, macht es Ihnen möglich, ganz Sie selbst zu sein und sich voll und ganz zu fühlen.

Wenn Sie die Hoffnung aufgeben, dass sich Ihre emotional unreifen Eltern eines Tages ändern werden, können Sie sich endlich eingestehen, wie verletzt, einsam und verängstigt Sie sich als Kind gefühlt haben. Als Kind konnten Sie es sich nicht leisten, sich bewusst zu machen, welchen Tribut diese emotionalen Verletzungen forderten, weil erst einmal das Großwerden an erster Stelle stand. Damals war es gesund für Sie, darauf zu hoffen, dass Ihre Eltern eines Tages eine engere Beziehung wollen und sich um Ihre Gefühle kümmern. Aber jetzt, als Erwachsener, ist es gesünder, die Hoffnung fahren zu lassen, dass sich Ihre Eltern jemals ändern werden. Wenn Sie sich nicht mehr danach sehnen, von ihnen »gerettet« zu werden, können Sie ein Gespür für Ihre eigenen emotionalen Bedürfnisse entwickeln, sich dadurch selbst wieder näherkommen und sich klarere Vorstellungen von Ihrer persönlichen Entwicklung sowie zukünftigen Beziehungen zu anderen Menschen machen.

## Ziehen Sie Ihr aktives Ich Ihrem leidenden Ich vor

Als Kind emotional unreifer Eltern haben Sie wahrscheinlich irgendwann gelernt, dass man am besten zurechtkommt, wenn man im Stillen leidet und besser keinen Ärger macht. Dieses leidende Ich (Forbes 2018, Perkins 1995) passt sich einem dominanten Elternteil an, indem man im Leben machtlos und in Beziehungen passiv bleibt. Anstatt Wut zu empfinden oder zu wissen, was es will, verharrt das leidende Ich in Hilflosigkeit und chronischem Unglücklichsein. Um sich als Kind den schwierigen Umständen anzupassen, musste es sein Durchsetzungsvermögen aufgeben, doch die schwierige Kindheit sollte nicht mehr alles bestimmen (Schwartz 2024).

Das leidende Ich ist überzeugt davon, dass Selbstaufopferung einen zu einem guten Menschen macht oder zumindest die Wahrscheinlichkeit erhöht, von anderen geliebt zu werden. Doch als Rollenvorbild in Beziehungen hat es ausgedient. Wenn Sie mit Ihren dominanten Eltern zurechtkommen wollen, ist es besser, im eigenen Interesse aktiv zu werden, als passiv und hilflos zu bleiben. Jetzt, als Erwachsener, können Sie Maßnahmen ergreifen, die Ihrer Selbstfürsorge dienen und gut für Ihre Energiebilanz sind.

## Passen Sie Ihre Erwartungen an und arbeiten Sie an sich selbst

Nun, da Sie mehr über Heilungsfantasien wissen, sollten Sie sich fragen, ob Sie sich nicht eher nach dem Gefühl sehnen, liebenswert zu sein und akzeptiert zu werden, als eine engere Beziehung zu Ihren Eltern zu haben. Wenn Sie nach neuen Freunden suchen, wären Ihre Eltern dann diejenigen, mit denen Sie glücklich wären? Wenn nicht, gibt es vielleicht andere Wege, sich in seiner Haut wohlzufühlen. Vielleicht brauchen Sie die Liebe Ihrer Eltern gar nicht, um sich als liebenswert zu empfinden. Ist es möglich, dass Sie sich diese Liebe jetzt, da Sie erwachsen sind, selbst geben können, indem Sie eine liebevollere Beziehung zur eigenen Person aufbauen?

Im zweiten Teil des Buches geht es darum, wie Sie eine erfüllende Beziehung zu sich selbst entwickeln können: Sie werden Ihre innere Welt erforschen, neue Vorsätze fassen und Ihr Selbstbild aktualisieren. Sie arbeiten an Ihrer persönlichen Weiterentwicklung, öffnen sich für bessere Beziehungen und mehr Lebensfreude und bekommen ein Gespür dafür, wer Sie sind und was Sie ausmacht.

Bei den Übungen geht es ausschließlich um Ihre persönliche Weiterentwicklung und nicht darum, doch noch irgendwie einen Weg zu finden, die Anerkennung Ihrer Eltern zu bekommen.

In der Zwischenzeit können Sie Ihre Sehnsucht nach einer erfüllenden Beziehung zu Ihren Eltern gegen neue Ziele eintauschen: Ihre Eltern realistischer zu sehen, ihre Behinderungen zu verstehen und Ihre Erwartungen herunterzuschrauben. Solange Sie an Hoffnungen festhalten, die sie nicht erfüllen können, wird die Beziehung für beide Seiten frustrierend sein.

Sie können Ihre Eltern nicht ändern und Sie können sie nicht glücklich machen. Sie können sich für sie aufreiben und dadurch bestenfalls kurzfristig ihre Unzufriedenheit lindern. Denn obwohl das emotional unreife Beziehungssystem Ihrer Eltern Ihnen das Gefühl gibt, dass Sie für ihr Glück verantwortlich sind, können sie das, was Sie ihnen geben möchten, aufgrund ihrer emotionalen Beschränktheit gar nicht annehmen.

Sobald Sie akzeptieren, dass Sie Ihre Eltern weder glücklich noch stolz auf Sie machen können, werden Sie sich leichter ums Herz fühlen. In der Regel ist es solchen Eltern unmöglich, sich zu fragen, was ihre Kinder fühlen, oder emotionale Nähe zu ertragen. Sie werden Ihnen nicht lange zuhören und was immer Sie auch tun, es wird nie genug sein. Ihre Eltern werden Sie stets in der Rolle ihres Kindes sehen, nie als vollwertigen Erwachsenen. Sie werden Sie weiterhin dominieren und Anspruch darauf erheben, in der Beziehung die erste Geige zu spielen; ihre Interessen werden immer an vorderster Stelle stehen; und selbst wenn Sie als Erwachsener ein vorbildliches Leben führen, kann es sein, dass sie Sie kritisieren, herabwürdigen oder ablehnen.

## Stellen Sie an andere Beziehungen höhere Erwartungen

Wenn Sie in der Kindheit gelernt haben, dass andere Menschen wichtiger sind als Sie selbst, übertragen Sie diese Denkweise möglicherweise auf Ihre Beziehungen im Erwachsenenalter. Vielleicht denken Sie, dass Sie zu viel erwarten, wenn Sie sich Beziehungen wünschen, die auf Gegenseitigkeit beruhen, und dass es normal ist, in einer Beziehung chronisch frustriert zu sein. Viele erwachsene Kinder emotional unreifer Eltern akzeptieren Aussagen wie »Beziehungen sind sehr anstrengend«, weil das die Erfahrung ist, die sie als Kind gemacht haben. Es erscheint ihnen nicht seltsam, dass sie, noch bevor sie überhaupt heiraten, so große Probleme haben, dass sie eine Beziehungsberatung brauchen. Sie *rechnen* unbewusst *damit*, dass die Kommunikation in engen Partnerschaften schlecht läuft und sie unzufrieden sind.

Dass Ihr Partner auch den Wunsch hat, gut mit Ihnen auszukommen, und sich fragt, was Sie fühlen und wie Sie über die Dinge denken, mag für Sie ein völlig fremdartiger Gedanke sein. Als Kind emotional unreifer Eltern ist es für Sie möglicherweise völlig akzeptabel, wenig Aufmerksamkeit zu bekommen, und dies auch nur unter bestimmten Bedingungen. Sobald Sie jedoch erkennen, dass jemand Ihnen nur gelegentlich »emotionale Happen« hinwirft, aber niemals eine Bindung eingeht, die Ihre emotionalen Bedürfnisse befriedigt, sind Sie frei, sich nach Menschen umzusehen, die genau dies tun.

Wenn Sie in Ihrer Kindheit von Ihren Eltern emotional nicht viel bekommen haben, sind Sie auch als Erwachsener eher dazu bereit, sehr einseitig in eine Beziehung zu investieren. Glücklich sind Sie wahrscheinlich nicht dabei, aber Sie haben das Gefühl, dass es besser ist, das zu nehmen, was Sie bekommen. Ihre Aufgabe ist es jetzt, einseitige Beziehungen zu hinterfragen und sich nach solchen umzusehen, die Ihnen mehr geben. Während Sie daran arbeiten, Ihre Erwartungen an emotional unreife Personen und Eltern zu reduzieren, sollten Sie gleichzeitig Ihre Erwartungen an andere Menschen erhöhen und nach einem Partner und Freunden Ausschau halten, die sich ebenso wie Sie um eine einfühlsame und auf Gegenseitigkeit beruhende Beziehung bemühen.

### Übung
### Wonach Sie jetzt auf der Suche sind

Nehmen Sie sich etwas Zeit, um darüber nachzudenken, wie Sie heute die emotionale Zufriedenheit erreichen könnten, die Ihnen in Ihrer Kindheit fehlte. Nutzen Sie Ihr Tagebuch, um folgende Aussagen zu ergänzen; sie beziehen sich auf die neuen Möglichkeiten, die sich Ihnen nun bieten:

- Jetzt habe ich die Möglichkeit, … zu sein.
- Endlich darf ich mich … fühlen.
- Dieses Verhalten werde ich bei anderen nicht mehr akzeptieren: …
- Ich werde Leute finden, die …
- Ich suche nach Menschen, die …
- Heute sehe ich mich als jemanden, der …

Kurz gesagt, Sie müssen nicht »wiederbeeltert« werden, um zu dem Menschen zu werden, der Sie jetzt sein möchten. Wenn Sie anfangen, auf Ihr Herz und Ihren Verstand zu hören, können Sie aus sich selbst heraus den Rat und die Hilfe finden, die Sie sich schon vor Jahren gewünscht haben. Indem Sie sich selbst wertschätzen und Ihre innere Welt erforschen, wird es Ihnen nicht mehr so wehtun, dass Ihre Eltern Sie nicht so sehen, wie Sie sind. Sie brauchen sie nicht, um sich geliebt und geschätzt zu fühlen, denn dafür haben Sie sich selbst und Menschen, die Ihnen ähnlich sind.

## Das Wichtigste in Kürze

Emotional unreife Eltern erfüllen die Bedürfnisse ihrer Kinder nach Bindung, Kommunikation und Anerkennung nicht. Statt ihnen angemessene Aufmerksamkeit und Zuneigung zu schenken, verhalten sie sich desinteressiert, neidisch, überaktiv oder wütend. Die Kinder wünschen sich vielleicht eine bessere Beziehung zu ihren Eltern, aber deren Abwehrmechanismen und Widersprüche machen sie emotional unerreichbar. Akzeptieren Sie aber irgendwann die Unzulänglichkeiten Ihrer Eltern, können Sie sich auf Ihre Beziehung zu sich selbst und andere konzentrieren. Wenn Sie in der Lage sind, loszulassen und um das zu trauern, was Sie von Ihren Eltern nicht bekommen haben, werden Sie eine realistischere Beziehung zu Ihren Eltern, zu anderen Menschen und zu sich selbst haben.

## Kapitel 4

# Emotionale Vereinnahmung abwehren

### Erkennen Sie die Verzerrungen anderer und verlieren Sie nicht den Kontakt zu sich selbst

Emotionale Vereinnahmung geschieht, um Kontrolle über andere auszuüben und eigene Interessen durchzusetzen. Zu diesem Zweck rufen emotional unreife Eltern bei ihren Kindern bestimmte Gefühle und Gedanken hervor. In diesem Kapitel lernen Sie, emotionale Erpressung und Vereinnahmung sofort zu erkennen. Ihre Aufgabe ist es, so sensibel für die psychologischen Manöver Ihrer Eltern zu werden, dass Sie gar nicht erst in deren ausbeuterisches Beziehungssystem hineingezogen werden. Sie erkennen dann schnell, dass die Taktik hinter den emotionalen Übergriffen der Eltern darin besteht, ihre eigenen Bedürfnisse als äußerst dringlich erscheinen zu lassen. Hier erfahren Sie, wie Sie damit umgehen können, ohne den Kontakt zu sich selbst zu verlieren. (Im folgenden Kapitel spreche ich überwiegend ganz allgemein von emotional unreifen Menschen, aber bitte bedenken Sie, dass damit auch alle Eltern gemeint sind, die eine entsprechende Veranlagung haben.)

## Bewahren Sie sich ein aktives Mindset

In diesem Kapitel erfahren Sie, wie Sie sich aktiv gegen emotionale Übergriffe wehren können, wie Sie sich nicht emotional erpressen lassen und wie Sie sich nicht von einer emotional unreifen Person diktieren lassen, was Sie tun sollen. Statt nachzugeben, können Sie sich sagen: »Ich habe jetzt die Mittel, etwas dagegen zu tun.« Wenn Sie diese aktive Denkweise bejahen, können Sie aufhören, sich von ihren Agenden mitreißen zu lassen.

Für eine Klientin bestand diese aktive Haltung in ihrer Entschlossenheit, sich nicht von den Bedürfnissen anderer unter Druck setzen zu lassen. Sie formulierte es so: »Ich lasse mich nicht herumkommandieren, nur weil andere das unbedingt wollen. Ich werde nicht zulassen, dass sie in meinen Bereich eindringen, um mir vorzuschreiben, wie ich zu sein habe.«

Sobald Sie Ihre eigenen Entscheidungen treffen, anstatt dem Druck der emotional unreifen Person nachzugeben, sind Sie weniger anfällig dafür, unbewusst in den Sog von deren Beziehungssystem und der damit einhergehenden Vereinnahmung zu geraten. Mit einem aktiven Mindset sind Sie bereit, an Ihre eigenen Interessen zu denken und sich nicht alles gefallen zu lassen. Indem Sie die Unterstellungen der Person infrage stellen, schützen Sie aktiv Ihre eigenen Grenzen und Ihre Unabhängigkeit. Sie sind nicht mehr bereit, deren Selbstwertgefühl aufzupolstern und sie emotional zu stabilisieren.

Sie bekommen ein immer feineres Gespür dafür, wie in einem solchen Beziehungssystem Druck auf Sie ausgeübt wird, sodass Sie die Übergriffe schneller erkennen und leichter gegensteuern können. Sobald Sie durchschaut haben, was diese Person vorhat, verliert ihr erpresserisches Verhalten seine Schlagkraft. Statt zum Opfer zu werden, können Sie sich selbst verteidigen.

Zunächst wollen wir einen Blick darauf werfen, wie emotional unreife Personen ihre eigenen Belange wichtiger als die Ihren erscheinen lassen.

## Stellen Sie ihre verzerrten Anschauungen infrage

Emotional unreife Menschen sehen die Welt durch eine Art *Realitätsverzerrungsfeld* (Wald 2018), wodurch sie alles übertreiben und ihre Bedürfnisse wichtiger erscheinen lassen als die anderer. Wenn Sie nicht aufpassen, akzeptieren Sie deren verzerrte Wahrnehmung als Realität und geben ihr den Vorrang, weil es sich vermeintlich um außergewöhnliche Umstände handelt.

## Hören Sie auf, zu akzeptieren, dass sie die Allerwichtigsten sind

Als Kind haben Sie wahrscheinlich das Gefühl gehabt, dass einige Menschen wirklich wichtiger sind als alle anderen. So richten sich in manchen Haushalten alle Augen auf die emotional unreife Person, sobald sie zur Tür hereinkommt. Sie steht stets im Mittelpunkt und jeder achtet instinktiv auf sie, weil sich niemand auf etwas anderes konzentrieren kann, wenn sie schlechte Laune hat. Innerhalb der Familie ist es ein ungeschriebenes Gesetz, dass diese Person etwas ganz Besonderes ist und sich alle anderen Familienmitglieder bemühen sollten, sie nicht zu verärgern. Es für normal zu halten, dass der emotionale Zustand einer Person das Leben aller anderen beherrscht, kann man Ihnen daher wirklich nicht vorwerfen. Einem Kind, das aus seinen Beobachtungen Schlüsse über die Welt zieht, erscheint daher der übergroße Stellenwert eines solchen Menschen als unverrückbare Tatsache.

Dass die dominierende Rolle, die eine emotional unreife Person in seiner Familie innehat, weder normal noch gesund ist, kann ein Kind nicht wissen, weil es selten sieht, wie es in anderen Familien läuft. Ein Kind kann nur beobachten, wie diese Person in seiner Familie behandelt wird, und sich denken: »So läuft es also. Papa ist wirklich der wichtigste Mensch auf der Welt.« Vielleicht auch: »Mamas Gefühle sind eindeutig wichtiger als die der anderen.« Oder: »Natürlich kriegen alle die Krise, wenn meine kleine Schwester etwas will.« Doch jetzt, da Sie erwachsen sind, wissen Sie es besser. Sie haben das Recht, an Ihre eigenen Bedürfnisse zu denken. Allen Erwartungen einer emotional unreifen Person zum Trotz besteht der Sinn des Lebens nicht darin, ihr das Gefühl zu geben, einflussreicher zu sein, als sie in Wirklichkeit ist. Ein Mensch kann nicht für sich beanspruchen, bedeutender als alle anderen zu sein, nur weil er sich so fühlt. Sie und diese emotional unreife Person sind grundsätzlich gleichberechtigt. Keiner ist wichtiger als der andere und Sie sind weder sein Diener, noch gehören Sie ihm.

## Stellen Sie infrage, ob es sich wirklich um einen Notfall handelt

Aufgrund der Realitätsverzerrung dieses Menschen ist alles, was ihn selbst betrifft, von enormer Wichtigkeit. Das normale Auf und Ab des Lebens kann für ihn eine Krise bedeuten, die *sofort* gelöst werden muss. Ist er verärgert, sollten Sie erst einmal in Aktion treten und sich die Fragen für später aufheben. Mit einer emotional unreifen Person aufzuwachsen, bedeutete wahrscheinlich, dass Sie dauergestresst waren, immer bereit, auf eine spontan auftauchende Krise zu reagieren: Sollten Sie ihr heute lieber aus dem Weg gehen? Oder wegen ihrer negativen Körpersprache nachfragen, was los ist? Oder sicherstellen, dass keiner sie stört? Sich ihre Sorgen und Nöte anhören? Sie beruhigen? Ihr das Gefühl geben, geschätzt zu werden? – Egal, was es kostet, Sie tun es, weil Sie diese Person auf keinen Fall in einem instabilen Zustand erleben wollen.

Oft ist es schwer zu sagen, ob ein emotional unreifer Mensch tatsächlich Probleme hat oder sich nur, wie so oft, in der Rolle des traumatisierten Opfers sieht. Wurde er wirklich zum Opfer? Hat ihn jemand wirklich grundlos angegriffen oder hat er den Konflikt womöglich selbst provoziert? Das ist schwer zu sagen.

Aus seinem Realitätsverzerrungsfeld heraus wird er Ihnen sagen, dass er völlig unschuldig ist und alle gegen ihn sind. Zum Glück wissen Sie inzwischen über emotionale Vereinnahmung Bescheid und reagieren entsprechend vorsichtig, wenn es die Person dringend macht.

Innerhalb ihres Realitätsverzerrungsfelds agieren solche Leute, als hätten nur Sie die Lösung für ihre dringlichen Probleme parat. Lassen Sie sich aber von ihrer Selbstherrlichkeit nicht mehr in den Bann ziehen. Erkennen Sie, dass diese Person generell kein Recht darauf hat, Sie für sich einzunehmen oder sich selbst für wichtiger zu halten. Es gibt zwei Menschenleben, die berücksichtigt werden müssen, nicht nur eines. Ihre Bedürfnisse verleihen ihr im Vergleich zu anderen Menschen weder eine größere Wichtigkeit noch mehr Rechte.

## Fallen Sie nicht auf ihre Schmeicheleien herein

Emotional unreife Menschen benutzen gern Komplimente, um Sie dazu zu bringen, in ihrem Sinne zu handeln. Oft tun sie dann so, als hätten Sie auf jede Frage die richtige Antwort oder als seien Sie außergewöhnlich stark und fähig, Probleme zu lösen. Die Person versichert Ihnen, dass sie nicht weiß, was sie ohne Sie tun würde. (Ich vermute, sie würde sich sehr schnell jemand anderen suchen, der gefügiger ist.)

Diese Menschen haben in Beziehungen einen spektakulären Deal: Wenn Sie tun, was sie wollen, sind Sie ihr Ein und Alles. Im Kleingedruckten aber steht, dass Sie nur so gut sind wie das Letzte, was Sie für sie getan haben. In diesem verdrehten Arrangement kann man in der einen Minute alles und in der nächsten nichts sein, denn emotional unreife Menschen haben eine extrem egozentrische Sicht auf Beziehungen. Andere sind entweder wunderbar oder nutzlos für sie – dazwischen gibt es nichts.

Jeder kann auf solche Schmeicheleien hereinfallen, denn wir alle wollen etwas Besonderes sein. Wer ist nicht fasziniert von einem Menschen, der so tut, als sei man genau das, wonach er sucht? Kaum hat man das Gefühl, einer solchen Person die Welt zu bedeuten, ist es nur allzu leicht, ihr alles zu verzeihen, auch wenn sie einen sonst ignoriert und nicht respektiert. Man nimmt vieles hin, solange sie einem hin und wieder das Gefühl gibt, wichtig, liebenswert und etwas Besonderes zu sein. Diese Art von Schmeichelei ist bei Betrügern, Sektenführern, Diktatoren und anderen Ausbeutern weit verbreitet, weil sie ihnen hilft, bei Menschen den Fuß in die Tür zu bekommen. Sie wissen, dass Menschen das Gefühl mögen, etwas Besonderes zu sein, und nutzen dies als Machtstrategie.

Lassen Sie solche Schmeicheleien an sich abprallen. Keiner dieser Anreize führt zu einer auch nur annähernd sinnvollen Beziehung. Und abgesehen davon: Wollen Sie *wirklich* immer verfügbar sein? Würden Sie nicht aufrichtige Menschen vorziehen, die Ihnen Freundlichkeit und echtes Interesse entgegenbringen und nicht nur Lob, weil sie gerade gut gelaunt sind oder etwas von Ihnen wollen?

## Befreien Sie sich aus ihrem Realitätsverzerrungsfeld

Nun wollen wir herausfinden, wie Sie einen Schritt zurücktreten und die entscheidenden Fragen stellen können, um sich aus dem Realitätsverzerrungsfeld der emotional unreifen Person zu befreien, in dem diese wichtiger ist als Sie.

### Bewerten Sie die Dringlichkeit

Diese Menschen übertreiben alles. Wie bei kleinen Kindern bedeutet jede Enttäuschung oder Kränkung für sie das Ende der Welt. Es ist wie in der Fabel *Der Hirtenjunge und der Wolf*: Man weiß nie, ob es nicht falscher Alarm ist. Deshalb ist es so wichtig, nicht blind ihre völlig egozentrische Sicht der Dinge zu übernehmen. Ihre Aufgabe ist es nun, den Realitätsgehalt zu überprüfen. Sonst schlittern Sie von einem Drama ins nächste und jedes Mal wird es furchtbar dringend und aussichtslos sein. Schützen Sie sich selbst, indem Sie die Situation realistisch einschätzen und die verzerrte Sichtweise des emotional unreifen Menschen relativieren.

Der erste Schritt besteht darin, sich nicht von der Panikmache anstecken zu lassen, die in der Regel mit den Sorgen dieser Leute einhergeht. Es gibt keinen Grund, auch noch zu übertreiben, und schon gar keinen, ihren verdrehten Tatsachen Glauben zu schenken. Es steht Ihnen frei, um Bestätigung zu bitten, die Situation objektiv zu betrachten oder sie von einem Dritten überprüfen zu lassen. Erkundigen Sie sich bei dem emotional unreifen Menschen nach Einzelheiten: Die Dinge sind vielleicht nicht so dringend, wie sie scheinen. Sollen Sie das Ausmaß des Problems angesichts ihrer emotionalen Verzerrungen für bare Münze nehmen?

## Verschaffen Sie sich etwas Abstand und analysieren Sie das Problem

Beachten Sie immer, dass emotional unreife Menschen in Krisen aufgrund ihrer zahlreichen Verzerrungen und Ängste vieles nicht bedenken. Sie geraten in Panik, wenn sie mit einem ernsten Problem konfrontiert werden. Für sie besteht die einzige Möglichkeit darin, »gerettet« zu werden. Sie wollen, dass Sie einspringen, sich zu ihnen in ihr schwarzes Loch gesellen und dann auf wundersame Weise alles wieder ins Lot bringen.

Es liegt an Ihnen, zu entscheiden, wie stark Sie sich engagieren wollen, unabhängig von dem Druck, den die aufgebrachte Person auf Sie ausübt. In welchem Maße werden Sie, wenn überhaupt, gebraucht? Das müssen Sie herausfinden, denn der emotional unreife Mensch wird es nicht tun. Sie reagieren richtig, wenn Sie nicht sofort losrennen, sondern einen Schritt zurücktreten und die Situation realistisch einschätzen.

Einige dieser Leute reagieren verärgert, wenn man zunächst eine Analyse durchführen will und nicht sofort einwilligt. Sie fühlen sich vor allem dann hintergangen, wenn man andeutet, dass sie durch ihre Reaktionen für einige ihrer Probleme selbst verantwortlich sein könnten. Sie interpretieren es als Mangel an

Liebe, wenn man nicht sofort zustimmt und ihnen gibt, was sie wollen. Sie können einer solchen Person jedoch sagen, dass Sie nicht sicher sind, ob ihre impulsive Lösung die beste ist, und dass Sie sich, da sie Sie um Hilfe gebeten hat, Zeit nehmen wollen, um gemeinsam über alternative Lösungen nachzudenken.

Wenn emotional unreife Menschen dies ablehnen, verbreiten sie die größte aller Verzerrungen: dass man nicht so wichtig ist wie sie. Glücklicherweise sind Sie nicht verpflichtet, in diese verzerrte, einseitige Beziehung einzuwilligen und die Bedürfnisse eines anderen Erwachsenen über Ihre eigenen zu stellen. Erklären Sie, dass Sie nichts tun, ohne vorher darüber nachgedacht zu haben, und lassen Sie die Person wissen, dass Sie später gern mit ihr reden, wenn sie bereit ist, auch Ihre Bedürfnisse zu berücksichtigen.

## Fragen, die Sie sich stellen sollten, wenn Sie emotional erpresst werden

Mithilfe der folgenden Fragen können Sie überprüfen, ob es sich um eine echte Krise oder um eine emotionale Vereinnahmung handelt, die als solche maskiert ist:

- Was ist die Realität? (Abgesehen von dem, was Ihnen erzählt wird.)
- Welche verifizierbaren Fakten gibt es zu dieser Situation?
- Wie ernst ist die Krise? Handelt es sich um einen Notfall? Für wen?
- Entspricht das Anliegen der Person der bestmöglichen Lösung für das Problem?
- Könnte sie es selbst lösen, wenn sie sich erst einmal beruhigt hat?
- Sollte ich dafür die Verantwortung übernehmen?

## Haben Sie wirklich eine Verpflichtung?

Wenn emotional unreife Personen in eine Krise geraten, geben sie Ihnen das Gefühl, dass Sie verpflichtet sind, ihnen zu helfen. Dies stellt die erste Stufe einer emotionalen Vereinnahmung dar: Das Problem dieses Menschen ist Ihr Problem. Wenn Sie zögern und die Dinge durchdenken wollen, kommt meist eine Reaktion wie diese: »Ich kann nicht glauben, dass du jetzt, wo ich dich so dringend brauche, nicht für mich da bist!« Angesichts dieser impliziten Anschuldigung ist es nun Ihre Aufgabe, einen Schritt zurückzutreten und sich zu fragen, ob Sie unter *diesen* Umständen wirklich eine Verpflichtung haben. Tun Sie das nicht, geben Sie einer vollständigen emotionalen Vereinnahmung nach, da Sie der Person erlauben, die Stimme Ihres Gewissens zu sein.

*Niemand außer Ihnen selbst hat das Recht, Ihre Aufgaben und Pflichten in einer Beziehung zu definieren!* Emotional unreife Personen machen es aber so dringend, dass man das Gefühl bekommt, keine Wahl zu haben. Aber die haben Sie sehr wohl. Sie sind kein schlechter Mensch, wenn Sie darüber nachdenken oder nach einer Möglichkeit suchen wollen, um zu helfen, ohne Ihr eigenes Wohlbefinden zu opfern. Denken Sie daran, sich selbst zu fragen: »Handelt es sich um einen Notfall? Ist dies die beste Lösung? Liegt das in meiner Verantwortung?« Sie haben das Recht, all die von Ihnen erwarteten Schritte genau zu überprüfen. Klären Sie die Verantwortung jedes Beteiligten, indem Sie fragen: »Was ist meine Rolle, was ist die Rolle meines Gegenübers und liegt das überhaupt in meinem Verantwortungsbereich?«

Sollten Sie sich verantwortlich oder verpflichtet fühlen, fragen Sie sich, wer diesen Vorschlag gemacht hat und warum. Es gibt nicht nur eine akzeptable Möglichkeit – zumindest nicht, wenn zwei oder mehrere Personen beteiligt sind. Indem Sie mit der Person zusammenarbeiten, können Sie gemeinsam herausfinden, was *für Sie beide* funktioniert. Byron Katie schlägt sinngemäß vor, sich die Frage zu stellen, ob diese »Verpflichtung«, die Sie spüren, eine absolute, kosmische Wahrheit ist (Katie 2002). Bei rationaler Betrachtung der Situation wird sich herausstellen, dass die von der emotional unreifen Person vertretene Meinung nicht die einzig mögliche ist.

## Hören Sie auf, »Enabler« zu sein

Enabler (Zuhelfer/Ermöglicher) zu sein, bedeutet, dass Sie Menschen wiederholt vor den Folgen ihres Handelns bewahren oder Dinge für sie tun, die sie selbst tun könnten. Indem Sie sich selbst als Problemlöser anbieten, reduzieren Sie den Einfallsreichtum des anderen. Sie stimmen mit ihm überein, dass er das Problem nicht selbst lösen kann. Enabling gibt einem anderen das Recht, die Kontrolle über Ihr Leben zu übernehmen.

Gefangen in ihren Realitätsverzerrungsfeldern, geraten emotional unreife Menschen in Panik und sehen keine Alternativen. Das liegt nicht daran, dass es keine Wahlmöglichkeiten gäbe, sondern daran, dass sie sich nicht die Zeit nehmen, sie zu sehen. Da solche Personen alles überstürzen, fühlen Sie sich unter Druck gesetzt, sofort einzugreifen. Aber wenn Sie zu schnell aktiv werden, bestätigen Sie sie in ihrer Überzeugung, dass andere die Dinge für sie in Ordnung bringen müssen. Das wiederum bestärkt sie in ihrer Panikmache.

### *Berts Geschichte*

*Bert erhielt einen panischen Anruf von seinem jüngeren Bruder Tom, der ihn um ein Darlehen in Höhe von 10 000 Dollar bat. Bert vermutete, dass Tom eine schnelle Lösung für ein größeres Schul-*

*denproblem brauchte. Er ermutigte Tom, das Ganze noch einmal zu überdenken. Um die Situation zu entschärfen und sich etwas Zeit zu verschaffen, bat Bert seinen Bruder, die Situation detailliert schriftlich darzulegen. Dies würde Bert etwas Luft verschaffen, um zu überlegen, was er bereit war zu tun. Außerdem wäre es eine gute Übung für Tom gewesen, sich hinzusetzen und beim Schreiben über das Problem nachzudenken. Aber Tom war beleidigt: Er sah keinen Sinn darin und wollte einfach nur das Geld. Toms Verärgerung verriet seine unterschwellige Anspruchshaltung: Er erwartete von Bert 10 000 Dollar und fühlte sich angegriffen durch seine Aufforderung, das Problem darzulegen, obwohl dies auch bei Kreditinstituten gang und gäbe ist.*

Angesichts der vermeintlichen Dringlichkeit ist es schon erstaunlich, wie sich Probleme manchmal in Luft auflösen, wenn man nicht sofort reagiert. Es ist nicht ungewöhnlich, dass man sich mit dem Problem einer emotional unreifen Person beschäftigt und dann feststellt, dass diese es bereits hinter sich gelassen hat, ins Bett gegangen ist oder etwas anderes gefunden hat, um sich besser zu fühlen. Es ist daher wichtig, sich immer daran zu erinnern, dass jeder Notfall, der aus einem Realitätsverzerrungsfeld heraus betrachtet wird, per Definition wahrscheinlich ebenfalls verzerrt ist.

Denken Sie daran: Sie haben das Recht, sich in Ruhe zu überlegen, ob Sie helfen wollen oder nicht. Lassen Sie sich nicht dazu drängen, gegen Ihren Willen etwas zu unternehmen.

## Entscheiden Sie schon vorab, was Sie zu geben bereit sind

Überlegen Sie im Voraus: Unter welchen Umständen würden Sie eingreifen und wann nicht? Dies sollten Sie lange und ausführlich überlegen, bevor Ihre Hilfe in Anspruch genommen wird. Definieren Sie Ihre Grenzen, *bevor* Sie mit einer verzerrten Sichtweise konfrontiert werden.

Sie können sich beispielsweise bereit erklären, die Miete für einen Monat zu zahlen, aber nur wenn Sie das Geld direkt an den Vermieter überweisen. Oder Sie unterstützen die Person unter der Bedingung, dass sie selbst Maßnahmen ergreift. Es liegt an Ihnen, diese Entscheidungen zu treffen; und Sie haben das Recht, Fragen zur Situation zu stellen und die Einschätzung der emotional unreifen Person nicht für bare Münze zu nehmen. Vielleicht schlagen Sie alternative Lösungen vor, die der Betroffene in seinem Realitätsverzerrungsfeld gar nicht sehen kann.

In einem anderen Beispiel gab ein älteres Ehepaar Tausende von Dollar aus, um ihrem drogenabhängigen Sohn wieder auf die Beine zu helfen und ihm einen Job zu verschaffen. Dieser hatte sie bestohlen, aber immer wieder um Geld gebeten. Irgendwann hielten die Eltern inne und überlegten sich, wie viel und unter welchen Bedingungen sie in Zukunft geben wollten. Sie malten sich alle möglichen Horrorszenarien aus und legten fest, wie weit sie gehen wollten. Als ihr Sohn später vorschlug, wieder bei ihnen einzuziehen, waren sie vorbereitet. Sie wussten bereits, dass sein Lebensstil auf keinen Fall zu ihrem Rentnerdasein passte. Ihre Gesundheit und ihre Ehe hatten Vorrang. Sie ließen sich nicht emotional erpressen und wehrten den Vereinnahmungsversuch ab, da sie sich bereits im Vorfeld Gedanken darüber gemacht hatten.

### Übung
### Seien Sie auf das nächste Mal vorbereitet

Fragen Sie sich, ob es in Ihrem Leben einen emotional unreifen Menschen gibt, der von Ihnen erwartet, dass Sie immer mit ihm übereinstimmen und ihm helfen. Bereiten Sie sich auf das nächste Mal vor, indem Sie auflisten, was Sie für diese Person tun würden und was nicht. Die Liste sollte Dinge enthalten, die Sie sofort tun würden (sie hat Durst und Sie geben ihr Wasser), aber auch solche, bei denen Sie zögern (die Person möchte einen Familienurlaub mit Ihnen machen) oder ohne Schuldgefühle Nein sagen würden (die Person möchte, dass Sie ihr etwas Teures kaufen, weil ihre Freunde auch so etwas haben). Stellen Sie sich aus diesem Möglichkeitsspektrum zukünftige Situationen vor, in denen Sie Ihre Hilfe anbieten oder ablehnen würden. Auch wenn Sie vielleicht nie mit genau diesen Situationen konfrontiert werden, hilft Ihnen diese Übung, schon im Vorfeld zu wissen, wo Ihre Grenzen liegen.

## Forderungen ablehnen: Wann Sie eine Ausnahme machen sollten

Wir sind nicht immer so stark, wie wir gern wären, und so kann es passieren, dass wir zu erschöpft oder überrascht sind, um Grenzen zu setzen. Das ist in Ordnung. Nehmen Sie einfach wahr, wie es sich anfühlt, vereinnahmt zu werden, und machen Sie sich in Gedanken eine Notiz für die Zukunft. Manchmal aber ist eine Situation offensichtlich zu ernst, um Nein zu sagen. Nichts zu unternehmen, scheint dann zu riskant, weswegen Sie letztlich doch helfen.

## Hilfe bei Lebensgefahr

Bei akuter Lebensgefahr muss eine Ausnahme gemacht und geholfen werden. Als beispielsweise der obdachlose und suchtkranke Bruder eines Klienten wegen Unterkühlung ins Krankenhaus eingeliefert wurde, beschloss der Klient, seinem Bruder im Winter ein Zimmer in einem preisgünstigen Motel zu bezahlen. Obwohl der Mann mit seinem jähzornigen Bruder nicht zurechtkam, wollte er ihn vor dem Erfrieren bewahren.

Auch wenn jemand laut über Suizid nachdenkt, ist dies eine schwierige Situation. Handelt es sich um eine Verzerrung, um Panikmache oder um einen Notfall? Wenn viel auf dem Spiel steht, sollten Sie handeln, um das Leben des Betroffenen zu retten, indem Sie die Polizei oder andere Fachleute zu Hilfe rufen. Sollte die Person Sie nochmals in einer solchen Situation ansprechen, kann sie davon ausgehen, dass Sie sie schützen, indem Sie zu ihrer Sicherheit etwas unternehmen.

Selbstmorddrohungen sind die schlimmste Form emotionaler Vereinnahmung. Lassen Sie sich nicht in die Rolle des einzigen Menschen auf der Welt drängen, der das Leben einer emotional unreifen Person retten kann. Selbstmorddrohungen sollten wie Geiselnahmen behandelt werden, bei denen Menschen einer realen Gefahr ausgesetzt sind. Versuchen Sie nicht, die Situation allein zu bewältigen, sondern schalten Sie die entsprechenden Institutionen ein.

## Manchmal gilt es, eine unbeteiligte Person mitzuberücksichtigen

Es kann vorkommen, dass Sie sich zugunsten eines unschuldigen Dritten dazu entschließen, den Forderungen einer emotional unreifen Person nachzugeben. Bei genauer Betrachtung der Situation stellen Sie vielleicht fest, dass Sie dasselbe wollen wie sie, aber aus anderen Gründen. Stans erwachsene Tochter Layla hatte ihn beispielsweise schon mehrmals um Geld angebettelt, das sie dann verantwortungslos ausgegeben hatte. Um aber die Sicherheit seines zehnjährigen Enkels sicherzustellen, willigte Stan ein, Layla beim Kauf eines Autos mit Airbags zu helfen.

## Warum Sie anfällig für emotionale Erpressung sind

Manchmal zögert man, einer emotional unreifen Person Grenzen zu setzen. Sie ruft bei uns bestimmte Gefühle hervor, die uns dazu bringen, das zu tun, was sie will. Vielleicht lassen Sie sich emotional erpressen, weil Sie

1. sich schlecht fühlen, wenn Sie Nein sagen,
2. Angst haben, dass die Person wütend wird, oder
3. fürchten, verurteilt und bestraft zu werden.

Lassen Sie uns einen genaueren Blick auf jede dieser Ängste werfen und herausfinden, wie Sie trotz des Drucks, der auf Sie ausgeübt wird, emotional unabhängig bleiben.

## 1. Sie fühlen sich schlecht, wenn Sie Nein sagen

Wenn es Ihnen egoistisch vorkommt, sich für sich selbst einzusetzen, hat die Person vermutlich Ihr Selbstwertgefühl als Geisel genommen. Solchen Leuten kann man eine Bitte abschlagen und trotzdem als fürsorglich gelten. Nur in der verzerrten Welt emotional Unreifer wird es einem als gemein oder ignorant ausgelegt, wenn man sich Zeit zum Nachdenken nimmt oder Grenzen setzt. Allerdings erreichen sie mit ihrer verletzten Reaktion oft ihr Ziel, weil niemand als kaltherziger Bösewicht gelten will.

Sie können die verzerrte Sichtweise der betreffenden Person korrigieren, indem Sie ihr etwas antworten, von dem sie sich nicht bedroht fühlt, beispielsweise: »Ich will nicht gemein sein. Denkst du, es ist ein Zeichen mangelnder Liebe, eine andere Sichtweise zu haben?« Alternativ könnten Sie sagen: »Wir beide sehen das anders und das liegt daran, dass jeder von uns Verantwortung für sein eigenes Leben trägt.«

## 2. Sie haben Angst, dass die Person wütend wird

Möglicherweise lassen Sie sich auch emotional erpressen, weil Sie Respekt vor den Temperamentsausbrüchen der emotional unreifen Person haben. Die mangelnde Emotionsregelung solcher Leute macht uns nervös, ähnlich wie ein schlafendes Baby, um das man auf Zehenspitzen herumschleicht, oder ein Kleinkind in der Trotzphase, dem man lieber nicht Nein sagt. Sehr kontrollierende oder narzisstische Menschen reagieren wütend, wenn man ihren Wünschen nicht entspricht. Auch wenn sich ihre Wut nicht in körperlicher Gewalt äußert (wobei auch dies möglich ist), strahlt sie von ihnen ab wie von einem Brennofen, der jeden Moment explodieren könnte.

Bei einer Person, die sehr unberechenbar ist, kann es sinnvoll sein, für sichere Gesprächsbedingungen zu sorgen, indem man mit ihr telefoniert, statt sie persönlich zu treffen, oder dass man das Gespräch an einem Ort führt, an dem man von anderen unterstützt werden kann. Setzen Sie im Gespräch Grenzen, ohne Kritik zu üben, die Konfrontation zu suchen oder zu urteilen. Sie können beispielsweise sagen: »Ich wünschte, ich könnte dir geben, was du willst, aber das geht diesmal nicht.« Oder: »Ja, ich kann dir nicht verübeln, dass du wütend bist. Aber es ist einfach mehr, als ich im Moment tun kann.«

## 3. Sie fürchten, verurteilt und bestraft zu werden

Manchmal hat man keine Ahnung, womit man das harte Urteil der emotional unreifen Person verdient hat. Sie reagiert schockiert, aber Sie können sich nicht erklären, was Sie falsch gemacht haben. Denken Sie daran, dass es für solche Menschen nur Schwarz und Weiß gibt, denn ihr Denken wird von ihren Gefühlen bestimmt. Dies bedeutet, dass sie Sie als Feind betrachten, wenn Sie nicht ganz auf ihrer Seite sind.

Viele erwachsene Kinder emotional unreifer Eltern leiden unter starken irrationalen Ängsten, verurteilt und bestraft zu werden. Diese Ängste können von so disponierten Eltern, älteren Geschwistern, Lehrern oder anderen Autoritätspersonen verursacht worden sein.

Wenn diese Kindheitsängste wieder an die Oberfläche kommen, ist das für die Betroffenen extrem furchteinflößend. Sie verfallen in Weltuntergangsstimmung und tiefe Hoffnungslosigkeit. Ängste vor Bestrafung lösen Gedanken aus wie »Das ist mein Ende«, »Es wird nie wieder besser« oder »Ich bin völlig verloren«.

Meine Klientin Betsy zum Beispiel wachte manchmal mitten in der Nacht mit Herzrasen auf und hatte das Gefühl, dass ihr etwas Schreckliches passieren würde. Sie lebte in ständiger Angst, mit Argusaugen von einer Autoritätsperson beobachtet zu werden, die nur darauf wartete, dass sie etwas falsch machte. Betsys sittenstrenge Eltern waren so unbarmherzig und strafend gewesen, dass sie sich als Kind zu Hause nie sicher fühlte. Sie hatten sie oft für Dinge bestraft, von denen Betsy nicht einmal wusste, dass sie sie falsch gemacht hatte. Betsy erinnerte sich, dass sie sich als kleines Mädchen nur dann wirklich sicher fühlte, wenn sie ihre Mutter beim Staubsaugen oder Telefonieren hörte, weil sie dann wusste, dass sie nicht gleich bestraft werden würde.

Das Gute an Urteilen ist, dass man sich nur dann schlecht fühlt, wenn man ihnen zustimmt. Jemand kann über Sie urteilen, aber Sie allein entscheiden, ob Sie sich schuldig fühlen oder nicht. Wenn man nicht einer Meinung mit der betreffenden Person ist, kann man sich von ihren verzerrten Urteilen distanzieren. Man kann ihre Kritik zurückweisen und eine Unterscheidung machen zwischen dem, was sie über einen sagt, und dem, was man über sich selbst weiß. Denken Sie daran: Nur weil jemand etwas für wahr *hält*, heißt das nicht, dass es auch wahr *ist*. Sie müssen sich selbst definieren, nicht diese Person. Weisen Sie ihr Urteil zurück, wenn Sie es unfair finden.

Es kann uns allen passieren, dass wir von einem emotional unreifen Menschen überrumpelt werden und uns deshalb so schlecht fühlen, dass wir uns von unseren Gefühlen abspalten, um Ängste und schmerzhafte Empfindungen zu vermeiden. Leider macht es dieser Abwehrmechanismus einer solchen Person umso leichter, unser Denken und Fühlen mit ihren negativen Verzerrungen zu vereinnahmen.

## Die Dissoziationsreaktion: Warum Ihnen die Worte fehlen

Betrachten wir nun genauer, wie die Abspaltung von den eigenen Gefühlen es wahrscheinlicher macht, Opfer der Vereinnahmung durch eine emotional unreife Person zu werden. Von »Dissoziation« spricht man, wenn man sich psychisch von sich selbst trennt. Sie kann dazu führen, dass man innerlich erstarrt oder sogar das Gefühl hat, von seinem eigenen Körper losgelöst zu sein.

Die meisten Menschen kennen den Begriff nur aus dramatischen Geschichten über Menschen mit »multiplen Persönlichkeiten«. Dissoziation ist jedoch eine natürliche Abwehrreaktion und kann jede Form der Distanzierung vom eigenen bewussten Erleben bezeichnen. Es handelt sich um eine Art Gefühlsflucht und ist besonders bei Kindern, die unter prekären Bedingungen aufwachsen, eine sehr häufige psychische Abwehrreaktion. Sie ist vergleichbar mit einem Sicherheitsabsperrventil: Die Dinge kommen dadurch nicht wieder ins Lot, aber die emotionale Überforderung wird gestoppt. Die Dissoziation führt dazu, dass man passiv wird und sich leichter von jemandem vereinnahmen lässt. Leider kann diese Abspaltung von sich selbst so automatisch ablaufen, dass man sie gar nicht bemerkt.

### Der Zustand des Abgespaltenseins und seine Wurzeln

Das Abgleiten in einen dissoziativen, abgekoppelten Zustand ist eine instinktive Reaktion auf eine drohende Gefahr. Sie ist vergleichbar mit der Reaktion von Tieren, die sich tot stellen oder erstarren, wenn sie merken, dass sie einem Fressfeind nicht mehr entkommen können. Vielleicht haben Sie Dissoziation schon einmal als ein Gefühl der Benommenheit oder eine Art von Trancezustand erlebt, begleitet von einem Gefühl der Leere und Handlungsohnmacht. Man weiß nicht, was man sagen oder tun soll. Jeder kennt diesen Zustand. Wir nennen ihn auch »*Freeze*-Reaktion«, weil er an ein Reh erinnert, das im Licht des Autoscheinwerfers wie versteinert oder *eingefroren* stehen bleibt.

Unter extremen Stressbedingungen kann die dissoziative Entkoppelung zu dem Gefühl führen, den Körper verlassen zu haben, über ihm zu schweben und zu beobachten, was mit ihm geschieht. Diese traumatische Reaktion ist häufig und zeigt, wie leicht man sich so weit abkoppeln kann, dass man zwar bei Bewusstsein, aber nicht mehr handlungsfähig ist.

Dissoziation schützt uns vor überwältigendem Schmerz, der durch Verletzungen oder Verlusterfahrungen verursacht wird. Manchmal ist es ein Segen, sich von sich selbst zu entfernen und nichts zu fühlen. Es gibt Formen der Dissoziation, die beispielsweise einem verletzten Menschen helfen, weiter ums Überleben zu kämpfen, ohne von seinen Schmerzen daran gehindert zu werden. Ein anderes Beispiel sind Menschen, die einen unvorstellbaren Verlust ertragen, indem sie in einen Zustand der Gefühllosigkeit wechseln. Konsumenten von Rauschmitteln erzeugen künstlich dissoziierte Erlebnisräume, indem sie ihren normalen Bewusstseinszustand verlassen, um sich ihrer Gefühle nicht bewusst zu sein.

Derselbe dissoziative Mechanismus kann dazu führen, dass Sie plötzlich einen leeren Kopf haben und sich von einer emotional unreifen Person kontrollieren lassen. Wenn Sie nicht wissen, was Sie auf eine verletzende Bemerkung oder eine unangemessene Forderung antworten sollen, liegt wahrscheinlich eine leichte Form der Dissoziation vor. Sie stehen unter einem »kleinen Schock« und können nicht klar denken.

Ein Kind mit einer gestörten Emotionsregelung lernt schon früh im Leben dissoziative Verhaltensweisen. Vielleicht mussten auch Sie sich als Kind jähzorniger oder emotional unreifer Eltern von Ihren Gefühlen abspalten. Haben Kinder erst einmal herausgefunden, wie die Abspaltung vom eigenen Erleben den Schmerz verschwinden lässt, wenden sie sie auch bei zunehmend geringfügigeren Bedrohungen an. Nach einer Weile werden sie sich von ihrem eigenen Erleben entfremden. Statt sich einfach von ihren Ängsten oder schmerzhaften Gefühlen zu lösen, sind sie irgendwann emotional so abgestumpft, dass ihnen ihr ganzes Leben unwirklich erscheint.

## Warum es so wichtig ist, sich nicht von sich selbst abzuspalten

Sobald man sich von sich selbst abspaltet, ist man nicht mehr in der Lage, Entscheidungen zu treffen. Deshalb ist es sehr wichtig, zu lernen, wie man dissoziatives Verhalten erkennen und verhindern kann. Folgende Schritte beugen dissoziativem Verhalten vor:

1. Egal, was passiert: Bleiben Sie in Kontakt mit sich selbst.
2. Wenn Sie merken, dass Sie abschalten: Kommen Sie wieder zu sich.
3. Überlegen Sie sich, wie Sie aktiv in die Situation eingreifen können.

In Situationen, in denen es schwierig ist, einer emotional unreifen Person aus dem Weg zu gehen, zum Beispiel bei Familienfeiern, ist es verlockend, sich von seinem Ich-Bewusstsein abzuspalten und sich einfach treiben zu lassen, bis man ihr entkommen kann. Mit dieser dissoziativen Reaktion signalisieren Sie der betreffenden Person jedoch, dass Sie ihr hilflos ausgeliefert sind – was einfach nicht stimmt. Außerdem fühlen Sie sich dadurch auf Dauer hilfloser und handlungsunfähiger.

***Brendans Geschichte***

*Brendan graute es vor den alljährlichen Besuchen seiner verwitweten Mutter. Er erzählte mir, dass er gelernt hatte, »sich selbst wegzupacken«, sobald sie kam. Als Kind schien es die einfachste Lösung zu sein, völlig passiv zu werden, um seine Individualität vor seiner kritischen, aufdringlichen und kontrollierenden Mutter zu schützen. Es fühlte sich besser an, sich von seinem wahren Selbst zu trennen, als sich von der Mutter »in Stücke reißen« zu lassen. Brachte Brendan als Kind offen seine Gefühle zum Ausdruck, zog dies Spott, Ablehnung oder sogar den Rauswurf aus dem eigenen Zuhause nach sich.*

*Doch Brendan bezahlte den Preis dafür, sich vor seinen Gefühlen zu verstecken: Während der Besuche seiner Mutter fühlte er sich wie tot. Kaum war sie wieder weg, verspürte er ein intensives Verlangen nach Junkfood und Alkohol. Brendans selbstzerstörerische »Lösung« bestand darin, sich zu »entleeren«, um nicht zur Zielscheibe der emotionalen Angriffe seiner Mutter zu werden, und sich dann in Trinkgelagen wieder »aufzutanken«: Essen und Trinken waren Erfahrungen, die er kontrollieren konnte und die ihm im Gegensatz zu seiner Mutter garantiert etwas gaben.*

*Um die Situation mit seiner Mutter zu ändern, bestand Brendans erster Schritt darin, sich nicht mehr von sich selbst abzuspalten. Er ließ nicht mehr zu, dass sie immer im Mittelpunkt stand. Ich ermutigte ihn, mit seinen wahren Gedanken und Gefühlen in Kontakt zu bleiben und aktiv statt passiv mit ihrer egozentrischen Art umzugehen. Brendan begann, sich an den einseitigen »Gesprächen« zu beteiligen, statt sich von seiner Mutter »zu Tode reden« zu lassen. Wenn er zum Beispiel merkte, dass er abdriftete, wechselte er abrupt das*

*Thema oder stand auf, um nach draußen zu gehen. Brendan lernte, Pausen aktiv von seiner Mutter und nicht von sich selbst zu nehmen.*

*Als er aufhörte, sich von sich selbst abzuspalten, handelte er aktiver in seinem eigenen Interesse. Als seine Mutter ihm unerwünschte Ratschläge bezüglich seiner Arbeit gab, sagte er ihr, sie solle ihm einfach nur zuhören. Als sie eine Woche bleiben wollte, verkürzte er ihren Aufenthalt auf zwei Tage. Brendan reagierte auch anders auf die Kritik seiner Mutter. Anstatt abzuschalten, antwortete er sofort: »Warte … warte … lass mich darüber nachdenken, was du gerade gesagt hast.« Indem er sich die Zeit nahm, die Gefühle wahrzunehmen, die sie in ihm auslöste, stoppte er nicht nur sein eigenes dissoziatives Verhalten, sondern auch die abspalterischen Tendenzen seiner Mutter, denn exzessives Reden ist eine dissoziative Strategie, um nicht in Kontakt mit den eigenen intensiven Gefühlen zu kommen und diese zu vermeiden.*

Im Umgang mit emotional unreifen Menschen können Sie wie Brendan versuchen, bewusst mit sich selbst verbunden zu bleiben. Es lohnt sich, dies zu üben; denn wenn Sie aufhören, sich von sich selbst zu trennen, und stattdessen bei sich bleiben, werden Sie nicht mehr so leicht emotional vereinnahmt. In Kapitel 7 werden wir uns weitere Methoden und Fertigkeiten ansehen, mit denen man die Verbindung zu sich selbst wiederherstellen kann.

## Das Wichtigste in Kürze

In diesem Kapitel haben wir uns mit den Taktiken emotional unreifer Menschen auseinandergesetzt, mit denen sie versuchen, andere emotional zu vereinnahmen, und mit den Möglichkeiten, diese Taktiken zu durchkreuzen. Sie kennen nun die Realitätsverzerrungsfelder solcher Leute und wissen, wie diese den Eindruck erwecken, dass es dringlich sei und sie ein Recht auf Ihre Hilfe hätten. Im Idealfall bestehen Sie nun in Situationen, in denen Sie sich unter Druck gesetzt fühlen, mehr zu tun, als Sie eigentlich wollen, auf ihrem Recht, sich Zeit zum Nachdenken zu nehmen. Sie erkennen jetzt, wie sehr diese Menschen übertreiben, und können bewusst und aktiv jede Bitte ablehnen, die Ihnen Unbehagen bereitet. Sie erkennen hoffentlich auch, wie man Sie unter Druck setzt, um Sie einzuschüchtern und Ihnen mit Wutausbrüchen und harten Urteilen zu drohen, was dazu führen kann, dass Sie den Kontakt zu sich selbst verlieren, bis hin zum Zustand der Dissoziation. Sie haben gelernt, wie wichtig es ist, in jeder Situation, in der Sie Gefahr laufen, den Kontakt zu sich selbst zu verlieren, selbst die Kontrolle zu übernehmen und in Ihrem eigenen Interesse zu handeln.

## Kapitel 5

# Interaktionen meistern und mit emotionaler Erpressung umgehen

### Maßnahmen, die Sie handlungsfähig machen

Wahrscheinlich fühlen Sie sich im Umgang mit Ihren emotional unreifen Eltern oft ausgeliefert, fremdgesteuert oder sprachlos. Als Kind haben Sie nicht gelernt, mit deren Taktiken umzugehen. Aber jetzt, als Erwachsener, sind Sie in der Lage, anders zu reagieren. In diesem Kapitel lernen Sie, wie Sie Grenzen setzen und sich den Übergriffen entziehen.

Achten Sie aber darauf, dass diese neu erworbenen Kenntnisse und Techniken Ihrem persönlichen Stil entsprechen und Sie in Ihrer Komfortzone bleiben. Möglicherweise erscheinen Ihnen einige der Selbstbehauptungsmethoden als derart extrem, dass Sie das Gefühl haben, Ihr altes Ich aufgeben zu müssen.

Wenn Ihnen die Methoden zu schroff und direkt sind, werden Sie sich damit so unwohl fühlen, dass Sie sie nur ein- oder zweimal ausprobieren, auch wenn Sie grundsätzlich dazu in der Lage wären. Eine brüske Ablehnung oder ein schlichtes Nein entsprechen vielleicht einfach nicht Ihrem persönlichen Stil. Für andere hingegen kann das gut funktionieren. Möglicherweise erreichen Sie Ihr Ziel lieber, indem Sie sich entschuldigen, Bedenken äußern oder schmeicheln. Die folgenden Methoden funktionieren dennoch auch dann, wenn Sie von Natur aus eher zurückhaltend, entgegenkommend und gutmütig sind. Wichtig ist vor allem, dass Sie das gewünschte *Ergebnis* im Umgang mit Ihren Eltern erzielen.

## Leitsätze, die Ihre Herangehensweise noch effizienter machen

Zunächst will ich Sie an ein paar Grundsätze erinnern, die Sie in Ihrem Handeln noch erfolgreicher machen.

### Lassen Sie sich Zeit

Wahrscheinlich ist Ihnen schon einmal aufgefallen, wie gehetzt Sie sich in Gegenwart Ihrer Eltern fühlen. Es ist, als würde man sie verärgern, wenn man sich einen Moment zum Nachdenken nimmt. Solche Eltern neigen dazu, ihre Kinder zur Eile zu drängen. Für Verzögerungen haben sie kaum Verständnis, wodurch alle, die mit ihnen zu tun haben, angespannt sind und sich unwohl fühlen. Aufgrund ihrer Egozentrik und ihres Mangels an Einfühlungsvermögen fällt es ihnen schwer, zu verstehen, warum andere ihnen nicht sofort geben, was sie wollen.

Daher passiert es leicht, dass man ihrem Druck nachgibt. Die meisten Menschen werden kopflos, wenn sie gehetzt werden, und das öffnet den unreifen Eltern Tür und Tor, um ihre Kinder emotional zu vereinnahmen. Ehe man sich's versieht, setzt man sich selbst unter Druck, alles schnell für sie zu erledigen. In diesem gehetzten Zustand fällt es den Eltern umso leichter, einen emotional zu kontrollieren.

Wenn Sie sich Zeit lassen, vermeiden Sie, manipuliert zu werden, weil Sie mit sich selbst in Kontakt bleiben. Eine der effektivsten Maßnahmen zu Ihrem eigenen Schutz besteht darin, Ihren Eltern zu sagen: »Ich brauche etwas Zeit, um darüber nachzudenken.« Emotional unreife Eltern hassen diesen Satz, weil Nachdenken in ihren Augen Zeitverschwendung ist.

Lassen Sie sich nicht darauf ein, Aufgaben nach ihrem Zeitplan zu erledigen. Sie brauchen Zeit, um darüber nachzudenken, was Sie bereit sind zu tun und was nicht. Wenn Sie sich unter Druck setzen, handeln Sie ohne Rücksicht auf sich selbst. In diesem Fall ist es so gut wie sicher, dass Sie am Ende nicht im eigenen Interesse, sondern dem Ihrer Eltern vorgehen.

## Überlegen Sie sich genau, was Sie wollen

Konzentrieren Sie sich bei jedem Treffen mit Ihren Eltern auf das gewünschte Ergebnis, anstatt sich über deren Wünsche den Kopf zu zerbrechen. Ohne ein klares Ziel vor Augen werden Ihre Eltern mit ihrer inflexiblen und einseitigen Herangehensweise automatisch das Ruder übernehmen. Ein klar definiertes Ziel verleiht der Interaktion mit Ihren Eltern die dringend benötigte Struktur und Zielgerichtetheit. Struktur sorgt dafür, dass Sie Ihr Ziel nicht aus den Augen verlieren und Sie trotz der Beharrlichkeit Ihrer Eltern nicht vergessen, was Ihnen wichtig ist.

Stellen Sie sich folgende Fragen, um herauszufinden, wie das Ergebnis aussehen soll:

- Wie würde die Begegnung enden, wenn sie nach meinen Vorstellungen verliefe? (Vielleicht würden Sie Grenzen setzen oder nur Dingen zustimmen, die Sie wirklich wollen.)

- Liegt das angestrebte Ergebnis in meinem oder in ihrem Einflussbereich? (Versuchen Sie, ein Ziel zu setzen, das *Sie selbst* erreichen können.)
- Verlasse ich mich ausschließlich darauf, dass meine Eltern sich anders verhalten? (Wenn Sie wollen, dass sie sich ändern, setzen Sie sich ein anderes Ziel, das Sie beeinflussen können.)
- Will ich mich bei dieser Begegnung auch persönlich weiterentwickeln, bestimmte Dinge anders machen oder vielleicht beides? (Sie arbeiten an sich selbst, wenn Sie sich konstant Ihre eigenen Gefühle bewusst machen oder anders reagieren, indem Sie sich zu Wort melden, wenn Sie mit Ihren Eltern nicht einer Meinung sind.)

Wenn Sie diese Checkliste im Voraus durchgehen, bleiben Sie fokussiert und lassen sich nicht auf etwas ein, was Sie nicht wollen. Machen Sie das angestrebte Ergebnis zu Ihrer Priorität, dann werden Sie nichts zu bereuen haben.

## Nehmen Sie unreifes Verhalten nicht so schwer – bleiben Sie einfach hartnäckig

Emotional unreife Eltern schreiben Ihnen gern vor, was Sie zu tun haben, auch wenn die Entscheidung eindeutig bei Ihnen liegt. Um sich ihrem Druck zu entziehen, sollten Sie Folgendes tun: Erkennen Sie ihre Einwände an (»Aha, verstehe … hm«), aber nehmen Sie sie nicht ernst. Hören Sie eine Minute lang mehr oder weniger zu, sprechen Sie mit sanfter Stimme, lächeln Sie freundlich und wiederholen Sie dann, was Sie wollen oder was Sie vorhaben (Smith 1975). Wenn Sie auf Widerstand stoßen, machen Sie keine große Sache daraus: Wiederholen Sie, was Sie gerade gesagt haben. Es ist keine komplexe Technik, aber es funktioniert. Steter Tropfen höhlt den Stein.

Sie versuchen gar nicht erst zu argumentieren, weil Ihre Präferenzen nicht zur Diskussion stehen. Sie haben Ihre Entscheidung getroffen. Der Austausch von Argumenten impliziert einen legitimen Machtkampf, was, so hoffe ich, nicht Ihr Ziel ist. Indem Sie einfach wiederholen, was Sie entschieden haben, erinnern Sie Ihren Vater oder Ihre Mutter daran, dass es zwei Sichtweisen gibt, weil Sie – das scheint er oder sie manchmal zu vergessen – zwei *unterschiedliche* Menschen sind.

### *Vickis Geschichte*

*Vicki hatte nicht vor, Thanksgiving wie üblich bei ihren Eltern zu verbringen, da sie und ihr Mann in diesem Jahr seine Familie besuchen wollten. Als ihre Mutter Maureen das Thema »Thanksgiving« ansprach, meinte Vicki, dass es dieses Jahr schwierig werden könnte und sie sich bei ihr melden würde, sobald sie etwas wüsste.*

*Vicki wusste bereits, was sie tun wollte, aber sie gab Maureen etwas Zeit, sich an die Idee zu gewöhnen, bevor sie tatsächlich absagte. Als Vicki Maureen schließlich mitteilte, dass sie nicht kommen würden, reagierte Maureen wie erwartet beleidigt und ablehnend. Vicki zuckte kurz innerlich zusammen, erinnerte sich aber sofort daran, dass sie die Gefühle ihrer Mutter nicht so ernst nehmen sollte. Vicki erkannte, dass das Realitätsverzerrungsfeld ihrer Mutter aktiv war (»Das ist schrecklich; ich sollte bei deinen Plänen an erster Stelle stehen«), und ermahnte sich, sich nicht schuldig zu fühlen, nur weil ihre Mutter nicht bekam, was sie wollte.*

*Vicki wehrte Maureens Angriffe immer wieder ab, indem sie lächelte und die Sache auf die leichte Schulter nahm. Sie wiederholte wieder und wieder, was sie vorhatte: »Du hast recht, Mom; es wird sicherlich anders sein. Ich weiß, dass du uns dabeihaben willst, aber dieses Jahr klappt es einfach nicht.« Diese Wiederho-*

*lungstechnik ist eine einfache, ehrliche Methode, um nicht nachzugeben.*

*Alles, was Vicki tun musste, war, mit freundlicher Stimme immer wieder das Gleiche zu sagen, bis ihre Mutter das Thema nicht mehr so oft auf den Tisch brachte. Nein, ich habe nicht gesagt, bis ihre Mutter das Thema fallenließ. Man kann von emotional unreifen Menschen nicht erwarten, dass sie aufgeben. Aber Sie können dafür sorgen, dass es sich für sie weniger lohnt weiterzubohren.*

***Jamals Geschichte***

*Jamal beschloss, seinen ersten Job nach nur einem Jahr zu kündigen und zu einem Start-up-Unternehmen zu wechseln, das mehr Freude an der Arbeit versprach. Sein Vater, ein Ingenieur, war außer sich, als er davon erfuhr. Er warnte Jamal davor, eine Dummheit zu begehen, da sich der Jobwechsel schlecht in seinem Lebenslauf machen würde. Jamal antwortete ihm: »Du magst recht haben, Dad, aber diese Gelegenheit möchte ich mir nicht entgehen lassen.« Als sein Vater weiter auf ihn einredete, wiederholte Jamal einfach: »Du könntest recht haben, Dad, aber ich denke, es wird schon klappen.«*

Sowohl Vickis Mutter als auch Jamals Vater beharrten auf ihrem »Recht«, die Entscheidungen ihrer erwachsenen Kinder zu beurteilen. Glücklicherweise nahmen weder Vicki noch Jamal die empörten Reaktionen ihrer Eltern ernst. Sie gestanden ihnen das Recht zu, ihre Gefühle zu dem Thema zu äußern, aber sie gaben ihren Forderungen nicht nach. Es ist wichtig festzuhalten, dass sowohl Vicki als auch Jamal trotz des Unmuts ihrer Eltern bei ihren Zielen blieben.

Vicki und Jamal waren klug genug, nicht auf die Gefühle ihrer Eltern einzugehen, denn es ging nicht darum, was ihre Eltern fühlten. Es ging nur darum, dass sie als Erwachsene das Recht hatten, ihre eigenen Entscheidungen zu treffen. Ihre Eltern hatten keine Möglichkeit, Vicki und Jamal mit Schuldgefühlen, Scham oder Angst unter Druck zu setzen, da sie das Ergebnis der Interaktion im Voraus festgelegt hatten. Vicki musste sich nicht um die verletzten Gefühle ihrer Mutter kümmern und Jamal musste seinen Vater nicht überzeugen.

## Fünf effektive Methoden im Umgang mit emotional unreifen Eltern

Es gibt fünf Dinge, die Sie tun können, um mit Ihren emotional unreifen Eltern effektiver umzugehen und immun gegen emotionale Vereinnahmung und Verzerrungen zu werden:

1. Geben Sie die Retter-Rolle auf.
2. Seien Sie unverbindlich und ausweichend.
3. Geben Sie in der Interaktion mit ihnen den Ton an.
4. Schaffen Sie Raum für sich selbst.
5. Gebieten Sie ihnen Einhalt.

### 1. Geben Sie die Retter-Rolle auf

Viele erwachsene Kinder emotional unreifer Eltern haben das Gefühl, ihre Eltern »retten« oder beschützen zu müssen. In meinem früheren Buch *Kalte Kindheit* (Gibson 2018) habe ich diese einfühlsamen und sensiblen Typen als »Internalisierer« bezeichnet. Das Einfühlungsvermögen in andere wird von ihnen oft vor die eigenen Interessen gestellt. Sie nehmen sich alles zu Herzen und übernehmen auch dort die Verantwortung, wo es keine zu übernehmen gibt. Internalisierer versuchen, die Probleme einer emotional unreifen Person zu lösen, noch bevor diese darum bittet. Diese Überverantwortung ist eine Form der *Co-Abhängigkeit* (Beattie 2024), bei der man versucht, sich liebenswert und wertvoll zu fühlen, indem man, oft ungefragt, die Probleme anderer zu den seinen macht. Am Ende kümmert man sich mehr um das Leben anderer als um das eigene.

## 2. Seien Sie unverbindlich und ausweichend

Unverbindlichkeit ist die Kunst, einem Menschen auszuweichen, der versucht, Sie dazu zu bringen, das zu tun, was er will. Wenn eine solche Person es einfach nicht lassen kann, Sie unter Druck zu setzen, funktioniert Ausweichen besser als offene Ablehnung.

Beim Versuch, Sie zu kontrollieren, üben derart disponierte Leute Druck aus, nörgeln oder argumentieren, damit Sie sich zu einer Reaktion hinreißen lassen, die ihnen eine Angriffsfläche bietet. Ihre unterschwellige Forderung lautet: »Ordne dich unter, bestätige meine Ansichten und lass mich gewinnen.« Anstatt sich jedoch in einen Machtkampf hineinziehen zu lassen, sollten Sie einen Moment innehalten und selbstbewusst entgegnen: »Ich weiß es nicht.« Oder: »Darauf habe ich jetzt wirklich keine Antwort.«

Versucht die Person, einen Streit vom Zaun zu brechen, können Sie ruhig durchatmen und ausweichend antworten: »Ich glaube, dazu habe ich jetzt nichts zu sagen.« Sie haben auch mit vagen Lautäußerungen wie »Aha« oder »Hm« die Möglichkeit, unverbindlich auf falsche oder völlig abwegige Aussagen zu reagieren. Ausweichendes Verhalten ist deswegen so effektiv, weil keine Reibung entsteht und Ihr minimales Feedback Sie zu einem weniger attraktiven Gegner macht.

Diese Methode besteht darin, ein Hindernis zu umschiffen, anstatt sich selbst zur Zielscheibe zu machen. Da emotional unreife Eltern nicht die nötige Ausgeglichenheit besitzen, um fair zu streiten, sind Auseinandersetzungen mit ihnen gespickt mit schmutzigen Tricks und Ablenkungsmanövern. Sie zermürben Sie und lenken Sie von dem ab, was Sie ursprünglich wollten. Wenn Sie sich auf einen Machtkampf einlassen, gehen wahrscheinlich Ihre Eltern als Sieger hervor, weil sie Sie mit ihren egozentrischen Argumenten und unlogischen Antworten, hinter denen Sie verzweifelt einen Sinn suchen, mental auslaugen.

*Versuchen Sie, ihnen ihre Gefühle zuzugestehen.* Den Gefühlen seiner Eltern beizupflichten, stellt ein gekonntes Ausweichmanöver dar. Diese Methode erfordert Ihre Aufrichtigkeit, da sie nicht zum Ziel führt, falls sie manipulativ eingesetzt wird. Wenn Sie dabei zynisch oder sarkastisch werden, wird dies Ihre emotionale Reaktion auf Ihre Eltern verstärken, statt sie zu mindern.

Zunächst einmal lösen Sie sich emotional von ihnen und akzeptieren, dass Ihre Eltern, genauso wie Sie, ein Recht auf ihre Gefühle haben, egal, welcher Natur diese sind. So wie Sie nicht tun müssen, was Ihre Eltern wollen, müssen Sie auch nicht über ihre Gefühle urteilen. Obwohl Sie wissen, dass emotional unreife Personen sich ärgern, wenn etwas nicht ihren Vorstellungen entspricht, brauchen Sie nicht Ihre Meinung zu ändern, nur weil Ihre Eltern mit irgendetwas nicht glücklich sind.

Schwierig wird es, wenn diese Personen anfangen, Sie zu kritisieren oder zu beschuldigen. Aber wenn Sie jetzt erstarren und in die Defensive gehen, ist es so, als würden Sie ihnen Ihre Wange hinhalten, um eine Backpfeife zu kassieren. Nehmen Sie sich stattdessen ein Beispiel am Kampfsport, in dem die große Kunst darin besteht auszuweichen, wodurch der Gegner durch seinen eigenen Schwung das Gleichgewicht verliert. Im übertragenen Sinne drehen Sie sich seitwärts und beobachten, wie die Emotionen Ihrer Eltern an Ihnen vorbeiziehen (»Ich glaube, du bist ziemlich sauer auf mich, Mama« oder »Ich weiß, dass du denkst, ich mache einen Fehler, Papa«).

Ihre Unverbindlichkeit bewahren Sie sich, indem Sie freundlich lächeln und mitfühlend nicken. Gleichzeitig bleiben Sie auf diese Weise bei sich und aufmerksam. In einer besonders angespannten Situation könnte diese Wortwahl weiterhelfen: »Das mag ja stimmen, Mama. Du könntest recht haben. Aber ich muss aus dem, was ich habe, das Beste machen.«

## 3. Geben Sie in der Interaktion mit ihnen den Ton an

Wenn Sie es mit emotional unreifen Personen zu tun haben, egal, ob es sich um Ihre Eltern oder andere Menschen handelt, bedeutet dies, dass es ihnen an Flexibilität, Empathie und Frustrationstoleranz mangelt. Sie versuchen zu dominieren, indem sie auf bewährte Abwehrmechanismen wie Kontrolle, Kritik und Negativität zurückgreifen. Solche Personen kommen in Interaktion mit ihrem Gegenüber aber auch zum gewünschten Ziel, indem sie emotional überreagieren.

In Gesprächen mit diesen Menschen zeigen sich ihr stereotypes Denken und ihre Selbstbezogenheit darin, dass sie das Wort an sich reißen und über Dinge sprechen, die nur für sie von Bedeutung sind. Ist Ihnen schon einmal aufgefallen, wie begrenzt die Themenauswahl ist, wenn Sie sich mit ihnen unterhalten? Oder wie selten sie sich nach Ihnen erkundigen? Sie sind nicht daran interessiert, etwas Neues oder mehr über andere zu erfahren. Deshalb können Sie im Gespräch mit ihnen die Führung übernehmen und es mit bereichernden Beiträgen weniger eintönig gestalten.

**Sie können das Gespräch lenken und ihm mehr Tiefe verleihen.** Wenn Sie mit einem emotional unreifen Vater oder einer solchen Mutter aufgewachsen sind, haben Sie vielleicht nie gelernt, sich einzumischen und das Gespräch auf ein angenehmeres Thema zu lenken. Als Kind hatten Sie das Gefühl, ihr Publikum zu sein und sich alles anhören zu müssen, worüber sie reden wollten.

Jetzt, als Erwachsener, können Sie die Führung übernehmen und das Thema wechseln, Ängste abbauen oder negative Gedanken unterbrechen, indem Sie Fragen stellen, die das Gespräch auf ein anderes Thema lenken. Ihre Begegnungen werden für Sie positiver sein, wenn Sie das Gespräch in eine andere Richtung lenken.

Sie können Ihre Neugier signalisieren, indem Sie Fragen stellen wie »Welche Erfahrungen hast du gemacht, die dir dieses Gefühl vermittelt haben?«, »Was würde die Situation verbessern, wenn das wirklich passiert?«, »Welche Nachteile könnte das haben?« oder »Ich frage mich, welche unbeabsichtigten Folgen das haben könnte; hast du eine Idee?«.

Sie können das Gespräch vertiefen, indem Sie einwerfen: »Manche Leute wären damit nicht einverstanden. Sie würden sagen: … Wir würdest du darauf reagieren?« Zwar ist es immer noch die emotional unreife Person, die das Wort hat, aber Sie machen die Unterhaltung komplexer und interessanter, anstatt sich passiv »bequatschen« zu lassen. Sie behaupten sich automatisch selbst, wenn Sie aktiv in die Interaktion mit einer Person eingreifen, die versucht, Sie in eine passive Rolle zu drängen.

**Sie können das Themenspektrum erweitern.** Aufgrund ihrer stereotypen Denkweise versteifen sich emotional unreife Menschen gern auf ein Thema, von dem sie schwer ablassen können, selbst wenn sie es wollten. Ihre Selbstbezogenheit und mangelnde Flexibilität schränken ihre Themenwahl stark ein.

Insgeheim begrüßen sie es vielleicht sogar, wenn sie jemand aus ihrer geistigen Sackgasse herausholt.

Sie können nach ihren Lieblingssendungen und -filmen fragen und was ihnen daran besonders gefällt. Erkundigen Sie sich, wo sie am liebsten einkaufen, welche Lebensmittel sie bevorzugen und was sie sonst noch interessiert. Nein, damit werden Sie nicht sich selbst untreu, sondern übernehmen das Ruder. Sie bleiben bewusst aktiv, statt in Passivität und Dissoziation zu verfallen.

Nachdem die Eltern eine Weile gesprochen haben, können Sie die Aufmerksamkeit auf etwas anderes lenken, indem Sie sagen: »Dazu fällt mir etwas ein.« Dann erklären Sie *kurz*, was Sie denken, und fragen dann: »Was glaubst du?« Wenn sich das für Sie nach einem recht einfachen, schwerfälligen Gespräch anhört, haben Sie völlig recht. Aber allein bekommen Ihre Eltern das nicht besonders gut hin.

Bereiten Sie schon vor dem Treffen ein paar Themen vor, da es oft schwerfällt, das Gespräch spontan in eine andere Richtung zu lenken. Vielleicht hilft Ihnen auch ein Gesellschaftsspiel wie »Table Talk« weiter, indem Sie sich vor einem Treffen ein paar passende Karten heraussuchen. Sobald Sie merken, dass Ihr Gesprächspartner Sie in eine Art Trance versetzt, können Sie diese mithilfe der Karten durchbrechen. Auch Fragen zur Familiengeschichte, zur Kindheit (der eigenen oder der des Gegenübers) oder zu Verwandten, über die man kaum etwas weiß, könnten interessant sein. Vielleicht sind Sie im Nachhinein sogar froh, diese Fragen gestellt zu haben.

Wenn die emotional unreife Person hartnäckig über etwas spricht, das Sie nicht mehr hören können, können Sie sie unterbrechen und sagen: »Entschuldige, dass ich dich unterbreche, aber was ich dich schon immer mal fragen wollte: …« Dann ist es gut, ein paar Fragen zu der Person oder ihrer Geschichte parat zu haben, die Sie wirklich gern wissen wollen. Andere aktiv in die Diskussion einzubeziehen, ist eine weitere Möglichkeit, sich eine Pause vom Redeschwall der emotional unreifen Person zu verschaffen.

Auf diese Weise wird die Interaktion lebendiger und wechselseitiger. Möglicherweise interessiert sich Ihr Gegenüber zwar nicht für Ihre Meinung, doch ist es wahrscheinlicher, dass sie Ihnen zuhört, wenn Sie *Fragen* stellen. Auch hier geht es nicht darum, die Person zu ändern, sondern darum, die Interaktion für Sie interessant und unterhaltsam zu gestalten.

In einem Gespräch die Führung zu übernehmen, bedeutet nicht, den Gesprächspartner zu überrumpeln, sondern einen produktiveren Weg einzuschlagen. Genauso wenig, wie wir unseren Kindern erlauben, jedes Gespräch zu dominieren und immer das Thema zu bestimmen, sollten wir emotional unreifen Personen unangemessen viel soziale Macht zugestehen.

## 4. Schaffen Sie Raum für sich selbst: Klinken Sie sich aus, setzen Sie Grenzen oder gehen Sie

Bevor man sich mit emotional unreifen Personen oder Eltern trifft, sollte man sich überlegen, wie man sich zu seinem eigenen Wohl zurückziehen kann. Das ist notwendig, um nicht in einer One-Man-Show festzustecken und dabei den Kontakt zu sich selbst zu verlieren.

### Möglichkeiten, sich auszuklinken und auf Distanz zu gehen

Manchmal ist ein Gespräch mit einer solchen Person das Letzte, was man möchte. Da diese gern dominiert, kritisiert, beschämt oder sarkastisch wird, ist es vielleicht besser, emotional auf Distanz zu bleiben.

**Nutzen Sie Ihre Fantasie.** Bevor eine Freundin von mir das Haus ihrer Mutter betrat, nahm sie sich einen Moment Zeit und stellte sich vor, unter einer undurchdringlichen Glasglocke zu stehen. Sie stellte fest, dass es dann besser für sie lief. In ihrer Vorstellung prallte alles Negative, das ihre Mutter sagte, an der Glasglocke ab.

Insgeheim machte sie sich einen Spaß daraus, die Kritik ihrer Mutter in das zu übersetzen, was sie eigentlich gern gehört hätte. Diese Idee hatte sie aus einem amüsanten Video (Degeneres 2017). Als ihre Mutter sie beispielsweise mit einem missbilligenden Kommentar zu ihrem Aussehen begrüßte (»Warum hast du dir denn die Haare so schneiden lassen?«), »hörte« meine Freundin etwas Wunderbares wie »Ich bin froh, dass du hier bist; ich freue mich so, dich zu sehen«. Dieser Kontrast zwischen Wunsch und Wirklichkeit brachte meine Freundin innerlich zum Lachen, was alles viel leichter machte.

**Machen Sie Komplimente.** Meine Freundin benutzte auch Komplimente, um eine freundlichere Atmosphäre zwischen sich und ihrer Mutter zu schaffen. Selbst wenn Komplimente auf den ersten Blick keine gute Möglichkeit zu sein scheinen, um Distanz herzustellen, ist es durchaus möglich. Mit Komplimenten übernehmen Sie die Kontrolle über die Interaktion und können die Stimmung der anderen Person wunderbar steuern. Das Kompliment kann sich auf alles beziehen, worauf die angesprochene Person stolz ist. Das Beste daran ist, dass sie in diesem Fall von dem Kompliment zehrt und nicht von Ihnen.

**Seien Sie schnell.** Wenn Sie das Gefühl haben, dass Sie eine Pause brauchen, ist es wichtig, rasch zu handeln. Falls Sie bei den ersten Anzeichen von Müdigkeit oder Unruhe nicht sofort eine Pause einlegen, laufen Sie Gefahr, sich in das unentwickelte Beziehungssystem hineinziehen zu lassen und in eine Art Trancezustand zu verfallen, aus dem Sie so schnell nicht mehr herauskommen.

Wenn Sie bei einer emotional unreifen Person zu Besuch sind und sich von ihr eingeengt oder ausgelaugt fühlen, unterbrechen Sie die Interaktion sofort, indem Sie beispielsweise sagen: »Oh, entschuldige mich bitte, ich muss kurz auf die Toilette.« Oder: »Weißt du was? Ich glaube, ich brauche ein Nickerchen.« Vielleicht auch: »Hey, es tut mir leid, aber bin gerade total müde. Ich geh mal an die frische Luft, ich bin gleich wieder da.«

Achten Sie darauf, dass Sie den Redefluss des Gesprächspartners mit einem einleitenden Wort oder Phrasen wie »Oh«, »Hey« oder »Weißt du was?« unterbrechen. Sie sind wie ein scharfer Keil, den Sie in den Monolog Ihres Visavis treiben.

Später, wenn Sie geübter darin sind, Gespräche zu leiten, brauchen Sie solche Ausreden vielleicht nicht mehr. Aber wenn Sie gerade erst damit beginnen, sich Raum zu verschaffen, sind sie ein probates Mittel, um wieder die Kontrolle zu übernehmen. Nutzen Sie diesen gewonnenen Freiraum so lange, bis Sie nicht mehr das Gefühl haben, in der Falle zu sitzen, und wieder mehr Kontrolle über die Interaktion haben.

### Stellen Sie sicher, dass es einen Ort gibt, an den Sie sich zurückziehen können

Bei einem emotional unreifen Menschen zu übernachten, ist im Allgemeinen keine gute Idee. Also lassen Sie es, wenn Sie es sich leisten können. In Gegenwart einer solchen Person fühlt man sich eigenartigerweise missachtet und gleichzeitig ausgelaugt. Es kann anstrengend sein, in ihrer Nähe mit sich selbst in Kontakt zu bleiben, weil man für sie nicht ein Mensch ist, zu dem sie eine Beziehung hat, sondern ihr Publikum.

Zu wissen, wohin man sich zurückziehen kann, und Erholungspausen einzuplanen, ist ein Muss, da das Zusammensein mit emotional unreifen Personen einen auslaugt. Eine gute Möglichkeit, etwas Zeit mit der Familie zu verbringen, ohne sich ihr 24 Stunden lang auszuliefern, ist der Aufenthalt in einem Hotel oder in einer Pension.

Es ist wichtig, einen Rückzugsort zu haben; denn dann können Sie selbst entscheiden, wie lange Sie sich der Person aussetzen. (»Papa, das war schön, aber ich glaube, ich muss vor dem Abendessen noch einmal ins Hotel, um mich auszuruhen.«) Es ist schwierig, gegen ein körperliches Bedürfnis zu argumentieren, und außerdem ist diese Ausrede für eine emotional unreife Person plausibler als der Versuch, die Gefühle zu erklären, die ihr Verhalten bei Ihnen auslöst.

Wenn James zum Beispiel an einem Familientreffen teilnahm, plante er jeden Tag Spaziergänge, Ausflüge ins Grüne, Kinobesuche und Einkäufe mit seiner Partnerin ein, um sich von der Familiendynamik zu lösen und zu entspannen. Sie nahmen das Verhalten seiner Verwandtschaft mit Humor und lachten über die Situation, um fokussiert zu bleiben. Wenn jemand etwas besonders Unsensibles tat, suchten sie heimlich Blickkontakt und wussten, dass sie später darüber lästern würden. Übergriffiges Verhalten kann nicht funktionieren, wenn man es nicht ernst nimmt und sich regelmäßig Pausen gönnt.

Eine Bekannte schickte ihrer besten Freundin häufig Textnachrichten, wenn sie ihre Familie besuchte. Bei jeder Gelegenheit meldete sie sich ab und erzählte ihrer Freundin humorvoll und mit vielen Emojis, was gerade passiert war. Als sich ihr Vater darüber beschwerte, dass sie ständig an »diesem verdammten Telefon hing«, lachte sie nur und sagte: »Ich weiß, ich bin echt schrecklich, was das anbelangt!«

Man könnte einwenden, dass diese Ausflüchte nicht ehrlich sind und nicht zu einer aufrichtigen Beziehung beitragen. Aber bevor man sich darum kümmert, mehr Authentizität in die Beziehung zu bringen, muss man erst einmal in der Lage sein, sich selbst aktiv und bewusst zu schützen. In Kapitel 10 werden wir uns damit beschäftigen, wie man eine offenere Beziehung zu emotional unreifen Menschen aufbauen kann, aber zunächst geht es darum, sich selbst zu schützen.

### Limitieren Sie Ihr Zusammensein mit emotional unreifen Personen

Egal, wie viel Zeit und Aufmerksamkeit man einer solchen Person schenkt, es wird nie genug für sie sein. Falls Sie es ihr überlassen, werden Sie bereits völlig erschöpft sein, wenn sie langsam zur Ruhe kommt.

Legen Sie vorher fest, wie viel Zeit Sie mit ihr verbringen können, bevor Sie innerlich abschalten. Wenn diese Zeit abgelaufen ist, strecken Sie sich unter einem kräftigen Gähnen und sagen: »Ich bin ganz schön kaputt. Ich gehe jetzt besser.« Oder: »Ich muss mir mal die Beine vertreten.« Dann stehen Sie auf. Wenn Sie möchten, können Sie der Person kurz die Hand streicheln oder ihr auf die Schulter klopfen, um eine freundliche Atmosphäre zu schaffen.

Sollte sich Ihr Gegenüber beschweren oder fragen, warum Sie immer so müde sind, können Sie sagen: »Ich weiß, ich weiß. Vielleicht habe ich ja Schlafapnoe …« Tatsache ist, dass es anstrengend ist, Zeit mit egozentrischen Eltern zu verbringen, die blind für die Gefühle anderer sind. Wahrscheinlich ist Ihnen danach tatsächlich nach einem Nickerchen. Es ist ein fairer Deal: Ihre Eltern dürfen reden und Sie dürfen sich ausruhen.

Emotional unreife Menschen haben bei Telefonaten kein Zeitgefühl. Michelle beispielsweise graute vor den Anrufen ihrer ehemaligen Mitbewohnerin vom College, mit der sie nicht mehr viel gemeinsam hatte. Nachdem sie ihr lange zugehört hatte, beendete Michelle schließlich das Gespräch. Ihre Mitbewohnerin zeigte sich überrascht und meinte: »Oh, aber ich könnte den ganzen Tag mit dir reden!« Michelle dachte bei sich: »Tja, das liegt daran, dass du die ganze Zeit redest.« Eine Klientin berichtete, dass ihre Mutter, als sie ihr einstündiges Telefonat beendete, protestierte: »*Nie* hast du Zeit zum Reden!«

Wenn Sie regelmäßig Anrufe von jemandem erhalten, der kein Ende findet, ist der Anrufbeantworter eine gute Möglichkeit, sich selbst zu schützen. Die Beantwortung von Anrufen per SMS oder E-Mail (»Ich habe deinen Anruf verpasst. Was gibt's?«) ist eine weitere Möglichkeit, den Kontakt zeitlich zu begrenzen und es auf den Punkt zu bringen. Ihre Eltern haben kein Recht darauf, dass Sie stets für sie erreichbar sind. Sie können zurückrufen, wenn es Ihnen passt – vorzugsweise dann, wenn Sie bald woanders sein müssen.

Wenn jemand bei Ihnen Frust und Beschwerden ungefiltert ablädt, können Sie sagen: »Du hast es gerade wirklich schwer. Hör zu, ich ruf dich zurück, wenn du besser drauf bist.« Denken Sie daran: Es geht nicht darum, dass das Ganze Sinn ergibt, sondern darum, sich aus ihren Fängen zu befreien. Sollte der andere Ihnen Vorwürfe machen oder einen Streit vom Zaun brechen, können Sie unverbindlich erwidern: »Oh, das wusste ich nicht.« Oder: »Ich verstehe dich. Wir sind verschieden und das ist okay. Ich lege jetzt auf.«

Es ist sinnvoll, gleich zu Beginn des Telefonats Grenzen zu setzen: »Oh, hey, Kumpel. Schön, von dir zu hören. Ich habe etwa zehn Minuten Zeit. Was gibt's?« Sollte der Betreffende nun versuchen, Ihnen ein schlechtes Gewissen einzureden, indem er beispielsweise sagt: »Immer hast du es eilig! Wir kommen gar nicht mehr zum Reden!«, ist die richtige Antwort: »Ich habe jetzt zehn Minuten Zeit. Was gibt's?«

Die Frage »Was gibt's?« ist übrigens ein subtiler Hinweis darauf, zum Punkt zu kommen. Vermeiden Sie ausschweifende Antworten, indem Sie keine offeneren Fragen stellen, zum Beispiel: »Wie geht's?« Das ist nicht unhöflich. Es ist sogar höflich, jemanden schon im Vorfeld wissen zu lassen, wie viel Zeit Sie haben.

### Sie können sich weigern, über bestimmte Themen zu reden

Lexi hasste es, wenn ihre Mutter Joanne über andere Familienmitglieder herzog. Eines Tages sagte Lexi zu Joanne, dass sie den Tratsch nicht mehr hören wolle. Joanne war beleidigt und verteidigte sich: »Mit wem soll ich denn darüber reden, wenn nicht mit dir?« Lexi erkannte, dass dies nicht ihr Problem war, und sagte Joanne, dass sie gern über andere Themen mit ihr sprechen würde. Wann immer Joanne nach diesem Gespräch damit anfing, sich über die Verwandtschaft zu mokieren, unterbrach Lexi ihre Mutter, sagte: »Ich muss los, Mom«, und legte ohne weitere Erklärung auf. Manchmal legte Lexi abrupt auf oder tat so, als sei die Verbindung unterbrochen. Nach einer Weile fing ihre Mutter an, sich über die Familie zu beschweren, sagte dann aber: »Ach ja, darüber willst du ja nicht reden …«, bevor sie zu einem anderen Thema überging.

### Finden Sie heraus, was für Sie funktioniert

Lexi nahm sich die Freiheit, das Gespräch unvermittelt zu beenden und aufzulegen. Keine langen Verabschiedungen, keine sanften, abschließenden Worte. Sie legte einfach auf. Audrey dagegen fühlt sich wohler damit, nett zu sein. Wenn sie merkt, dass ihr ein Gespräch mit ihrer Mutter alle Energie raubt, unterbricht sie sie und sagt freundlich: »Mom, es tut mir wirklich sehr leid, aber ich muss jetzt gehen. Wir sprechen uns später.«

Ob abrupt oder sanft, beide Frauen bewahrten sich erfolgreich ihre Energie und entzogen sich der Kontrolle ihrer Mütter. Sowohl Lexi als auch Audrey erreichten das Ziel, das Telefonat zu beenden, auf ganz individuelle Weise.

Abrupte Beendigungen mögen unhöflich oder gemein erscheinen, aber das sind sie nicht. Emotional unreifen Personen mangelt es an Einfühlungsvermögen. Subtile Hinweise darauf, dass es anderen zu viel wird, nehmen sie nicht wahr. Wenn jemand das Recht hat, ein Gespräch fortzusetzen, haben Sie das gleiche Recht, es zu beenden. Außerdem werden Sie in Zukunft eher zuhören, wenn Sie wissen, dass Sie das Gespräch unterbrechen können, wann immer Sie wollen. Grenzen zu setzen, ist gut für die Beziehung und gehört einfach dazu, wenn man nicht nur passiver Zuhörer, sondern aktiver Teilnehmer eines Gesprächs sein will.

### Gehen Sie einfach

Die meisten erwachsenen Kinder emotional unreifer Eltern haben gelernt, zu warten, bis ihre Eltern eine Interaktion beenden, da sie sonst riskieren, als unhöflich oder respektlos bezeichnet zu werden. Solche Eltern weigern sich oft, ihren Kindern emotionalen Raum zu geben. (»Sieh mich an, wenn ich mit dir rede!«) Die Kinder dürfen auf keinen Fall sagen, wann sie genug haben. Sie werden von ihren Eltern auf Passivität konditioniert. Sie müssen still bleiben – vielleicht sogar dissoziieren –, bis der emotional unreife Elternteil fertig ist. In Situationen, in denen eine solche Person einem nicht die Möglichkeit gibt, zu sagen, wann man genug hat, hat es nichts mit Feigheit oder Unhöflichkeit zu tun, wenn man einfach geht. Es ist nur eine Art, Grenzen zu setzen, die niemanden verletzt.

Solange man nicht im Gefängnis sitzt, kann man jederzeit gehen, auch wenn das nicht unbedingt der Etikette entspricht. Im Gegenteil: Es schadet nicht, ein bisschen unberechenbar zu sein.

***Sams Methode***

*Sam hatte seine Familie daran gewöhnt, dass er spät kam und früh ging. Während seiner Besuche war er gut gelaunt, aber irgendwann stand er plötzlich vom Tisch auf und sagte: »Es war schön, aber ich muss jetzt gehen.« Er winkte freundlich, warf noch ein »Tschüs, alle zusammen!« in die Runde und war weg. Sam merkte, dass er seine Besuche mehr genoss, wenn er wusste, dass er die Runde verlassen konnte, wann er wollte.*

*Als er damit anfing, wollten seine Familienmitglieder erschrocken wissen, warum er so schnell gehen musste. Zuerst benutzte er Ausreden wie »Ich bin wirklich müde« oder »Ich habe zu viel gegessen«. Nach einer Weile verzichtete er auf seine Ausflüchte und verabschiedete sich einfach. Für ihn war das keine große Sache und weil er dabei gut gelaunt war, akzeptierte seine Familie das schließlich. Beschwerte sich jemand darüber, dass er wieder zu spät kam, stimmte er zu und sagte: »Ich weiß, ich komme immer zu spät.« Nach einer Weile rollte seine Familie nur noch mit den Augen, wenn er ging, und meistens merkte jemand an: »Typisch Sam.«*

## Sie können den Kontakt abbrechen

Wenn Ihre Eltern Ihre Grenzen einfach nicht respektieren wollen oder Sie durch Ihr Verhalten zutiefst verletzen, können Sie den Kontakt so lange unterbrechen, wie Sie wollen. Manchmal braucht man eine Pause von solchen Menschen, wenn sie einem zu viel Energie rauben oder zu toxisch sind (Forward 1993). Sind die Begegnungen mit ihnen für Sie unweigerlich mit Schmerz verbunden, halten Sie Abstand, bis Sie sich stark genug fühlen, um nicht von ihnen »runtergezogen« zu werden. Bei beleidigendem oder missbräuchlichem Verhalten fühlen Sie sich wahrscheinlich nur dann geschützt, wenn Sie auf Distanz gehen. In seltenen Fällen beschließen Menschen aus gutem Grund, den Kontakt ganz abzubrechen. Die Entfremdung fordert jedoch ihren Tribut und Sie sollten sich über den Preis einer Trennung im Klaren sein. Das Ziel einer Auszeit ist es, stärker zu werden, sodass Sie sich bei gelegentlichem Kontakt nicht vereinnahmen und dominieren lassen. Sie können sich auch für einen sporadischen Kontakt entscheiden, der sich auf kurze Telefonate, E-Mails, SMS oder Stippvisiten beschränkt.

Wenn Sie darüber nachdenken, den Kontakt ganz abzubrechen, fragen Sie sich, ob Sie es später vielleicht bereuen werden. Auf dieser Grundlage können Sie eine realistische Entscheidung treffen. Manchmal ist es einfach zu schmerzhaft, den Kontakt aufrechtzuerhalten. Und manchmal ist eine Beziehung auf Distanz das Beste.

## 5. Gebieten Sie ihnen Einhalt

Schauen wir uns an, wie man mit missbräuchlichem Verhalten umgeht. Wenn die Umgangsformen Ihrer Eltern respektlos sind, aber keine Bedrohung für Ihre Sicherheit bedeuten, können Sie eine neue »Regel« aufstellen. Sie wissen, wie sich das despektierliche Verhalten Ihrer Eltern typischerweise äußert, und Sie können die entsprechende Reaktion darauf so lange üben, bis sie wie ein Impuls kommt, ohne dass Sie darüber nachdenken müssen. Meist werden wir von übergriffigem Verhalten überrumpelt und reagieren wie gelähmt, wenn wir keine Antwort parat haben. Der Überraschungseffekt einer unmittelbaren Reaktion hindert die emotional unreife Person daran, Sie zu überwältigen. Sie gebieten ihr Einhalt und erklären die Regeln für zukünftige Interaktionen.

Es folgt ein Beispiel, wie man einem schikanösen Elternteil Grenzen setzen und die Wahrscheinlichkeit einer weiteren Gewalteskalation verringern kann.

***Lisas Geschichte***

*Lisa lud ihre Eltern zu Familienfeiern ein, obwohl ihr Vater jähzornig war. Bei einem Thanksgiving-Treffen schlug er ihrem achtjährigen Sohn Bobby auf den Hinterkopf, weil dieser sich ohne Erlaubnis Süßigkeiten aus der Speisekammer genommen hatte. Da sah Lisa rot. In einem Flashback erinnerte sie sich an die Übergriffe in ihrer eigenen Kindheit. Sie schrie ihren Vater an: »Dad, ich schwöre dir, wenn du das noch einmal machst, siehst du uns nie wieder!« Sie hätte auch etwas sagen können wie: »Dad, in diesem Haus wird nicht geschlagen. Wenn du das noch einmal machst, wirst du nicht mehr eingeladen. Sag Bobby, dass es dir leidtut.«*

*Lisas heftige Reaktion war notwendig, um einem Vater Grenzen zu setzen, der glaubte, nicht nur in seinem eigenen, sondern in jedermanns Haus das Sagen zu haben. Lisa hätte das Recht gehabt, ihre Eltern an die Luft zu setzen. Hätte sie befürchtet, dass die Gewalt ihres Vaters weiter eskaliert, wäre es besser gewesen, ihn nicht damit zu konfrontieren. Stattdessen hätte sie aus Sicherheitsgründen dafür sorgen müssen, dass sich die Situation beruhigt, um gegebenenfalls heimlich die Polizei rufen zu können. Zu einem späteren Zeitpunkt hätte sie ihrem Vater telefonisch oder per E-Mail erklären können, warum sie ihn nicht mehr einlädt.*

## Denken Sie an die Sicherheit, wenn Sie es mit einer gewaltbereiten Person zu tun haben

Je nach Gefühlslage kann es die Situation verschlimmern, wenn man solchen Menschen feste Grenzen setzt oder ihnen Einhalt gebietet. Es kann gefährlich sein, sich in Gegenwart einer wütenden Person zu verteidigen. Lassen Sie sich am besten von Fachleuten beraten und folgen Sie Ihrer eigenen Intuition, wie Sie gefährliche Momente am besten überstehen und sich in Sicherheit bringen können. Oberstes Ziel ist es, solche Situationen unverletzt zu überstehen. Sobald Sie in Sicherheit sind, können

Sie einen umfassenden Plan erstellen, wie Sie sich und andere schützen.

### Entscheiden Sie situativ, wie Sie am besten reagieren

Manchmal gefährden emotional unreife Menschen andere, weil sie die Kontrolle über ihre Gefühle verlieren und zum Beispiel Dinge kaputt machen oder trotz ihres aufgelösten Zustands Auto fahren. Alles, was man jetzt tut, kann die Situation noch verschlimmern, und man fühlt sich wie in Geiselhaft.

Oft kann man in solchen Momenten nur tief durchatmen, aufmerksam bleiben, versuchen, die Person zu beruhigen und irgendwie heil aus der Situation herauszukommen. Das ist kein Zeichen von Schwäche. Man versucht lediglich, eine Gefahrensituation mit den zur Verfügung stehenden Mitteln zu bewältigen. Man könnte für die Zukunft vereinbaren, sich nur noch an öffentlichen Orten zu treffen und jeweils selbst dafür zu sorgen, dass man dorthin kommt. Wenn die Person nach dem Grund fragt, nennen Sie ihn unverhohlen.

Mit etwas Übung wird es Ihnen immer leichter fallen, diese Methoden anzuwenden. Bald werden Sie spüren, wie eine ruhige Kraft in Ihnen wächst, Sie sich nicht mehr emotional erpressen lassen und insgesamt authentischer werden. Damit diese Veränderungen nachhaltig sind, machen Sie sich selbst Mut und loben sich dafür, dass Sie wachsam bleiben und emotionale Vereinnahmung erkennen, bevor sie Ihnen etwas anhaben kann.

## Das Wichtigste in Kürze

Sie haben das Recht, die Vereinnahmung durch emotional unreife Menschen abzuwehren. Jede aufkommende Frustration durch eine solche Person ist ein Zeichen dafür, dass Sie einen

Gang höher schalten und aktiv darüber nachdenken sollten, was *Sie* wollen. Nehmen Sie sich Zeit und schaffen Sie sich Freiräume, statt sich zu einer unmittelbaren Reaktion drängen zu lassen. Auszuweichen, sich zurückzuziehen, Grenzen zu setzen und die Führung zu übernehmen, sind wirksame Methoden, um zu verhindern, dass derartige Menschen Sie emotional kontrollieren. Wenn Sie es mit potenziell gewalttätigen Personen zu tun haben, achten Sie auf Ihre Sicherheit und lassen Sie sich von Fachleuten beraten, wie Sie am besten auf missbräuchliches Verhalten reagieren können.

## Kapitel 6

# Emotional unreife Eltern sind Ihrer inneren Welt gegenüber feindlich eingestellt

### Wie Sie Ihr Recht auf Ihre ureigensten Erfahrungen verteidigen

Als Kind emotional unreifer Eltern ist es schwer, man selbst zu sein. Manche drücken ihr Unbehagen aus, indem sie ihre Eltern herausfordern, aber wenn Sie ein Grübler und Internalisierer sind, werden Sie eher gehemmt sein. In Gegenwart Ihrer Eltern werden Sie Ihre individuellen Charakterzüge nicht offen ausleben, um mit ihnen harmonieren zu können und nicht anzuecken. Vielleicht fühlen Sie sich bei Ihren Eltern immer unruhig. Oder Sie zensieren das, was Sie sagen wollen, und überlegen es sich zweimal, bevor Sie sich äußern.

Warum sind Sie so zurückhaltend, wenn es darum geht, sich ungezwungen auszudrücken? Das liegt daran, dass emotional unreife Menschen das innere Erleben anderer gern verurteilen und sich darüber lustig machen. Wie Sie mittlerweile wissen, ist Ihre innere Welt in ihren Augen irrelevant und nur eine unnötige Ablenkung von dem, was sie für wichtig halten. Da sie von Ihnen vorbehaltlose Zustimmung erwarten, empfinden sie es als respektlos, wenn Sie eine abweichende Meinung äußern oder sagen, wie Sie sich fühlen. Nach ihrer Denkschablone ist alles, was in Ihnen vorgeht, wertlos, solange sie es nicht gutheißen.

In diesem Kapitel erfahren Sie, wie die feindselige Haltung solcher Eltern gegenüber Ihrer inneren Welt Sie dazu bringt, Ihrem inneren Erleben zu misstrauen und sich sogar dafür zu schämen, wodurch sie zugleich Ihr Selbstvertrauen unterminieren. Solche Leute wollen ganz instinktiv verhindern, dass Sie sich auf Ihr Bauchgefühl verlassen, weil Sie dann viel schwerer zu kontrollieren sind. Unser Ziel ist es, diese demoralisierenden Urteile zu durchschauen und Sie zu ermutigen, Ihren Gefühlen und Ihrer eigenen Meinung zu vertrauen.

## Warum Ihre innere Welt so wichtig ist und was sie Ihnen gibt

Ihre innere Welt ist für Sie unentbehrlich, da sie fünf äußerst wertvolle Gaben für Sie bereithält:

1. Ihre innere Stabilität und Resilienz,
2. Ihr Gefühl der Ganzheit und Ihr Selbstvertrauen,
3. Ihre Fähigkeit, enge Beziehungen einzugehen,
4. Ihre Fähigkeit, sich selbst zu schützen, und
5. Ihre Fähigkeit, den Sinn Ihres Lebens zu erkennen.

## 1. Ihre innere Stabilität und Resilienz

Wie die körperliche Entwicklung, so verläuft auch die seelische Entwicklung in bestimmten Phasen. Zu Beginn des Lebens sind wir psychisch unentwickelt. Erst mit der Zeit bilden sich integrierte, dynamische Persönlichkeitsstrukturen heraus. Wenn diese Entwicklung gut verläuft, vernetzen sich die psychischen Funktionen zu einer stabilen Struktur mit vielen Querverbindungen. So können sich unterschiedliche Persönlichkeitsaspekte – Herz und Verstand – herausbilden, die nahtlos miteinander kooperieren. Ihre innere Welt gewinnt an Komplexität, die Sie widerstands- (resilient) und anpassungsfähig macht. Sie lernen sich und Ihre Gefühlswelt besser kennen. Sie denken flexibel und strukturiert zugleich. Sie entwickeln ein Ich-Bewusstsein.

## 2. Ihr Gefühl der Ganzheit und Ihr Selbstvertrauen

Wenn Sie wissen, wie Sie denken, und in engem Kontakt mit Ihrer inneren Welt sind, vermittelt Ihnen dies ein Gefühl von Ganzheit und Vollständigkeit, was wiederum Ihr Sicherheitsgefühl stärkt. Dieses Gefühl der Ganzheit verleiht Ihnen Würde und Integrität und gibt Ihnen Stabilität in Zeiten von Stress und Zwietracht. Auf dieser Grundlage vertrauen Sie Ihren Gefühlen und Instinkten.

## 3. Ihre Fähigkeit, enge Beziehungen einzugehen

Emotionales Ich-Bewusstsein ermöglicht es Ihnen, enge Beziehungen mit anderen einzugehen. Je besser Sie sich selbst kennen, desto mehr Mitgefühl können Sie für sie aufbringen. Echte

Intimität bedeutet gegenseitiges Verständnis für das innere Erleben des anderen. Sonst sind wir nur zwei Menschen, deren Bedürfnisse und Reaktionen aneinander abprallen. Das Ich-Bewusstsein spielt auch eine wichtige Rolle bei der Wahl von Freunden und Partnern, die Sie unterstützen und Ihre Werte teilen.

## 4. Ihre Fähigkeit, sich selbst zu schützen

Ihre Fähigkeit, Gefahren einzuschätzen und unseriöse Mitmenschen zu entlarven, hängt davon ab, wie gut Sie auf Ihr Bauchgefühl hören. Um eine Gefahr zu erkennen, müssen Sie sich Ihrer Gefühle in einer bestimmten Situation oder im Umgang mit anderen Menschen bewusst sein. Die Ur-Instinkte Ihrer inneren Welt sind entscheidend für Ihre Sicherheit.

## 5. Ihre Fähigkeit, den Sinn Ihres Lebens zu erkennen

Ein enger Kontakt zu Ihrer inneren Welt offenbart Ihnen, was für Sie wichtig ist, und gibt Ihnen Orientierung auf der Suche nach dem Sinn des Lebens. Ohne diese verlässliche Beziehung zu Ihrer inneren Welt sind Sie abhängig von dem, was Ihnen andere, zum Beispiel Gleichaltrige oder Autoritätspersonen, vorgeben. Im zweiten Teil dieses Buches finden Sie spezielle Methoden, um Ihre innere Welt besser kennenzulernen und sich tiefer auf diesen Prozess einzulassen.

## Die Haltung emotional unreifer Personen gegenüber Ihrer inneren Welt

Werfen wir nun einen Blick darauf, wie solche Menschen Ihre innere Welt sehen. Ein tieferes Verständnis der Einstellung dieser Leute gegenüber Ihrer inneren Welt wird Ihnen helfen, mehr Selbstvertrauen zu entwickeln, statt auf Ihre Eltern zu hören.

### Ihre Eltern glauben, dass Sie immer noch ihre Führung brauchen

Emotional unreife Eltern sehen ihre erwachsenen Kinder als unfertige Persönlichkeiten, die nach wie vor unter ihrer Obhut stehen. Aufgrund dieser längst überholten Sichtweise ist es nicht weiter verwunderlich, dass sie Ihnen auch jetzt noch vorschreiben, wie Sie zu sein haben, statt sich dafür zu interessieren, was wirklich in Ihnen vorgeht. Sie sind längst erwachsen, doch Ihre Eltern beanspruchen immer noch die Entscheidungsgewalt über Ihr Leben.

Ihre gereifte innere Gefühlswelt und Ihre eigene Meinung stellen die Überzeugung Ihrer Eltern infrage, dass Sie nach wie vor deren Rat und deren Anleitung brauchen. Mit dem Gedanken, dass Sie nun ein eigenständiger Mensch sind, können diese sich nicht anfreunden, und sie belehren und kritisieren Sie oder schreiben Ihnen vor, was Sie zu tun und zu lassen haben.

Indem sie die innere Welt ihres Kindes ausblenden, können die Eltern die überkommene Eltern-Kind-Beziehung aufrechterhalten, mit der sie sich viel wohler fühlen.

## Sie interessieren sich nicht für Ihre subjektiven Erfahrungen

Da solche Eltern anderen gern vorschreiben, wie sie zu sein haben, ist die innere Erlebniswelt ihres Kindes für sie irrelevant. Kinder sind für sie wie leere Schachteln, die die Eltern mit dem Wissen füllen, das sie für wichtig halten. Aufgrund ihres Mangels an Empathie und Neugier ist es ihnen wichtiger, wie man mit ihnen umgeht, als was man fühlt oder denkt.

Das Desinteresse solcher Eltern an der inneren Erfahrungswelt anderer ist der Grund dafür, dass sie schlechte Zuhörer sind. Es kommt ihnen nicht in den Sinn, dass sich in Ihrer Gefühlswelt irgendetwas Relevantes abspielen könnte, daher besteht für sie auch kein Anlass, Ihre Ansichten zu verstehen. Die ablehnende Haltung Ihrer Eltern gegenüber Ihren subjektiven Erfahrungen hat Sie von klein auf gelehrt, Ihrer eigenen inneren Welt keine Bedeutung beizumessen.

## Die eigenen Beschäftigungen sind ihnen wichtiger als Ihr Gefühlsleben

Für emotional unreife Eltern spielen sich die wichtigen Dinge in der Außenwelt ab. Für sie ergibt es keinen Sinn, ihre Kinder zu ermutigen, achtsam ihre innere Welt zu erforschen, da sie Gedanken und Gefühle für subversiv, jedenfalls für unproduktiv halten. Daher ist es ihrer Meinung nach das Beste, wenn die Kinder stets beschäftigt sind und sich auf Äußerlichkeiten konzentrieren.

Aufgrund dieser ablehnenden Haltung unterstützen sie ungern Aktivitäten, die für die Entwicklung der inneren Welt ihres Kindes förderlich sind. Lesen, Tagträumen oder Kunst um ihrer selbst willen sind für sie eher Zeitverschwendung. Für sie sollte alles zu einem greifbaren Ergebnis führen, da es sonst sinnlos ist. Auch ihre Spiritualität unterliegt strengen Regeln, die ihren Überzeugungen enge Grenzen setzen.

## Sie reagieren verärgert, wenn man umsichtige Entscheidungen treffen will

Emotional unreife Eltern wollen schnelle Ergebnisse, was bedeutet, dass sie ihre Kinder nicht dazu anhalten, ihre Entscheidungen überlegt zu treffen. Ihre Orientierungshilfen bestehen oft aus Regeln oder Plattitüden. Oder sie empfehlen ihren Kindern pauschal, das zu tun, was sie glücklich macht – in vielen Situationen ein wirklich schlechter Rat. Umsichtig vorzugehen und seine innere Welt zurate zu ziehen, halten sie nicht für klug, sondern für eine Ablenkungs- oder Verzögerungstaktik. Außerdem entscheidet sich jemand, der sich Zeit zum Nachdenken nimmt, eher für etwas, mit dem sie nicht einverstanden sind.

## Sie untergraben Ihre Entscheidungen

Einerseits betrachten emotional unreife Menschen Besonnenheit als unnötige Verzögerungstaktik, andererseits stellen sie Ihre Entscheidung infrage, kaum dass Sie sie getroffen haben. Dies ist eine dieser widersprüchlichen Seiten solcher Eltern, die einen schier in den Wahnsinn treiben. Man soll schnell eine Entscheidung treffen, aber bitte eine, mit der sie einverstanden sind. Sich selbst besonnen und aufmerksam nach seinen eigenen Zielen zu fragen, ist ein Beweis für Ihre eigene Individuation und die Loslösung von ihnen, was Ihre Eltern unsicher macht.

## Sie erklären Ihre Träume, Ihre Fantasie und Ihren Sinn für Ästhetik für nichtig

Fantasie, Vorstellungskraft und ästhetisches Gespür entspringen der inneren Welt, weswegen sie in den Augen vieler emotional unreifer Eltern reine Zeitverschwendung sind. Fantasie ist für sie nichts anderes als sinnlose Tagträumerei. Sie verkennen die entscheidende Rolle der Fantasie, da sie nicht verstanden haben, dass sie die Voraussetzung für neue Erfindungen oder Problemlösungen ist. Es ist eine Ironie der Geschichte, dass solche Eltern ausgerechnet die Vorstellungskraft geringschätzen, wo doch alles von Menschen Geschaffene seinen Ursprung in der Fantasie hat.

Diese Eltern verachten besonders den Sinn für Ästhetik und die Ehrfurcht vor Schönheit. Das Selbstwertgefühl eines Kindes kann schweren Schaden nehmen, wenn seine Eltern das, was es als schön oder bedeutsam empfindet, kritisieren oder verspotten.

Hier zwei Beispiele, wie Eltern die ästhetische Erfahrung ihrer Kinder ruinieren. Als Teenager kaufte sich Mia von ihrem Ersparten eine in ihren Augen zauberhafte Kunstfelljacke, die sie in der Schule tragen wollte. Als sie sie zum ersten Mal anzog, lachte ihre Mutter und meinte, Mia sähe darin aus wie ein räudiger Bär. Als Luke die Wände seines Zimmers mit Postern seiner Lieblingsband tapezierte, sagte ihm sein Vater, die Musiker sähen aus wie Loser. Weder Mia noch Luke konnten danach die Objekte ihrer Bewunderung so sehen wie zuvor.

Da Kinder sich in das verlieben, was sie schön und inspirierend finden, hat elterlicher Spott verheerende Auswirkungen. Wenn sich Eltern über die tiefe Faszination ihres Kindes für einen bestimmten Gegenstand lustig machen, den sie sich von ganzem Herzen wünschen, erschüttern sie damit dessen Selbstvertrauen. Mit der Zeit entfremden sich diese Kinder von ihrer inneren Welt und können unter Antriebslosigkeit, Depressionen und innerer Leere leiden oder sogar Suchtprobleme entwickeln.

### Sie verspotten Ihre inneren Erfahrungen

Sollten Ihre Gefühle oder Meinungen von denen Ihrer emotional unreifen Eltern abweichen, reagieren diese wahrscheinlich mit Spott, Neckereien oder dem Versuch, Ihnen Schamgefühle zu verursachen. Solche Eltern sind dafür bekannt, sich über die inneren Erfahrungen anderer, die sich nicht mit ihren decken, lustig zu machen. Ihr Spott suggeriert, dass Sie naiv wären und nicht wüssten, was richtig ist.

Ihren Hohn drücken sie auf unterschiedliche Weise aus, etwa mit Sätzen wie »Mach dich nicht lächerlich«, »Sei nicht albern« oder »Das ergibt keinen Sinn«. Die Aussage ist immer die gleiche: »Es spielt keine Rolle, was du denkst.« Manchmal reicht ein Blick oder ein Seufzer, um zu signalisieren, dass Sie nicht wüssten, wovon Sie reden, oder dass Ihre Ideen absurd wären. Diese Abwertungen säen die Saat für Selbstzweifel und Voreingenommenheit. *Sie beginnen, sich Ihrer eigenen Gedanken zu schämen.*

## Warum diese Menschen Ihrer inneren Welt so feindselig gegenüberstehen

Oft widersprechen emotional unreife Personen nicht nur Ihren Ideen, sondern sie reagieren mit Verachtung und Wut. Als eine fünfzigjährige Frau ihrem Vater mitteilte, den Kandidaten gewählt zu haben, den er ablehnte, stach dieser mit dem Zeigefinger auf sie ein und drohte: »Mach das nie wieder!« Seine heftige feindselige Reaktion zeigt, dass er nicht nur gekränkt war, sondern sich durch die Tatsache bedroht fühlte, dass seine Tochter eine eigene Meinung hatte.

Schauen wir uns genauer an, warum solche Personen feindselig und angriffslustig werden können, wenn man seine eigenen Gedanken und Gefühle äußert.

## Die innere Welt anderer stellt eine Bedrohung für ihre Autorität und Selbstsicherheit dar

Emotional unreife Menschen mögen die innere Welt anderer nicht, weil sie ihre Übergriffe behindert und ihre Autorität bedroht. Denken Sie daran, dass solche Menschen versuchen, Kontrolle über Ihre Emotionen zu erlangen, um dadurch ihr eigenes Selbstwertgefühl und ihre emotionale Stabilität zu stärken. Kein Wunder, dass es sie ärgert, wenn Sie sich mit Ihren eigenen Gedanken und Plänen beschäftigen, statt sich um sie zu kümmern.

Da viele dieser Menschen in einer Beziehung dominieren müssen, um sich sicher zu fühlen, schrillen bei ihnen die Alarmglocken, wenn Sie Ihre Individualität zur Geltung bringen. Sie haben zu Recht das Gefühl, dass Sie sich ihrer Kontrolle entziehen, sobald Sie Ihrer inneren Erfahrung vertrauen.

Emotional unreife Eltern sehen manchmal auch ihr Standing bedroht, sobald ihr Kind seine Individualität auslebt. Wenn sie selbst in einem Umfeld aufgewachsen sind, in dem der soziale Status einer Person an strikte Konformität gebunden war, können sie es als Schande empfinden, wenn Sie Ihre Einzigartigkeit betonen.

### Ihre Verbindung zur inneren Welt könnte sie daran erinnern, was ihnen entgangen ist

Emotional unreife Eltern, die von den Hoffnungen und Träumen ihres Kindes hören, fühlen sich vielleicht auch an ihr eigenes verdrängtes Innenleben erinnert. Sie reagieren mit Spott und Kritik, um die emotionale Distanz zu wahren und keine schmerzhaften Erinnerungen an die eigenen Träume zu wecken.

Die Zukunftsvisionen ihres Kindes erinnern sie vielleicht an verpasste Chancen in ihrem eigenen Leben. So machte sich zum Beispiel ein emotional unreifer Vater über den Traum seines Sohnes, Künstler zu werden, lustig, weil er ihm seine gescheiterten Ambitionen ins Gedächtnis rief. Dieser Vater konnte seine Träume nie verwirklichen, weil er die Schule abbrechen musste, um die Familie zu unterstützen. Er konnte die Begeisterung seines Sohnes nicht ertragen.

## Wie Sie lernen, sich gegen Ihre eigene innere Welt zu wenden

Als wäre es nicht schon schlimm genug, dass die Eltern Ihre innere Welt abwerten, kann es auch passieren, dass Sie selbst diese negative Stimme internalisieren. Als Folge davon beginnen Sie, Ihre inneren Erfahrungen abzulehnen und sich selbst zu verachten. Hier sind einige Formen der potenziellen Selbstsabotage, auf die Sie achten sollten.

## Sie wenden sich gegen Ihre inneren Erfahrungen

Ihre Eltern mögen Sie verachten, aber besonders schädlich ist es, wenn *Sie* sich gegen Ihre eigenen Gedanken und Gefühle wenden. Falls Sie nicht auf Ihre inneren Erfahrungen hören, haben Sie das Gefühl, dass Ihnen auch andere nicht zuhören. Der Grund dafür ist, dass Sie die Missachtung dessen, was Sie tief in Ihrem Inneren fühlen, von Ihren Eltern geerbt haben. Sobald Sie sich aber Ihren Eltern in dieser geringschätzigen Haltung gegenüber Ihrer inneren Welt anschließen, ist das so, als würden Sie sich in eine emotionale Isolation begeben. Selbstverleugnung und Selbstkritik nehmen überhand.

Sie müssen sich das nicht antun. Statt mit sich selbst zu schimpfen und zu sagen: »Ich sollte nicht so fühlen«, könnten Sie denken: »Das ist, was ich fühle. Warum ist das so?« Jedes Mal, wenn Sie Ihre Gefühle akzeptieren und ihnen mit Neugier begegnen, statt sich selbst abzulehnen oder zu schämen, verteidigen Sie die Idee, dass Ihre innere Welt einen Sinn hat und es wert ist, gehört zu werden.

## Sie lernen, sich hinter einer Fassade zu verstecken und oberflächlicher zu werden

Ein Kind, dessen Eltern sich nicht für seine Empfindungen und Gedanken interessieren, kann nicht das Gefühl entwickeln, als Person wichtig zu sein. Es fällt Ihnen schwer, authentisch zu bleiben. Um nicht übersehen zu werden, bauen viele Kinder dann eine beeindruckende Fassade auf, anstatt sich ehrlich auszudrücken. Dadurch fühlen sie sich anderen gegenüber oft unauthentisch.

Diese aus Verzweiflung errichtete Fassade dient dazu, das Gefühl zu vermeiden, ignoriert und verurteilt zu werden, indem man steuert, wie andere einen wahrnehmen. Aber auch wenn die Fassade Schutz bietet, lässt sie unsere Beziehungen oberflächlicher werden. Tragischerweise macht es eine aufwendige Fassade umso wahrscheinlicher, von zynischen und voreingenommenen Menschen umgeben zu sein (da diese sich ebenfalls hinter einer Fassade verstecken).

Wenn Sie das Gefühl haben, dass Sie sich hinter einer Fassade verschanzen, versuchen Sie öfter zu zeigen, wie Sie wirklich sind. Hängen Sie nicht so sehr an Ihrem idealisierten Selbstbild, sondern konzentrieren Sie sich darauf, was Sie wirklich fühlen. Jedes Quäntchen mehr Ich-Bewusstsein verringert Ihre Oberflächlichkeit und jedes Quäntchen mehr Authentizität macht Sie sich selbst gegenüber loyaler. Ihre Fassade mag ein sehr gutes Mittel gewesen sein, sich die Zustimmung Ihrer Eltern zu sichern. Aber wenn Sie anderen emotional wirklich nah sein wollen, tun Sie sich damit keinen Gefallen.

## Sie reden Ihre Gefühle klein und schotten sich ab

Emotional unreife Eltern interpretieren Ihre normalen Gefühle als völlig überzogen und Ihre ehrlichen Reaktionen als Zeichen dafür, dass mit Ihnen irgendetwas nicht stimmt. Da sich solche Eltern bei starken Empfindungen unwohl fühlen, bringen sie ihrem Kind bei, seine Gefühle herunterzuspielen, und überzeugen es davon, dass viele seiner Regungen ungerechtfertigt oder übertrieben sind.

***Mias Geschichte***

*Wenn Mia in ihrer Kindheit traurig oder verletzt war, sagten ihre Eltern: »Reg dich nicht auf.« Oder: »Reiß dich zusammen.« War sie hingegen sehr glücklich, begeistert oder voller Vorfreude, warnten ihre Eltern sie: »Mach dir bloß keine Hoffnungen.« Die Botschaft dahinter lautete: »Gefühle zu haben, ist schlecht.« Egal, welche Erfahrungen sie auch machte, Mia erhielt stets die Rückmeldung, dass es zu viel war. Nur wenn sie wegen irgendetwas leicht nervös wurde, war das für ihre Eltern akzeptabel. Um nicht ständig in Verlegenheit zu kommen, lernte sie, sich von intensiven Gefühlen – guten wie schlechten – abzukoppeln. Dies führte dazu, dass sie als Erwachsene unter chronischen Depressionen litt.*

*»Ich glaube, sie wollten, dass ich glücklich bin«, erzählte Mia, »aber auf eine sehr oberflächliche Art und Weise.« Mia erinnerte sich daran, dass ihre Eltern ihr Glück nur bei greifbaren, weltlichen Dingen, die sie gut fanden, tolerierten, wie Weihnachtsgeschenken, neuen Kleidern oder einem guten Zeugnis. Mia verbarg ihre wahren Gefühle, da ihre Eltern diese oft als übertrieben, überempfindlich oder als Zeichen von Schwäche abtaten. Aufgrund der ablehnenden Reaktion ihrer Eltern begann Mia, ihre Gefühle herunterzuspielen, auch vor sich selbst. Nach und nach gab sie das Recht auf ihre unmittelbaren Empfindungen und damit auch ihre emotionale Freiheit auf.*

Glücklicherweise forderte Mia ihr Recht auf volle emotionale Autonomie zurück. Sie lernte, nicht mehr die Unbeteiligte zu spielen, wenn sie hellauf begeistert war, oder ihre tiefe Enttäuschung mit einem Schulterzucken abzutun. Sie übte sich darin, ihren Gefühlen den nötigen Raum zu geben und offen für sie zu sein.

Sie können es Mia gleichtun. Verdrängen Sie Ihre Gefühle nicht. Es ist nicht richtig, Angst davor zu haben, zu intensiv zu fühlen, oder sich dafür zu schämen. Machen Sie diesen Selbstbetrug rückgängig und akzeptieren Sie Ihre Empfindungen so, wie sie gefühlt werden wollen. Wenn Sie das nächste Mal von irgendetwas begeistert sind, lassen Sie dieses Gefühl einfach zu. Sie sind erwachsen und dürfen Ihre Gefühle in ihrer ganzen Intensität auskosten. Das ist der beste Weg, sich selbst kennenzulernen.

Leider haben Sie sich vielleicht angewöhnt, sich zurückzuziehen, wenn es Ihnen nicht gut geht, da man Ihnen das Gefühl gegeben hat, dass Sie sich mit Ihren Gefühlen lächerlich machen. Mit einem kurzen Satz wie »Mir geht's gut« lässt sich das Mitgefühl anderer zurückweisen. Doch keinen Trost zuzulassen, hat *äußerst* negative Konsequenzen für Sie, da Sie ihn auch auf biologischer Ebene brauchen. Normalerweise wirken sich Berührung und emotionale Verbindung beruhigend auf Menschen aus (Porges 2023). Liebevolle Berührungen, beruhigende Worte und körperliche Nähe haben einen physischen Beruhigungseffekt. Seien Sie dafür so offen wie möglich. Vermitteln Sie nicht den Eindruck, dass Sie Ihren Stress ohne Hilfe bewältigen können. Wissen Sie Menschen zu schätzen, die Ihnen gegenüber Einfühlungsvermögen zeigen, und ziehen Sie sich nicht von ihnen zurück.

## Sie lernen, Ihre Kreativität und Ihre Problemlösungskompetenz zu hinterfragen

Ihre innere Welt ist der Ort, an dem alle neuen Ideen entstehen. Wenn Sie sich selbst akzeptieren und spielerisch mit Ihren Gedanken umgehen, werden Sie kreativere Lösungen finden. Sind Sie hingegen darauf konditioniert, an Ihrer inneren Welt zu zweifeln, werden Ihre Kreativität und Ihre Problemlösungskompetenz abnehmen.

Um dies rückgängig zu machen, tun Sie Folgendes: Seien Sie beim nächsten größeren Problem offen für neue Ideen und machen Sie ein Brainstorming, indem Sie all Ihre Eingebungen erst einmal ungefiltert aufschreiben, ohne sich selbst zu zensieren. Jedes Mal, wenn Sie versucht sind, Ihre Ideen zu verwerfen, fragen Sie sich: »Aber was wäre, wenn ich es könnte? Was würde dann passieren?« Nehmen Sie sich vor, für jede gute Idee zehn Fehler in Kauf zu nehmen, und Ihr Verstand wird wieder zu Ihnen sprechen.

### Sie beginnen, Ihren Glücksinstinkt infrage zu stellen

Das Traurigste daran, dass Sie Ihre innere Welt ausblenden, ist vielleicht, dass Sie sich nicht mehr zugestehen, was Sie wirklich glücklich macht. In der Annahme, eine gemäßigte Reaktion sei angemessener, empfinden Sie vielleicht Ihre eigenen Glücksgefühle als peinlich. Möglicherweise verlieren Sie sogar Ihr Gespür für das, was Ihnen Freude bereitet, und reiben sich mit Aktivitäten auf, die *angeblich* Spaß machen.

Doch sobald Sie wieder mit Ihrer inneren Welt verbunden sind, werden Sie sich ganz selbstverständlich zu Dingen hingezogen fühlen, die Ihre Stimmung heben. Wenn Sie Glücksgefühle im Moment ihres Entstehens bewusst genießen, intensivieren und verlängern Sie sie (Hanson 2013). Durch das Zulassen all Ihrer Gefühle, positiver und negativer, suchen Sie wieder Kontakt zu sich selbst, ruhen mehr in sich und fühlen sich weniger allein (O'Malley 2016).

## Wie Sie Ihr Recht auf Ihre innere Welt verteidigen

In diesem Abschnitt wird es darum gehen, wie Sie Ihre innere Welt vor dem Spott einer emotional unreifen Person bewahren können. Sie sollten in jeder Beziehung für Ihr Recht auf Ihre innere Welt eintreten, da der Anspruch auf einen respektvollen Umgang mit dem eigenen inneren Erleben für beide Parteien einer Beziehung gilt.

Die Idee der Universalität der Menschenrechte beruht auf der Anerkennung der Bedeutung des inneren Erlebens eines Menschen (Vereinte Nationen 1948). Die Menschenrechte verteidigen das Recht des Einzelnen auf *inneres* Wohlergehen, nicht nur auf äußere Sicherheit.

Nun beschäftigen wir uns mit zehn Reaktionen, die Sie zeigen können, wenn jemand Ihre innere Erfahrungswelt abwertet, verspottet oder angreift. All diese Reaktionen unterstützen Sie dabei, für Ihr Recht auf den Schutz Ihrer inneren Welt einzutreten, indem Sie emotionale Autonomie einfordern und Ihren Anspruch auf Meinungsäußerung verteidigen. Haben Sie sich erst einmal die Erlaubnis erteilt, Ihren Gedanken und Gefühlen gegenüber treu zu sein, werden Ihre Reaktionen die gesamte Beziehungsdynamik verändern.

## Reaktion Nr. 1: Machen Sie von Ihrem Recht Gebrauch, Ihr Gegenüber zu ignorieren

Manchmal ist es am besten, gar nicht zu reagieren. Indem Sie die Person ignorieren oder Ihre Aufmerksamkeit auf etwas anderes lenken, beenden Sie die Herabwürdigung Ihrer Sichtweise. Ignorieren ist eine gute Notlösung. Über unerwünschtes Verhalten hinwegzugehen, ist eine effektive Methode, es einzudämmen.

## Reaktion Nr. 2: Schlagen Sie Alternativen vor, um in Kontakt zu treten

Manchmal greifen emotional unreife Leute zu Spott und Hänseleien, weil sie nicht wissen, wie sie sonst mit Ihnen in Verbindung treten sollen. Samanthas Bruder Rick beispielsweise suchte auf einem Familientreffen den Kontakt zu seiner Schwester, als wären sie beide immer noch Fünftklässler. Wie in ihrer Kindheit gab er ihr im Vorübergehen einen Klaps auf den Hinterkopf.

Sie wollte sein Verhalten nicht hinnehmen, stand vom Tisch auf und folgte ihm. Sie berührte ihn am Arm und sagte: »Wie wäre es, wenn du mir einfach sagtest, dass du froh bist, mich zu sehen, statt mich auf den Kopf zu schlagen? Das wäre viel besser.«

Später, als Rick hörte, wie Samantha von ihrem neuen Auto erzählte, schaltete er sich in das Gespräch ein und fragte: »Welche Farbe hat es denn?« – »Weiß«, antwortete Samantha. »Ah, weiß wie ein Klo!«, sagte er mit einem schelmischen Grinsen. Nach dieser spöttischen Bemerkung sah Samantha ihn nachdenklich an und erwiderte: »Ich denke, du suchst den Kontakt zu mir, Rick. Ich freue mich sehr über mein neues Auto. Hast du eine *wirkliche* Frage an mich?« Rick fühlte sich ertappt und es folgte betretenes Schweigen. Dann wandte Samantha ihre Aufmerksamkeit jemand anderem zu.

Angesichts der Hänseleien ihres Bruders fühlte sich Samantha nicht mehr verpflichtet, keine »Spielverderberin« zu sein. Jedes Mal, wenn Rick auf diese Weise mit ihr in Kontakt treten wollte, spielte Samantha nicht mit und bestand auf ihrem Recht, respektvoll behandelt zu werden. Hätte sie das Gefühl gehabt, dass Rick sie mit seinem Gespött ernsthaft verletzen wollte, hätte sie noch deutlichere Worte finden können. Aber sie wusste, dass er eigentlich nur froh war, sie wiederzusehen, es ihr aber nicht sagen konnte.

## Reaktion Nr. 3: Stellen Sie Fragen, um respektloses Verhalten in die Schranken zu weisen

Samanthas Beispiel zeigt, dass Fragen zu stellen eine gute Möglichkeit ist, einem respektlosen Menschen zu signalisieren, dass man sich nicht auf sein Gefrotzel einlässt. Gegenfragen durchbrechen alte Verhaltensmuster und lenken die Aufmerksamkeit zurück auf die despektierliche Person.

Verunglimpfungen in einem sachlichen, nicht provozierenden Ton zu hinterfragen, lässt das Verhalten der emotional unreifen Person herausstechen. So können Sie auf spöttische Bemerkungen beispielsweise etwas antworten wie »Was genau möchtest du damit sagen?«, »Könntest du mir sagen, was du damit meinst?« oder »Ich bin nicht sicher, ob ich das richtig verstanden habe; könntest du es in anderen Worten ausdrücken?«. Stellen Sie Ihre Gegenfragen in einem ruhigen Ton und zeigen Sie echte Neugier. Vermeiden Sie, sarkastisch zu klingen. (Nehmen Sie sich jetzt einen Moment Zeit und sagen Sie die drei Fragen jeweils mit feindseligem und neugierigem Unterton, um zu erkennen, wo der Unterschied liegt.)

Ihre Fragen signalisieren Ihrem Gegenüber, dass Sie seinen subtilen Spott verstanden haben, ihn aber nicht akzeptieren. Sie geben ihm zu verstehen, dass es für seine Herabwürdigungen klare Worte wählen muss, da Sie nicht bereit sind, zwischen den Zeilen zu lesen.

Wenn Sie eine emotional unreife Person auf diese Weise entlarven, wird sie ihre Anfeindungen wahrscheinlich herunterspielen und behaupten, dass es sich nur um einen Witz oder eine Blödelei handele. Darauf können Sie antworten: »Aha … Für dich ist das vielleicht witzig, aber ich habe mich dabei nicht gut gefühlt.« Oder: »Okay, ich denke darüber nach. Vielleicht war es nicht deine Absicht, mich zu treffen.« Was auch immer Sie sagen, stellen Sie das Verhalten als das dar, was es ist, statt emotional zu reagieren. Sie beenden die Interaktion, indem Sie auf eine bissige Bemerkung neutral und mit aufrichtiger Neugier reagieren. Am besten wechseln Sie aktiv das Thema, wenn Sie auf betretenes Schweigen stoßen. Am Ende fühlen sich beide besser. Unangenehme Situationen sind ein Zeichen für eine positive Entwicklung, denn sie brechen mit alten Mustern.

## Reaktion Nr. 4: Starten Sie ein Ablenkungsmanöver, statt zu reagieren

Eine unangenehme Interaktion lässt sich vermeiden, indem Sie den Ton ändern. Versucht beispielsweise jemand, Ihnen Schuldgefühle einzureden oder Sie zu dominieren, können Sie die negative Energie von sich ablenken, indem Sie die Interaktion positiv und fröhlich gestalten. Sie antworten so, als hätte Ihr Gegenüber etwas Positives gesagt.

Als Jayden sich zum Beispiel zur Firma aufmachte, begann sein Vater, ihn zu ermahnen, er solle sich für die Arbeit besser kleiden. Jayden setzte ein breites Lächeln auf und wiederholte immer wieder: »Bye, Dad! Ich liebe dich, Dad!«, während er seine Sachen zusammenpackte und aus der Tür trat. Statt sich als Opfer der Feindseligkeiten zu fühlen, entschied sich Jayden, sie einfach von sich abzuwenden.

## Reaktion Nr. 5: Lassen Sie Neidhammel links liegen

Wenn emotional unreife Menschen neidisch auf andere sind, machen sie sich gern über sie lustig. Hier ein Beispiel: Alice hatte eine wichtige Vernissage in der Stadt ihrer Eltern. Beim

Empfang in der Galerie stellte Alices Mutter sie Freunden mit folgenden Worten vor: »Das ist meine Schickimicki-Künstlertochter!« Alice zuckte kurz zusammen: So sah sie sich selbst nicht und schon gar nicht wollte sie so vorgestellt werden.

Emotional unreife Personen lassen sich vor anderen gern zu solch aufmerksamkeitsheischenden Sticheleien hinreißen, sodass man sich wie ein Spielverderber fühlt, wenn man protestiert. Die effektivste Reaktion auf ein solches Verhalten ist, es zu ignorieren und an seinem Glück festzuhalten. Alice entschärfte den Affront ihrer Mutter, indem sie lächelnd hinzufügte: »Ja, hier bin ich«, als sie den Freunden ihrer Mutter die Hand schüttelte.

Mit ihrer gelassenen und humorvollen Reaktion ließ Alice nicht zu, dass ihre Mutter sie in Verlegenheit brachte oder sich in den Vordergrund drängte. Da sie nicht direkt auf die Herabsetzung reagierte, richtete sich alle Aufmerksamkeit zu Recht auf Alice, deren Erfolg gefeiert wurde.

## Reaktion Nr. 6: Verteidigen Sie Ihr Recht, sensibel zu sein

Emotional unreife Personen geben einem das Gefühl, überempfindlich zu sein oder keinen Sinn für Verhältnismäßigkeit zu haben, wenn man offen über seine Empfindungen spricht. Nachdem ihnen jahrelang eingetrichtert wurde, dass sie aus einer Mücke einen Elefanten machen, haben sich viele erwachsene Kinder solcher Eltern angewöhnt, Aussagen über ihre Gefühle mit relativierenden Wendungen wie »Es ist nur so, dass …« einzuleiten. Da sie schon ahnen, dass sie gedemütigt werden, spielen sie die emotionale Bedeutung dessen, was sie sagen wollen, herunter.

Wenn Ihnen jemand sagt, dass Sie zu sensibel sind und nicht alles so persönlich nehmen sollen, können Sie neugierig statt verletzt reagieren und antworten: »Sicher, dann sag mir, wie ich es sonst nehmen soll.« Sie können die Aussage Ihres Gegenübers auch klären und fragen: »Damit ich das richtig verstehe: Du möchtest, dass ich das, was du mir sagst, nicht persönlich nehme?«

Eine andere Möglichkeit, auf »Du bist zu sensibel« zu antworten, ist, ruhig und aufrichtig zu entgegnen: »Eigentlich bin ich gerade sensibel genug.« Eine tiefgründigere Antwort könnte lauten: »Wenn ich meine Gefühle nicht mit dir teilen kann, dann schätze ich unsere Beziehung wohl falsch ein.« Sie können auch einfach sagen: »Eigentlich denke ich, dass ich angemessen reagiert habe.«

## Reaktion Nr. 7: Beharren Sie auf Ihrem Recht, Dinge zu durchdenken

Emotional unreife Menschen verspotten sensible Menschen gern als Grübler, die zu viel in etwas hineininterpretieren. Implizit meinen sie damit, man soll alles, was sie sagen, für bare Münze nehmen, ohne groß nachzudenken. Auf die abschätzige Bemerkung »Du denkst zu viel« antworte ich am liebsten: »Darüber muss ich nachdenken.«

Wenn Sie Lust auf eine Diskussion haben, können Sie auch fragen: »Worüber habe ich wohl zu viel nachgedacht?« Um es kurz zu machen, können Sie die Diskussion mit den Worten beenden: »Nein, ich denke genau so viel, wie ich für richtig halte.« Oder: »Denken lohnt sich für mich.«

Da solche Leute gern »emotionale Fahrerflucht« begehen, sind Sie in Zukunft ein weniger attraktives Ziel für ihren Spott, wenn Sie innehalten und klarstellen, was Sie gemeint haben.

## Reaktion Nr. 8: Verteidigen Sie Ihr Recht, verärgert zu sein

Emotional unreife Menschen weisen schnell darauf hin, wie überflüssig Ihre Gefühle sind, besonders wenn Sie sich über etwas aufregen. Sie selbst beschweren sich gern, tun aber Ihre Probleme als Jammern ab.

Der »Trost« solcher Personen besteht darin, einem zu sagen, dass man für das, was man hat, dankbar sein soll. Dabei ist es äußerst empathielos, Ihre Emotionen einfach zu übergehen. Der Vorschlag, dankbar zu sein, anstatt sich zu ärgern, klingt gut, aber so funktioniert unsere Psyche nicht. Menschen, die aufgebracht sind, fühlen sich in der Regel besser, wenn man ihnen Mitgefühl entgegenbringt und ihnen nicht ein schlechtes Gewissen macht, weil sie sich ärgern.

Ein weiteres Beispiel: Wenn Sie sich gegenüber einer emotional unreifen Person zu Ihren Geldsorgen äußern, wird diese Ihnen vielleicht erzählen, wie glücklich Sie sich schätzen dürfen, im Gegensatz zu vielen anderen überhaupt einen Job zu haben. Diese Art, Ihre Probleme wegzureden, bedeutet nichts anderes, als Ihre Gefühle für nichtig zu erklären. Eine neutrale Antwort könnte lauten: »Ich bin dankbar, dass ich Arbeit habe, aber meine finanziellen Probleme sind immer noch da. Es hilft, mit dir darüber zu sprechen. Ist das okay für dich?« Auf diese Weise kehren Sie zum Kern der Unterhaltung zurück, statt hinzunehmen, dass Ihre Sorgen einfach vom Tisch gefegt werden.

## Reaktion Nr. 9: Verteidigen Sie die Rechtmäßigkeit Ihrer Probleme

Emotional unreife Menschen weisen gern darauf hin, dass andere viel Schlimmeres durchgemacht haben. Die Mutter einer Klientin beispielsweise war als Kind vor dem Krieg geflohen und pflegte den Kummer ihrer Tochter mit folgenden Worten abzutun: »Worüber beschwerst du dich denn? Du hast drei Mahlzeiten am Tag und niemand versucht, dich zu töten.« Das ist schwer zu toppen, aber Sie könnten antworten: »Ich schätze mein Leben und weiß, dass andere es bei Weitem nicht so gut haben wie ich. Aber ich stecke nun einmal gerade mitten in diesem Problem. Wäre es dir lieber, ich würde nicht mit dir darüber sprechen?«

## Reaktion Nr. 10: Pochen Sie auf Ihr Recht, so zu fühlen, wie Sie fühlen

Manchmal sagen emotional unreife Menschen in aller Deutlichkeit: »Es ist falsch, so zu fühlen.« Oder: »Es gibt keinen Grund, sich aufzuregen.« Und sie machen Ihre Erfahrung damit ungültig. Eine solche Person suggeriert so, dass Ihre Gefühle falsch oder unnormal sind. Sie können sich selbst treu bleiben, indem Sie nachdenklich etwa Folgendes antworten: »Ich verstehe nicht, warum ich wegen dieser Sache nicht all diese Gefühle haben sollte.« Oder Sie erwidern: »Später fühle ich mich vielleicht besser, aber momentan ist es doch klar, dass ich mich aufrege.« Gegen die Unterstellung, dass Sie überreagieren, können Sie sich mit der Frage wehren: »Willst du damit sagen, dass die meisten Menschen darüber nicht verärgert wären? Hm, ich weiß nicht …«

Denken Sie daran, dass es bei den oben genannten Reaktionen darum geht, für die Daseinsberechtigung Ihrer inneren Welt einzutreten, und nicht darum, eine emotional unreife Person zu ändern. Anstatt frustriert zu reagieren oder in Passivität zu verfallen, können Sie aktiv werden und auf Ihrem Menschenrecht bestehen, Ihre Gefühle zu fühlen und Ihre Gedanken zu denken. Wenn Sie Ihre Stimme erheben, fordern Sie Ihr Gegenüber auf, Sie als gleichwertig zu betrachten.

Im nächsten Teil dieses Buches erfahren Sie, wie Sie auf Ihre innere Stimme hören, Ihren Geist entrümpeln und Ihr Selbstbild auf den aktuellen Stand bringen können, um Ihre emotionale Autonomie wiederzuerlangen und die Art von Beziehungen zu finden, die Sie wirklich wollen.

## Das Wichtigste in Kürze

Wir haben uns damit beschäftigt, warum emotional unreife Menschen Ihrer inneren Welt oft feindlich gegenüberstehen und wie Sie gegen sie vorgehen können. Sie wissen jetzt, dass so disponierte Eltern Spott und Abschätzung einsetzen, um die Bedeutung Ihres Seelenlebens zu leugnen und Ihnen beizubringen, Ihrem inneren Erleben zu misstrauen und es selbst abzuwerten. Darüber hinaus haben wir erforscht, welchen Einfluss solche Eltern auf Ihre Beziehung zu Ihrer inneren Welt haben. Schließlich kennen Sie jetzt zehn Möglichkeiten, wie Sie Ihr Recht auf Ihre eigenen Gefühle und Meinungen verteidigen können.

# TEIL II

# Emotionale Autonomie

## Fordern Sie die Freiheit ein, Sie selbst zu sein

In Teil II lernen Sie, auf sich selbst zu achten und sich nicht emotional erpressen zu lassen oder Angst vor Zurückweisung zu haben. Statt sich vor den Launen einer emotional unreifen Person zu fürchten, werden Sie auf Ihr Recht bestehen, Sie selbst zu sein und Ihr eigenes Leben zu leben. Sie werden lernen, Ihre emotionale Autonomie und geistige Freiheit zu verteidigen, indem Sie sich erlauben, zu fühlen, was Sie fühlen, und zu denken, was Sie denken. Sie werden aufhören, Ihre Bedürfnisse zu verleugnen, und sich neue Fähigkeiten aneignen, um Ihre persönliche Entwicklung voranzutreiben.

Ich freue mich sehr darauf, mit Ihnen an der Auflösung dieser Muster zu arbeiten, denn ich habe bei vielen meiner Klienten gesehen, welch großen Unterschied das macht. Ich kann es kaum erwarten, dass auch Sie von Ihrer inneren Welt profitieren und sich mit ihrer Hilfe ein Leben aufbauen, das Sie in vollen Zügen genießen können.

# Kapitel 7

# Nähren Sie die Verbindung zu sich selbst

## Wie Sie Vertrauen in Ihre innere Welt schöpfen

Kommt Ihnen der Gedanke, Zeit in die Beziehung zu sich selbst zu investieren, seltsam vor? Vielleicht denken Sie: »Ich bin doch immer ich selbst. Warum sollte ich an der Beziehung zu mir selbst arbeiten? Und wie soll das funktionieren?« Aber diese Beziehung ist die Grundlage für alles andere in Ihrem Leben. Sie bestimmt Ihr Glück, Ihren Erfolg und Ihre Fähigkeit, eine echte Verbindung zu anderen aufzubauen. Sich selbst besser kennenzulernen und sein inneres Erleben wertzuschätzen, bedeutet auch, anderen mit mehr Verständnis und Liebe begegnen zu können.

Leider haben Sie als Kind emotional unreifer Eltern, die die Bedeutung Ihrer inneren Welt geleugnet haben, Ihre Beziehung zu sich selbst vernachlässigt. Diese wichtige Verbindung braucht und verdient jetzt Ihre volle Aufmerksamkeit.

## Was passiert, wenn man sich nicht auf sein inneres Erleben verlässt

Als Kind von Eltern, die Ihr inneres Erleben von klein auf abgewertet oder verleugnet haben, sehen Sie sich selbst als jemanden, der es nicht wert ist, ernst genommen zu werden. Vielleicht glauben Sie sogar, dass das, was in Ihnen vorgeht, unwichtig ist. Ich erlebe dies häufig in psychotherapeutischen Sitzungen. Obwohl die Klienten in die Therapie kommen, um über ihre Probleme zu sprechen, spielen sie diese oft mit selbstverachtenden Bemerkungen herunter wie »Ich weiß, dass das dumm ist, aber …« oder »Das ist so lächerlich, dass es mir peinlich ist, es zuzugeben«. Sie haben das Gefühl, Ihr inneres Erleben sei völlig deplatziert, und schämen sich für ihre starken Gefühle. Auch bei meiner Klientin Mallory war dies der Fall.

### *Mallorys Geschichte*

*Mallory kam zu mir, nachdem sie durch eine Unternehmensfusion ihren Job verloren hatte. Da sie kurz vor der Pensionierung stand, war der Einkommensverlust keine Bedrohung, sondern vielmehr die Tatsache, dass sie ohne die Arbeit nichts mit sich anzufangen wusste. Mallory hatte weder Hobbys noch Interessen und auch keine Familienmitglieder, die in der Nähe wohnten.*

*Zum ersten Mal in ihrem Leben hatte sie die Freiheit, zu tun und zu lassen, was sie wollte, war damit aber völlig überfordert. Der Gedanke, nicht zu wissen, was sie mit ihrer Zeit anfangen sollte, machte ihr Angst. »Ich habe nichts, wofür ich mich wirklich begeistern kann«, sagte sie.*

*Eines Tages wurde Mallory klar, warum sie außer ihrer Arbeit nichts fand, was ihr Spaß machte. Ihr Vater war ein sehr launischer und herrschsüchtiger Mensch gewesen, der seine Familienmitglieder lächerlich zu machen und ihnen vorzuschreiben pflegte, was sie zu tun hatten. »Plötzlich wurde mir klar«, erzählte Mallory, »dass mein Vater mich immer niedergemacht hat. Er hat alles, was ich gern tat, ins Lächerliche gezogen.« Selbst als Mallory schon erwachsen war, hielt er sie davon ab, etwas Neues auszuprobieren, indem er sagte: »Dafür bist du zu alt. Wieso willst du das tun? Das willst du doch gar nicht wirklich.«*

*Als Mallory mit ihren Eltern im Drogeriemarkt einkaufen war – Mallory war damals zehn Jahre alt –, ertappte ihr Vater sie dabei, wie sie sich ein Fanmagazin anschaute. Mit dröhnender Stimme rief er ihre Mutter herbei und meinte: »Schau dir an, was sie sich da ansieht! Schau dir das an! Ist das nicht lächerlich?« Dann redete er Mallory ein, dass sie das doch wohl nicht wolle, und zog sie schnell weg.*

*Mallory fürchtete den Spott ihres Vaters. »Schon als Kind hatte sein Hohn einen großen Einfluss auf mich. Ich hatte Angst und schämte mich, meine wahren Wünsche zu äußern. Nach und nach verlor ich jegliches Gespür dafür, worin sie bestanden. Ich habe mich selbst nie kennengelernt. Wenn mein Vater wusste, dass ich mir etwas wünschte, erklärte er es für trivial und dumm. Ich konnte mir nicht erklären, warum ich keine Leidenschaften oder Vorlieben hatte wie die anderen Mädchen. Aber jetzt weiß ich es.«*

*»Ich habe gelernt, den Teil von mir zu verbergen, der sich für etwas interessierte. Aber nachdem ich mich jahrelang dafür geschämt hatte, wusste ich schließlich selbst nicht mehr, was ich wollte«, sagte Mallory. »Wenn mich Leute fragten, was ich am liebsten täte, konnte ich es nie sagen. Ich sagte dann immer, es sei mir egal – aus Angst, mich für das Falsche zu entscheiden.« Mallorys Vater hatte sie so lange beschämt, bis sie nicht mehr auf ihr inneres Selbst hörte.*

*Später bot Mallory ihrem Vater die Stirn und entwickelte sich zu einer erfolgreichen, unabhängigen Erwachsenen, die in ihrem Job wichtige Entscheidungen treffen konnte und große Kompetenz bewies. Doch was die emotionalen Aspekte ihres Lebens anbelangte, wie etwa neue Leidenschaften zu entdecken, hatte Mallory immer noch große Hemmungen. Sobald sie merkte, dass etwas ihre Neugier weckte, machte sie schnell dicht. Lange Zeit war ihr unbewusst die Anerkennung ihres Vaters wichtiger als die Beziehung zu sich selbst.*

*Mallory hatte sich so weit von sich selbst entfernt, dass sie nicht mehr wusste, was ihr Spaß machte.*

Wenn Sie Ihre Ideen und Leidenschaften unterdrücken, schrumpft Ihre innere Welt in sich zusammen. Viele versuchen, das durch emotionale Selbstverleugnung entstandene Vakuum zu füllen, indem sie sich wie besessen mit Beziehungen und Ereignissen beschäftigen. Doch kein anderer Mensch und keine Situation in der äußeren Welt wird Ihnen Zufriedenheit schenken, solange Sie Ihr inneres Erleben abtun. Sie können noch so vielen Aktivitäten in der äußeren Welt nachgehen und werden doch nie die innere Leere kompensieren, die Ihre fehlende Faszination für Ihr Innenleben hinterlässt.

Eltern wie Mallorys Vater reden ihrem Kind ein, dass es in seiner inneren Welt nichts gibt, was es verdient, ernst genommen zu werden. Diese Selbsttäuschung untergräbt das Selbstwertgefühl und trübt die Lebensfreude. Aber wenn Sie erst einmal erkannt haben, dass Ihr inneres Erleben ein wesentlicher Antriebsfaktor ist, der Ihre Aufmerksamkeit verdient, sieht die Welt ganz anders aus. Während meiner langjährigen Tätigkeit als Psychotherapeutin habe ich immer wieder erlebt, wie viel Leichtigkeit, Helligkeit und Freiheitsgefühl ins Leben eines Menschen einziehen, der sein inneres Erleben als Kraftquelle wiederentdeckt. Diana Fosha nennt diese Gefühle den »Kernzustand«, der nach einer erfolgreichen Psychotherapie wiederhergestellt wird (Fosha 2000). Ein Klient meinte, durch diese neue Achtsamkeit fühle er sich so, als ob er »endlich eine Mauer überwunden hätte«. Als ich ihn fragte, was er auf der anderen Seite gefunden habe, antwortete er lächelnd: »Das gelobte Land.«

Aber lassen Sie mich des Teufels Anwalt spielen und fragen: Wer sagt, dass es wirklich ein inneres Selbst gibt oder dass unser inneres Erleben von Bedeutung ist? Woher wissen wir, dass wir uns um unser inneres Selbst kümmern und ihm vertrauen sollen? Wie wir gesehen haben, machen sich emotional unreife Eltern nur allzu gern über Ihre innere Welt lustig. Wie aber lässt sich beweisen, dass unsere innere Welt und unser inneres Selbst überhaupt existieren?

## Beweise für die Existenz Ihrer inneren Welt

Im Allgemeinen erkennen wir die Existenz der inneren Welt ständig an, da wir uns in allen Lebensbereichen auf sie stützen. Wenn wir es nicht täten, könnten wir nicht einmal über unser menschliches Handeln sprechen. Wir sind uns nur nicht bewusst, wie sehr unser tägliches Leben davon abhängt, dass wir auf unsere innere Welt und unser inneres Selbst zurückgreifen.

Ihre innere Welt bestimmt Ihre wichtigsten Überzeugungen und Lebensentscheidungen: Ihr Selbstbild, Ihre Lebensträume und das, woran Sie glauben. Sie ist die Inspirationsquelle dafür, wer Sie sein wollen, was Sie Ihren Kindern beibringen und was für Sie den Sinn des Lebens ausmacht. Unsere innere Welt könnte kaum praxisnäher sein, denn was ist grundlegender, als zu wissen, was man zum Überleben und zur Entwicklung braucht? Sie ist so real wie alles, was man anfassen kann.

Wir sprechen über das Selbstvertrauen, den Willen und das Selbstwertgefühl eines Menschen, als ob diese Eigenschaften etwas Reales wären, und das sind sie auch. Das Gleiche gilt für Vertrauen, Glauben, Optimismus und unser »Bauchgefühl«. Ihre innere Welt ist die Quelle, aus der Sie schöpfen, wenn Sie Probleme lösen, Aha-Erlebnisse haben oder herausfinden, wie die Dinge funktionieren.

Ein allgemein anerkanntes Streben, das unserer inneren Welt entspringt, ist zum Beispiel Bildung. Der Wunsch, zu lernen und sich zu entwickeln, entspringt ebenso unserer inneren Welt wie Neugier, Ehrgeiz und die Fähigkeit zur Selbstreflexion. Wir könnten uns keine Ziele setzen oder Verbesserungen anstreben, wenn es kein inneres Wissen gäbe, das uns leitet. Trotz des Drucks und der Versuchungen von außen gelingt es uns irgendwie, in uns hineinzuhorchen, Pläne zu schmieden und unseren Kurs zu bestimmen. Diese innere Fähigkeit, unser Leben zu beurteilen und festzulegen, wo es langgeht, ist die Kraft, mit der wir unser Dasein zum Besseren verändern können.

Wären Ihr inneres Selbst und Ihr inneres Erleben nichts Reales, wären Sie nicht in der Lage, unabhängig zu sein oder Freundschaften zu schließen. Ihre innere Welt ist die Quelle all Ihrer Energie, Ihres Humors, Ihres Enthusiasmus und Ihres Altruismus. Auch Ihre Fairness, Ihre Loyalität und der Wunsch, andere anzuleiten, zu beraten oder zu trainieren, entspringen Ihrer inneren Welt. Von dort kommt der tiefe Wunsch, andere zu lieben und die Welt zu verbessern. Den Sinn des Lebens finden Sie nirgendwo sonst.

Ihre innere Welt stattet Sie mit Resilienz und der Fähigkeit aus, schwierige Zeiten zu überstehen, um am Ende erfolgreich zu sein. Gesunder Menschenverstand, Mitgefühl und Dankbarkeit sind innere Gaben, ebenso wie Anpassungsfähigkeit und Gelassenheit in schwierigen Situationen (Vaillant 1993). Auch innere Stärken wie Geduld, Mut und Ausdauer sind für uns sehr real, weil wir sie täglich leben.

Wenn Sie noch Zweifel haben, ob diese inneren Qualitäten wirklich »existieren« oder als »real« betrachtet werden sollten, dann stellen Sie sich Ihr Leben ohne sie vor. Es wird Ihnen nicht gelingen, da sie nicht nur real sind, sondern genauso lebenswichtig wie äußere Faktoren. Nur weil jemand die Bedeutung Ihrer inneren Welt geringschätzt, heißt das keineswegs, dass sie nicht essenziell wäre.

## Was genau ist das innere Selbst?

Das Konzept des inneren Selbst ist schwer in Worte zu fassen, und doch ernte ich nie fragende Blicke, wenn ich es erwähne. Wir alle spüren, dass wir ein einzigartiges Innenleben haben, das unabhängig von unseren Alltagssorgen existiert. Wir spüren seine Gegenwart. Was ist das innere Selbst?

Das, was ich als das »innere Selbst« bezeichne, hat viele, häufig gebrauchte Namen: »Seele«, »Geist«, »Herz« … Theoretiker verwendeten verschiedene Begriffe, um auf das Innenleben anzuspielen: »Selbst« (Jung 2021, Kohut 1976), »Kernzustand« (Fosha 2000) und das »wahre Selbst« (Schwartz 2024), um nur einige zu nennen.

Ich bevorzuge den Begriff »inneres Selbst«, weil er einfach und im allgemeinen Sprachgebrauch unmissverständlich ist. Wenn ich mich auf diese Weise auf das Selbst beziehe, scheinen die Menschen intuitiv zu verstehen, was ich meine. Das innere Selbst ist dieser interne Zeuge, Ihr Wesenskern, der alles Leben in sich aufnimmt, aber nicht vom Leben verändert wird. Das innere Selbst ist das, was Sie tief in Ihrem Innersten ausmacht. Es ist Ihre einzigartige Individualität, die Ihrer Persönlichkeit und Ihrer Rolle in Familie und Gesellschaft zugrunde liegt.

Obwohl man das innere Selbst nicht sehen, messen oder berühren kann, werden Sie von ihm getragen. Es entsteht ein Gefühl der inneren Leere, wenn die Verbindung zu ihm verloren geht. Es ist wie ein treuer und weiser Freund, der immer das

Beste für Sie will. Es nimmt Ihre innere Welt ein und kommuniziert mit Ihnen über Ihr inneres Erleben.

## Wie Sie davon profitieren, wenn Sie sich von Ihrem inneren Selbst leiten lassen

Ihr inneres Selbst bietet Ihnen in mehrfacher Hinsicht Orientierungshilfe, die Sie schützt und bereichert:

1. *Alarmierende Gefühle.* Das innere Selbst nutzt Ihre tiefsten Gefühle – nicht nur oberflächliche Reaktionen –, um Sie sanft in die Richtung zu drängen, die gut für Sie ist. Es verleiht Ihnen einen Energieschub, wenn Sie auf etwas stoßen, was Ihre besten Seiten zum Vorschein bringt, und lässt Sie auf der anderen Seite Dinge verabscheuen, die Sie langweilen, unzufrieden oder depressiv machen. In Situationen, in denen Ihnen Ausbeutung oder Gefahr drohen, warnt Sie Ihr inneres Selbst mit bösen Vorahnungen, Angst oder Panik.
2. *Unmittelbare Erkenntnis.* Ihr inneres Selbst fokussiert sich auf die wahre Natur einer Situation oder auf die wahren Absichten Ihrer Mitmenschen. Es gibt Dinge, die man einfach aus dem Bauch heraus weiß. Auf dieses intuitive Wissen spielt man mit Sätzen an wie »Ich verstehe« oder »Ich weiß, was du meinst«, weil man etwas unmittelbar vollständig versteht. Man kann zwar versuchen, Ihnen diese innere Wahrnehmung auszureden, aber das innere Selbst weiß, was es weiß.
3. *Eingebungen.* Diese unterscheiden sich von den Gedankengängen des Alltags. Von Ihrem inneren Selbst kommende Einsichten bieten tiefere Informationen, zu denen Sie auf ausgetretenen Gedankenpfaden nie gelangen würden. Im Zustand der Eingebung kann man klar argumentieren und

dringt zum Kern eines Problems vor. Eingebungen helfen, Dilemmata aufzulösen, Ursache und Wirkung zu analysieren und neue Ideen zu entwickeln. Sie kommen oft ganz unvermittelt, während wir gerade mit etwas anderem beschäftigt sind, zum Beispiel beim Spazierengehen, Duschen oder Autofahren.

4. *Überlebenshilfe.* Der ultimative Vorteil einer guten Beziehung zur eigenen inneren Welt ist vermutlich das physische Durchhalten. Überlebende von Extremsituationen verfügten über ein starkes inneres Selbst, dem sie vertrauten und auf das sie in höchster Not bauen konnten (Bickel 2000, Huntford 1985, Simpson 1988). Sie verfügten alle über eine reiche innere Welt, die ihnen beim Überleben half, weil sie auf Humor, Altruismus, Fantasie und Optimismus zurückgreifen konnten (Frankl 1989, Siebert 1993, Vaillant 1993). Laurence Gonzales drückt es so aus: »Um zu überleben, muss man sich selbst finden. Dann ist es egal, wo man ist« (Gonzales 2003, 167).

## Übung
## Erinnern Sie sich an Situationen, in denen Sie sich von Ihrem inneren Selbst leiten ließen

Schreiben Sie in Ihrem Tagebuch über eine Situation, in der Sie auf Ihre innere Stimme gehört haben, und verwenden Sie die folgenden Erinnerungshilfen. Wenn Ihnen nicht sofort etwas einfällt, geben Sie sich genug Zeit. Die meisten von uns haben diese Erfahrungen schon einmal gemacht:

1. eine Situation, in der Sie auf Ihr Gefühl hörten und richtiglagen, obwohl andere es nicht so sahen,

2. eine Situation, in der Sie sofort wussten, was zu tun ist, sich aber nicht erklären konnten, warum,
3. eine Situation, in der Ihnen plötzlich eine Einsicht oder Problemlösung in dem Sinn kam, nachdem Sie eine Zeit lang erfolglos danach gesucht hatten, oder
4. eine Situation, in der Ihre Intuition Sie schützte oder Ihnen sogar zu überleben half.

Unabhängig davon, ob Ihre Beispiele aus Ihrem Alltag oder aus einer dramatischen Situation stammen, sind sie der Beweis für die Existenz einer zielorientierten, intelligenten Führungsinstanz in Ihrem Inneren.

## Verbessern Sie die Beziehung zu sich selbst

Wenn Sie den Abwertungen Ihrer inneren Welt Glauben schenken, profitieren Sie nicht von der Weisheit, die Ihnen Ihr inneres Selbst in Form von Gefühlen, Intuition und Eingebungen schenkt. Sie können aber die folgenden fünf Methoden anwenden, um eine vertrauens- und respektvollere Beziehung zu Ihrem inneren Selbst und der Orientierungshilfe aufzubauen, die es Ihnen bietet:

1. Achten Sie auf Ihre körperlichen Empfindungen.
2. Finden Sie heraus, was Ihre Gefühle bedeuten.
3. Weigern Sie sich, sich selbst zu kritisieren und zu verurteilen.
4. Finden Sie heraus, was Sie brauchen.
5. Malen Sie sich aus, worin für Sie der Sinn des Lebens besteht und wohin Sie gehören.

## 1. Achten Sie auf Ihre körperlichen Empfindungen

Vielleicht sind Sie wie Mallory dazu erzogen worden, Ihre Gefühle abzutun und sich etwas zu sagen wie »Das ergibt überhaupt keinen Sinn«, »Das ist verrückt«, »Ich übertreibe« oder »Es ist falsch, so zu fühlen«. Manchmal aber sind körperliche Empfindungen hartnäckiger. Ihr Körper sendet Ihnen Signale, die Ihnen eine Menge wertvolle Informationen über eine Situation oder eine andere Person geben.

Eine der besten Möglichkeiten, Ihre innere Stimme zu stärken, besteht darin, tief in Ihren Körper hineinzuhorchen. Das oberste Ziel Ihres inneren Selbst ist Ihr Wohlbefinden und es kommuniziert mit Ihnen über Ihren Körper. Er liefert Ihnen ständig einen »Lagebericht« darüber, ob Ihre körperlichen und seelischen Bedürfnisse erfüllt oder vernachlässigt werden oder gar bedroht sind.

Manchmal muss man erst wieder lernen, auf seine physischen Bedürfnisse zu achten, um eine bessere Beziehung zu sich selbst aufzubauen. Viele erwachsene Kinder emotional unreifer Eltern sind so sehr mit ihren Gedanken beschäftigt, dass sie die Botschaften ihres Körpers nicht wahrnehmen. Sie merken nicht einmal, wenn sie angespannt, gestresst, unruhig oder ängstlich sind. Mit ihrer feindseligen Haltung gegenüber Ihrer inneren Welt trichtern Ihnen emotional unreife Eltern ein, dass es Zeitverschwendung sei, auf körperliche Empfindungen zu achten. Aber sie irren sich. Im Folgenden sind einige Körpersignale aufgelistet, die eine sehr gute Orientierungshilfe bieten.

### Angenehme Empfindungen

Ein Zeichen dafür, dass Sie auf dem richtigen Weg sind, kann sich in einem Gefühl der Fülle und Wärme in Ihrer Brust äußern, begleitet von dem Gefühl, dass Ihnen eine Last von Schultern und Nacken genommen wird. Die Welt scheint leichter, heller und freier zu sein, und das gilt auch für Sie. Ihr Körper fühlt sich leicht, energiegeladen und so leistungsfähig an, als ob er alles stemmen könnte. Die Psychotherapieforscherin Diana Fosha hat diese zentralen, erhebenden Erfahrungen als Phase identifiziert, in der die Wahrscheinlichkeit einer transformativen emotionalen Heilung am wahrscheinlichsten ist (Fosha 2000).

### Körperliche Warnzeichen

Ihr inneres Selbst nutzt auch Körperempfindungen, um Sie zu warnen. Das Gefühl, dass der Magen wie zugeschnürt ist, Nacken- und Schulterverspannungen, Rückenschmerzen oder Verspannungen in den Armen können Warnhinweise dafür sein, dass Sie sich zu viel zumuten oder dass Sie herabgewürdigt werden. In Gegenwart von Menschen, die Ihre Grenzen nicht respektieren, können Ekelgefühle oder auch Hautkribbeln auftreten. Müdigkeit, Reizbarkeit, Unruhe und Übelkeit sind weitere Signale, mit denen Ihr inneres Selbst Sie auf Menschen und Situationen aufmerksam machen will, die Ihnen das Leben vergällen.

### Veränderungen im Energieniveau

Das Gefühl, energiegeladen oder völlig erschöpft zu sein, ist ein zuverlässiger Hinweis des inneren Selbst, an dem Sie sich orientieren können. Je nachdem, mit welchen Menschen, Situationen oder Gedanken Sie konfrontiert werden, steigt oder sinkt Ihr Energielevel. Steigt es an, ist das ein Zeichen dafür, dass Sie etwas gefunden haben, was Sie belebt. Sinkt es, ist die Wahrscheinlichkeit groß, dass die Situation oder Person nicht gut für Sie ist.

Ängste hingegen bilden eine Ausnahme von dieser Regel. Als Kind emotional unreifer Eltern haben Sie vielleicht gelernt, sich vor Dingen zu fürchten, die eigentlich *gut* für Sie sind. Wenn

Sie in Ihrer Kindheit Ignoranz und Ablehnung erfahren haben, übertragen Sie Ihre Angst davor möglicherweise auf soziale Situationen im Allgemeinen. Glücklicherweise können Sie sich selbst weniger anfällig für soziale Ängste machen, indem Sie sich wiederholt zwischenmenschlichen Situationen aussetzen, in denen Sie sich sicher und willkommen fühlen.

Auch das Vorhandensein von depressiven Gefühlen wird über das Energieniveau kommuniziert, um Ihnen zu signalisieren, dass Ihr wahres Selbst in Ihrer derzeitigen Situation zu kurz kommt. Das mag kaum erwähnenswert erscheinen, doch ist es erstaunlich, wie oft wir weitermachen, obwohl wir spüren, dass unser Energieniveau sinkt, weil wir uns einreden, dass es das Richtige ist. Auf lange Sicht geht das meistens schief.

## 2. Finden Sie heraus, was Ihre Gefühle bedeuten

Für emotional unreife Eltern besteht Mitgefühl darin, ihrem Kind zu sagen, dass es keinen Grund hat, sich schlecht zu fühlen. Die Ablehnung gegenüber den Gefühlen ihres Kindes ist manchmal so ausgeprägt, dass das Kind beschließt, allein damit fertigzuwerden. Auf die Ängste ihres Kindes reagieren solche Eltern beispielsweise mit Sprüchen wie »Es gibt nichts, wovor man Angst haben muss«, statt ihm zuzuhören und sich erklären zu lassen, wovor es Angst hat. Es gibt wohl kaum etwas, was die Selbstentfremdung eines Menschen so stark befeuert wie die Behauptung, es gäbe keinen Grund für das, was er fühlt.

Wenn ein Elternteil Ihnen beibringt, Ihre Gefühle zu ignorieren, signalisiert er Ihnen damit nichts anderes, als dass Ihre innere Welt nicht zählt. Dies untergräbt Ihre Beziehung zu sich selbst. Aber verdrängte Gefühle verschwinden nicht einfach, sie tauchen nur tiefer ab. Die systematische Verdrängung von Gefühlen äußert sich dann irgendwann in klassischen Symptomen wie Depressionen, Angststörungen oder Verhaltensauffälligkeiten.

Deshalb ist es immer gut, die Ursache der eigenen Gefühle zu erforschen. Vertrauen Sie darauf, dass Ihre Gefühle begründet sind, und denken Sie darüber nach, was unmittelbar vor diesen Gefühlen passiert ist. Wenn Sie sie so behandeln, als ergäben sie einen Sinn, signalisieren Sie Ihrem inneren Selbst, dass es mit Ihnen sprechen kann und dass Sie ihm zuhören.

## 3. Weigern Sie sich, sich selbst zu kritisieren und zu verurteilen

Kinder emotional unreifer Eltern neigen dazu, sehr selbstkritisch zu sein, da ihre Eltern Kritik für das einzige Mittel halten, sie zu verantwortungsbewussten Menschen zu erziehen. Letzten Endes hat man das Gefühl, die Erwartungen anderer nie erfüllen zu können und sich ständig optimieren zu müssen. Die permanente Bewertung der eigenen Person erreicht irgendwann einen Punkt, an dem sie nicht mehr konstruktiv, sondern kontraproduktiv ist.

Vielleicht denken Sie wie Ihre Eltern, dass Selbstkritik Sie zu einem besseren Menschen macht. Aber Selbstkritik führt genauso wenig zur Verbesserung, wie der Angriff auf das Selbstwertgefühl eines Kindes mehr Selbstvertrauen zeitigt. Selbstkritik ist kein Mittel, um eine Beziehung zu sich selbst aufzubauen. Sie verdammt Sie zu einem Leben, das von Ängstlichkeit und Abhängigkeit geprägt ist, weil nichts mehr zählt als die Meinung anderer über Sie.

Statt sich selbst zu verurteilen, sollten Sie sich überlegen, was Sie gegebenenfalls ändern möchten, welche Schritte Sie dazu unternehmen wollen, und sich Unterstützung suchen. Auch wenn Sie Ihr früheres Verhalten bedauern, muss das nicht in permanenter Selbstkritik ausarten. Sobald Ihnen klar geworden ist, was Sie gern anders gemacht hätten, haben Sie Ihre Lektion bereits gelernt und können sich jetzt, da Sie es besser wissen, selbst verzeihen.

### Übung
### Entlarven Sie Selbstkritik

Stellen Sie sich jedes Mal, wenn Sie hart mit sich ins Gericht gehen oder abwertend über sich selbst denken, die Frage: »Wie würde es sich anfühlen, dies von einer anderen Person zu hören?« Halten Sie inne, um herauszufinden, welche Gefühle diese Selbstkritik auslöst, und schreiben Sie dann auf, wie Sie sich nun fühlen. Wenn Sie sich dabei ertappen, wie Sie sich selbst angreifen, können Sie das sofort ändern: Zum Beispiel können Sie »Wie dumm bin ich eigentlich?« in »Ich werde versuchen, das nicht mehr zu tun« umwandeln. Freuen Sie sich, wenn Sie merken, wie viele dieser alten Glaubenssätze sich positiv umformulieren lassen.

## 4. Finden Sie heraus, was Sie brauchen

Wenn Sie dazu erzogen worden sind, andere stets an die erste Stelle zu setzen, ist Ihnen vielleicht sogar Ihr Gespür für ganz grundlegende körperliche Bedürfnisse wie Ruhe, Schlaf oder Erholung abhandengekommen. Wer früh im Leben darauf getrimmt wurde, sich selbst zu vernachlässigen, muss sich jetzt sehr bewusst um die eigene Person kümmern.

Manchmal verhindern emotional unreife Eltern auch, dass sich ihr Kind seiner sozialen Bedürfnisse bewusst wird, indem sie es emotional isolieren, damit es für ihre eigenen Zwecke verfügbar ist. Sobald Sie mehr auf Ihr inneres Selbst hören, entdecken Sie vielleicht, dass Sie sich mehr soziale Kontakte, Gruppenaktivitäten oder gesellschaftliches Engagement wünschen, als Sie gedacht haben. Wenn Sie eine bessere Beziehung zu sich selbst aufbauen, entwickeln Sie zum Glück mehr und mehr Selbstvertrauen und werden beim Knüpfen neuer, positiver Kontakte immer selbstsicherer.

## 5. Malen Sie sich aus, worin für Sie der Sinn des Lebens besteht und wohin Sie gehören

Emotional unreife Eltern begegnen der Suche nach einem sinnvolleren und erfüllenderen Leben oft mit Skepsis und Spott. Da sie sich von ihrer eigenen inneren Welt völlig entfremdet haben, können sie nicht nachvollziehen, inwiefern Tagträume produktiv sein könnten. Dabei sind Tagträume sehr wichtig, um herauszufinden, wie sich das eigene Leben erfüllender gestalten lässt.

Ihr inneres Selbst drängt Sie dazu, zu träumen und sich in Lebensumstände hineinzuversetzen, die besser zu Ihnen passen. Vielleicht wissen Sie noch nicht, was Ihr Lebensziel ist oder mit wem Sie Ihr Leben verbringen wollen, aber sobald Sie anfangen, Ihren Blick nach innen zu wenden, werden Sie sich energiegeladener und hoffnungsvoller fühlen. Tagträume sind immer der erste Schritt auf dem Weg zu einem sinnvolleren und lohnenderen Dasein.

## Schätzen Sie Ihr inneres Erleben und priorisieren Sie Selbstfürsorge

Erwachsene Kinder emotional unreifer Eltern vernachlässigen oft Selbstschutz und Selbstfürsorge, weil sie gelernt haben, dass man nur dann als gut gilt, wenn man andere an die erste Stelle setzt. Vielleicht sollten auch Sie zugunsten Ihres eigenen Schutzes und Ihrer Selbstfürsorge den Wert Ihres inneren Erlebens überdenken. Im Folgenden finden Sie fünf Möglichkeiten, wie Sie sich in Ihrem eigenen Leben den Vorrang geben.

### 1. Bestimmen Sie Ihren Wert

Haben Sie sich schon einmal hingesetzt und bewusst eine Entscheidung darüber getroffen, ob Sie und Ihre Gefühle wertvoll sind oder nicht? Die meisten Menschen haben das noch nie getan. Sie *fühlen* sich je nach Situation wertvoll oder nicht, legen aber ihren Wert als menschliches Wesen mit seinem eigenen inneren Erleben nie fest. Emotional unreife Eltern fördern die Selbsteinschätzung ihrer Kinder nicht, da sie selbst bestimmen wollen, was wertvoll ist. Diese Selbsteinschätzung ist aber für Sie enorm wichtig. Wie sollen Sie die Motivation aufbringen, sich selbst zu schützen oder Ihre Gedanken ernst zu nehmen, wenn Sie Ihr inneres Erleben nicht für wertvoll halten? Was Sie sich zugestehen, hängt davon ab, wie sehr Sie sich selbst und Ihr inneres Erleben wertschätzen.

## Übung
## Wissen Sie Ihr inneres Erleben zu schätzen?

Um wertvolle und ausgeglichene Beziehungen zu führen, muss man zunächst lernen, sein eigenes inneres Erleben zu schätzen. Wenn Sie sich selbst nicht interessant und wichtig finden, ist es unwahrscheinlich, dass Sie jemanden finden, der das tut. Machen Sie sich anhand der folgenden Aussagen bewusst, wie sehr Sie sich selbst schätzen. Antworten Sie spontan, ohne lange nachzudenken. Ordnen Sie jeder Aussage eine Zahl auf einer Skala von null bis zehn zu. Null bedeutet »Das glaube ich überhaupt nicht« und zehn bedeutet »Das glaube ich voll und ganz und lebe auch danach«:

1. Ich bin es wert, dass man sich um mich kümmert.
2. Ich bin es wert, dass man mir zuhört.
3. Ich bin es wert, verstanden zu werden.
4. Ich bin es wert, dass ich zuerst an meine Bedürfnisse denke.
5. Meine Gefühle sind in jeder Interaktion von Bedeutung.

Je nachdem, wie Sie sich selbst mit Blick auf die Aussagen einschätzen, sehen Sie, in welchen Situationen Sie möglicherweise die Abwertung anderer hinnehmen, weil Sie diese auch sich selbst gegenüber empfinden. Wenn Sie bei einer Aussage nur wenige Punkte vergeben haben, deutet dies darauf hin, dass Sie Ihrer eigenen Person gegenüber mehr Unterstützung und Wohlwollen zeigen sollten. Nutzen Sie diese Information, um für sich Partei zu ergreifen und eine loyalere Beziehung zu sich selbst aufzubauen, wenn Sie dazu neigen, Ihre innere Welt in irgendeinem Bereich abzuwerten.

## 2. Achten Sie Ihre Gefühle, um sich selbst zu schützen

Wenn Sie schon einmal große Zuneigung für einen anderen Menschen empfunden haben, können Sie sich sicher vorstellen, wie stark Ihr Beschützerinstinkt ist und wie wütend Sie werden, sollte dieser Mensch, besonders wenn es sich um ein Kind handelt, schlecht behandelt werden. Können Sie so empfinden, wenn es um Sie selbst geht?

Viele Menschen haben das Gefühl, sich nicht wehren zu dürfen, und neigen stattdessen zum Groll. Leider ist Groll eine passive Reaktion und hilft nicht, sich selbst zu schützen oder für sich selbst einzutreten. Selbstschutzinstinkte können anfangs beängstigend sein, weil sie mit heftigen Gefühlen einhergehen: Empörung, Entrüstung oder gar Hass. Das ist nur das emotionale Signal, dass jemand versucht hat, Sie zu kontrollieren oder zu beherrschen. Diese Gefühle sagen Ihnen, dass Ihr inneres Erleben wichtig ist und geschützt werden muss.

## 3. Sorgen Sie dafür, dass Ihre innere Welt zählt

Kinder messen ihren Wert daran, wie ihre Eltern auf ihre innere Welt eingehen. Sie fühlen sich in dem Maße wertvoll, wie ihr inneres Erleben respektiert und angenommen wird. Was Sie sich selbst sagen können, um eine wertschätzende Beziehung zu sich selbst aufzubauen, lesen Sie hier:

1. *Ihr inneres Erleben zählt.* Zeigen Sie Interesse an Ihren Gedanken, Gefühlen und Träumen.
2. *Ihre innere Welt ist es wert, verteidigt zu werden.* Seien Sie Ihren Gefühlen gegenüber loyal und schützen Sie Ihre Interessen, wann immer Sie sich bedroht fühlen.

3. *Ihre Gefühle und Gedanken sind genauso wichtig wie die Ihres Gegenübers.* Sorgen Sie lieber für sich selbst als für andere.
4. *Ihre Fehler sind harmlos.* Wenden Sie sich nicht gegen sich selbst, wenn Ihnen ein Fehler unterläuft, und machen Sie sich nicht schlecht.
5. *Ihre innere Welt ist es wert, dass Sie sich damit beschäftigen.* Hören Sie auf Ihre Gedanken und Gefühle und nehmen Sie sich selbst ernst.
6. *Sie sind es wert.* Genießen Sie die Zeit mit sich selbst und tun Sie Dinge einfach nur deshalb, weil Sie Ihnen ein gutes Gefühl geben.

Wenn Sie noch mehr Beweise dafür brauchen, wie wertvoll eine gute Beziehung zu Ihrer inneren Welt ist, denken Sie an all die Menschen, die großen Erfolg hatten, weil sie ihre Interessen ernst nahmen, tief in sich hineinhorchten und auf die Signale ihrer inneren Welt achteten. Bei berühmten Schauspielern, Nobelpreisträgern, großen Musikern und weltberühmten Künstlern begrüßen wir es, dass sie sich ihrer selbst bewusst sind. Niemand fragt, ob diese Menschen ihrer inneren Welt so viel Aufmerksamkeit schenken sollten. Niemand fragt, ob es richtig ist, dass sie ihre Zeit und Energie gegen die Ansprüche anderer verteidigen. Nichts anderes sollten auch wir tun.

## 4. Machen Sie Selbstfürsorge zur Priorität: Seien Sie sich selbst ein guter Elternteil

Selbstfürsorge zu einer Priorität zu machen, ist eine ausgezeichnete Möglichkeit, die vernachlässigte Beziehung zu sich selbst zu verbessern. Wie ein fürsorglicher Vater oder eine fürsorgliche Mutter sorgen Sie nicht nur für Ihr Überleben, sondern auch für Ihre persönliche Entwicklung. Sie lieben sich selbst, einfach weil Sie da sind. Indem Sie sich selbst so wertschätzen, wie es liebevolle Eltern tun würden, räumen Sie alle alten Zweifel an Ihrem Wert beiseite. Durch »Selbstloyalität« unterstützen Sie sich unvoreingenommen und bedingungslos.

Indem Sie sich selbst eine gute Mutter oder ein guter Vater sind, heben Sie die von geringem Selbstwertgefühl und emotionaler Vernachlässigung geprägten generationenübergreifenden Traumata auf. Vielleicht sind Sie das erste Mitglied Ihrer Familie, das merkt, welch großen Unterschied es für die eigene Lebensqualität macht, wenn man sein inneres Erleben wertschätzt.

Seien Sie sich selbst eine gute Mutter oder ein guter Vater und sprechen Sie sich selbst Mut zu, wenn Sie sich einsam, entmutigt oder überfordert fühlen oder versucht sind, sich selbst zu kritisieren. Anstatt diese aufmunternden Gedanken nur zu denken, versuchen Sie, sie leise vor sich hin zu flüstern oder laut auszusprechen, während Sie sie in Ihr Tagebuch schreiben. Es hilft wirklich, die eigene Stimme zu hören, die einem Mut zuspricht.

## Übung
## Sich selbst Trost spenden

Keimen Überforderung, Angst oder Verzweiflung in Ihnen auf, schreiben Sie jede Sorge oder befürchtete Konsequenz auf und sprechen Sie sie laut aus, so unbedeutend sie auch sein mag. Achten Sie besonders auf Ihre Angst davor, als unzulänglich oder schlecht bloßgestellt zu werden (Duvinsky 2017). Indem Sie sich Ihre Ängste und befürchteten Unzulänglichkeiten eingestehen, verlieren sie bereits ihren Schrecken. Vielleicht ist es Ihnen peinlich, einige dieser Ängste aufzuschreiben, aber lassen Sie sich davon nicht abhalten. Es funktioniert.

Wenn Sie alle Ihre Ängste notiert haben, fühlen Sie sich in Ihr verängstigtes und überfordertes kindliches Ich hinein. Dann schreiben Sie und sprechen Sie mit sich selbst, wie es ein einfühlsamer Elternteil tun würde. Zunächst ist es wichtig, sich klarzumachen, dass sich *jeder* von Zeit zu Zeit überfordert fühlt und dass es *normal* ist, sich so zu fühlen. Nehmen Sie Ihre Ängste absolut ernst und versichern Sie sich, dass Sie nicht allein sind und dass Sie die Hilfe bekommen, die Sie brauchen. Das innere Kind auf diese Weise zu trösten, ist eine gute Möglichkeit, Selbstakzeptanz zu üben.

## 5. Erkunden Sie Ihre innere Welt und erleben Sie emotionale Erneuerung

Glücklicherweise ist man in der heutigen Zeit viel aufgeschlossener gegenüber Aktivitäten, die der inneren Welt zugutekommen, wie zum Beispiel Meditation, Achtsamkeitsübungen und Tagebuchschreiben. Wissenschaftler haben festgestellt, dass Praktiken, die die Beziehung zur eigenen inneren Welt stärken, positive Auswirkungen sowohl auf die körperliche als auch auf die psychische Gesundheit haben. Aktivitäten, die sich dem eigenen Innenleben widmen, können Ängste abbauen, inneren Frieden bringen und das unschätzbare Gefühl von Lebendigkeit vermitteln. Sie schützen Sie auch davor, von einer emotional unreifen Person vereinnahmt zu werden, und unterstützen Sie dabei, sich des Wertes Ihres Innenlebens bewusst zu werden.

**Achtsamkeit.** Sie können Achtsamkeit in Ihrem Alltag praktizieren (Nhat Hanh 2012). Alles, was es dazu braucht, ist die Bereitschaft, im gegenwärtigen Moment zu leben und sich in die eigenen unmittelbaren Sinneswahrnehmungen zu vertiefen.

Auf diese Weise verspüren Sie eine neue Lebendigkeit, weil Sie ganz und gar im Augenblick leben.

Vielleicht probieren Sie einmal diese Achtsamkeitsübung aus: Nehmen Sie sich zwei Minuten Zeit, um Ihre Hand so wahrzunehmen, als würden Sie sie zum ersten Mal sehen. Achten Sie auf alles an Ihrer Hand: die äußere Form, den Geruch, die Beschaffenheit, den Faltenverlauf, die Wölbungen, die dunklen und hellen Stellen. Ertasten und drücken Sie die weichen und harten Stellen und fühlen Sie ihre Temperatur. Wie viele Farben können Sie erkennen? Suchen Sie nach unentdeckten Aspekten und erleben Sie deren Realität, bis die Zeit abgelaufen ist. Achten Sie darauf, wie Sie sich danach fühlen.

**Meditation.** Beim Meditieren widmen Sie sich hingebungsvoll Ihrer inneren Welt, wodurch Sie sich geistig erfrischt und entspannt fühlen (Kornfield 2015). Meditation wirkt sich nachweislich positiv auf die körperliche, geistige und emotionale Gesundheit aus (Kabat-Zinn 2019). Sie können an Meditationskursen teilnehmen, online meditieren oder eine Meditations-App nutzen (zum Beispiel Headspace oder Insight Timer). Beim Meditieren sitzt man ruhig mit geschlossenen Augen. Man entspannt den Körper, ignoriert alles, was einen ablenkt, konzentriert sich auf den Atem und lässt die Gedanken vorbeiziehen, ohne an ihnen festzuhalten. Meditation offenbart, dass, sobald man sich von der äußeren Welt löst, ein weitläufiges inneres Reich in uns existiert, das einzigartig und lebendig ist und dessen Erforschung unsere Reserven wieder auffüllt. Durch Meditation erhält man eine direkte Bestätigung der Existenz seiner inneren Welt.

**Ein Tagebuch führen.** Durch das Aufschreiben von Gedanken, Gefühlen, Beobachtungen und Träumen nähert man sich dem eigenen inneren Erleben an. Schriftsteller, Wissenschaftler, Reisende und Entdecker haben Tagebuch geführt, um ihre Wahrnehmung zu schärfen und Gedanken zu präzisieren. Um besser zu verstehen, wie Träume Ihre persönliche Weiterentwicklung lenken, können Sie entsprechende Literatur zu Hilfe nehmen.

Nachdem Sie sich nun auf eine bessere Beziehung zu sich selbst konzentriert haben, werden wir uns als Nächstes damit beschäftigen, wie Sie die Fehlprogrammierung Ihres Denkens korrigieren und Ihr Selbstbild überdenken können.

## Das Wichtigste in Kürze

Um eine gute Beziehung zu sich selbst aufrechtzuerhalten, müssen Sie zu schätzen wissen, was Ihre innere Welt zu Ihrem Leben beiträgt. Vielleicht haben Sie Ihr internes Erleben zugunsten einer emotional unreifen Agenda vernachlässigt, doch jetzt ist es an der Zeit, diese Welt als die Quelle Ihrer Selbstführung und Selbstfürsorge anzuerkennen. Indem Sie ihre Signale wieder ernst nehmen, sich selbst bewusst wertschätzen und schützen und die Verbindung zu Ihrer inneren Welt durch Achtsamkeit, Meditation oder das Führen eines Tagebuchs verbessern, können Sie die Selbstentfremdung wieder rückgängig machen.

## Kapitel 8

# Mental Clearing – die Kunst, zu geistiger Klarheit zu gelangen

### Schaffen Sie Raum für Ihre eigenen Gedanken

Möglicherweise haben Ihre emotional unreifen Eltern Ihnen ein schlechtes Gewissen gemacht, wenn Sie nicht ihrer Meinung waren, was dazu führte, dass Sie Ihre Gedanken in deren Gegenwart streng kontrollierten. Auch wenn Sie heute die Überzeugungen Ihrer Eltern teilweise ablehnen, ist Ihnen das, was diese für akzeptabel hielten, immer noch sehr präsent. Aber es ist möglich, sich gedanklich von diesen Einflüssen zu lösen, um den Kopf freizubekommen, damit er wieder ganz in Ihrem Sinne handeln kann. *Mental Clearing* – etwa »geistige Klärung« – ist der Prozess, bei dem Sie aussortieren, welche Gedanken wirklich Ihre eigenen sind und welche von anderen übernommen wurden.

Wenn Sie Herr Ihrer Gedanken sind, haben Sie keine Angst vor dem Urteil anderer und können objektiv denken. Tief in Ihrem Inneren wissen Sie, ob etwas Sinn ergibt oder nicht. Ein klares Denken, das durch Ihr inneres Erleben bestätigt wird, ist nicht anfällig für logische Fehlschlüsse oder Schuldgefühle. Unabhängiges Denken und emotionale Autonomie ermöglichen es Ihnen, frei zu denken, auch wenn jemand Ihnen unbedingt vorschreiben will, was Sie zu denken haben. Diese Fähigkeit, unter Berücksichtigung des eigenen inneren Erlebens und Fühlens klar zu denken, ist das Wesen emotionaler Intelligenz (Goleman 1997).

## Scham und Schuldgefühle können Sie daran hindern, frei zu denken

Für Ihre Individualität und Autonomie ist es wichtig, einen eigenen Kopf zu haben und frei zu denken. Mit Ihren Gedanken tun Sie niemandem weh, auch wenn jemand vielleicht versucht, Ihnen Schuldgefühle einzureden. Denken ist ein innerer Prozess, kein zwischenmenschlicher. Gedanken entstehen plötzlich aus unserem Überlebensinstinkt und unserem instinktiven Bedürfnis nach Sicherheit und Lustgewinn. Sie sind unser persönliches geistiges Rohmaterial und als solches weder gut noch schlecht. Emotional unreife Menschen beurteilen Ihre Gedanken, um sicherzustellen, dass Ihre Überzeugungen mit den ihren übereinstimmen.

### *Johns Geschichte*

*Mein Klient John war in seinem Beruf ein erfolgreicher Fachmann, aber in der Beziehung mit seiner Freundin fiel es ihm schwer, klar und entschieden zu denken. Eines Tages erkannte er, warum er dazu neigte, seine Vorlieben in Gegenwart seiner Freundin zu zensieren:*

*»Ich bin in dem Bewusstsein aufgewachsen, dass meine Gedanken nicht nur schambesetzt, sondern auch nie meine Privatsache waren. Sie zu denken, war riskant, da meine Eltern gern Spielchen mit mir spielten. Sie fragten mich, was ich über etwas dachte, um mich dann dafür zu verurteilen. Meine Gedanken waren nur akzeptabel, wenn*

*sie die Überzeugungen meiner Eltern widerspiegelten. Sonst wurden sie als falsch, seltsam oder irrig verspottet. Ich versuchte, meine Gedanken gegenüber meinen Eltern für mich zu behalten, da sie sofort in den Urteilsmodus übergingen, sich das Kinn rieben und meinten: ›Nun, was halten wir von dieser Idee von John?‹ Ich hatte stets das Gefühl, dass ihr Urteil entweder ›Das ist ein guter Gedanke, dem wir zustimmen‹ oder ›Deine Meinung ist nichts wert, du Idiot‹ lautete.«*

Wie Johns Beispiel zeigt, können andere einem auch wegen der eigenen *Gedanken* Schuld- und Schamgefühle auferlegen, obwohl man niemandem etwas getan hat. Die wenigen Male, die John als Kind anderer Meinung als seine Mutter war, bestrafte sie ihn mit Schweigen. Er zahlte einen hohen Preis für seine eigene Meinung: »Ich war wie tot für sie, bis ich aufhörte, ›falsch‹ zu denken«, sagte er. Es ist schwierig, seinen eigenen Standpunkt zu vertreten, wenn man weiß, dass man dafür bestraft wird. Da emotional unreife Eltern immer recht haben müssen, bestrafen sie ihre Kinder mit Ablehnung, wenn sie nicht ihrer Meinung sind.

Im Erwachsenenalter ist es kontraproduktiv, immer die Meinung anderer zu übernehmen, anstatt sich zu fragen, was man selbst denkt. Aber emotional unreife Eltern bringen einem genau das bei; sie geben einem das Gefühl, rebellisch oder egoistisch zu sein, wenn man nicht bei jedem Gedanken zuerst an sie denkt.

## Emotional unreife Eltern betrachten freies Denken als Illoyalität

In der Welt dieser Eltern dreht sich alles um das Gefühl, wichtig zu sein, respektiert zu werden und alles unter Kontrolle zu haben. Was passiert, wenn man seine eigenen Gedanken und Meinungen hat? Man wird als illoyal angesehen. Für solche Eltern mit ihrem Alles-oder-nichts-Denken bedeutet Ihre abweichende Meinung, dass Sie sie unmöglich lieben oder respektieren können. Aus diesem Grund haben Sie vielleicht gelernt, Ihre ehrliche Meinung vor ihnen zu verbergen. Aber vielleicht sind Sie wie John noch einen Schritt weitergegangen und haben Ihre wahren Ansichten auch vor sich selbst verborgen, um sich nicht wie ein schlechter Mensch zu fühlen.

Wenn Eltern ihren Kindern beibringen, dass bestimmte Ideen verboten sind, führt das dazu, dass die Kinder sich wegen ihrer Gedanken schuldig fühlen. Einige meiner Klienten erinnern sich daran, wie sehr sie sich schämten und wie getroffen sie sich fühlten, wenn ihre Eltern sagten: »So etwas darfst du nicht einmal denken!« Oder: »Wie kannst du es wagen, auch nur so zu denken?« Die Botschaft war, dass sie nur dann anständige Menschen waren, wenn sie die Dinge aus der Perspektive ihrer Eltern sahen. Sobald diese ihre Kinder dazu gebracht haben, die eigenen Gedanken einzuschränken und abzulehnen, haben sie die Kontrolle über deren Denken.

Aber wenn andere Ihre Ansichten benutzen, um Ihre Liebe und Loyalität zu ihnen auf die Probe zu stellen, ist das geistiger Missbrauch. Wenn Ihr erster Gedanke »Bin ich loyal?« ist statt »Was denke ich darüber?«, sind Sie nicht in der Lage, klar zu denken. Stattdessen erfinden Sie inkongruente Rechtfertigungen, um den Anforderungen Ihrer Eltern gerecht zu werden.

Angesichts dieser emotionalen Erpressung sind Sie vornehmlich damit beschäftigt, Ihre eigenen Gedanken zu kontrollieren, um Schamgefühle zu vermeiden und das Selbstwertgefühl anderer zu schützen, koste es, was es wolle.

***Ashleys Geschichte***

*Ashley war deprimiert und erschöpft. Sie hatte einen anspruchsvollen Job im Verkauf und versuchte gleichzeitig, sich um ihre ältere Mutter zu kümmern, die in einem betreuten Wohnen untergebracht war und Ashley ständig mit Forderungen bombardierte. Ashleys Mutter warf ihr vor, sie nicht täglich anzurufen und sie nicht oft genug zu besuchen.*

*Ashley war wütend und verärgert darüber, dass ihre Mutter so wenig Rücksicht auf ihre Situation nahm, aber sie erlaubte sich nicht, vernünftige Grenzen zu setzen, weil ihr von Schuldgefühlen geplagter Verstand sich immer wieder zu Wort meldete: »Ich bin alles, was sie hat.«*

*Sie lebte in einer Einrichtung, in der ein reges soziales Leben und eine aufgelockerte Stimmung herrschten, aber Ashley wehrte sich nicht gegen den Anspruch ihrer Mutter, ihre erste Ansprechpartnerin zu sein. Die Mutter ähnelte mit ihrer fordernden Haltung einem Kleinkind, das jeden zurückweist und sich nur von Mama oder Papa helfen lässt.*

*Glücklicherweise gelang es Ashley zu erkennen, dass sie erstens ihrer Mutter gegenüber keine Elternrolle innehatte, zweitens ihre Mutter nicht das Recht hatte, zu bestimmen, wer sich um ihre Bedürfnisse kümmerte, und sie drittens zwar die Pflege überwachen, aber nicht in Vollzeit arbeiten und gleichzeitig auf Abruf ihrer Mutter zur Verfügung stehen konnte. Nachdem Ashley dies verstanden hatte, war sie sehr erleichtert. Sie stellte auch fest, dass sie weniger nachtragend und mehr an der Pflege ihrer Mutter interessiert war, als sie aufhörte, sich illoyal zu fühlen, weil sie an ihre eigenen Bedürfnisse dachte.*

## Emotional unreife Eltern versuchen, einem vorzuschreiben, was man zu denken hat

Anstatt Ihr Recht auf eigenes Denken zu respektieren, glauben Ihre Eltern, dass *sie* das Recht haben, Ihnen weitgehend vorzuschreiben, was Sie denken sollen. Die Abbildung stellt dar, wie emotional unreife Eltern Ihnen gedanklich ihre Agenda aufdrängen und Ihnen nur wenig Raum für Ihre eigenen Gedanken lassen.

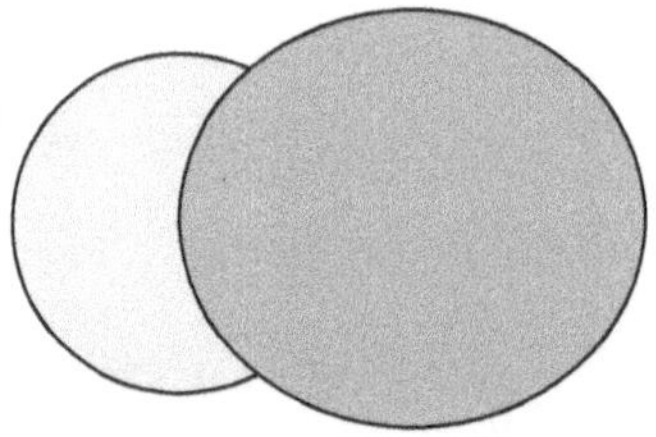


Der Kreis auf der linken Seite stellt Ihre Gedanken dar; der Kreis auf der rechten Seite symbolisiert die Meinungen und Überzeugungen emotional unreifer Eltern

Stellen Sie sich den Bereich links, wo sich die beiden Kreise überlappen, als den Teil Ihres Denkens vor, der von den Überzeugungen Ihrer Eltern überschattet wird. Dieser Teil Ihres Denkens wurde so sehr in Beschlag genommen, dass Sie sich nun zwanghaft Gedanken darüber machen, wie die emotional unreife Person, mit der Sie es zu tun haben, auf Ihre Pläne reagieren wird. Ähnlich wie bei John oder Ashley können Sie sich die Probleme vorstellen, die diese gedankliche Vereinnahmung im Erwachsenenalter verursacht. Wie die nächste Abbildung zeigt, ist es schwierig, unabhängig zu denken, wenn man von einer emotional unreifen Person unter Druck gesetzt wird, da einem nicht die gesamte Bandbreite seines Denkens zur Verfügung steht.

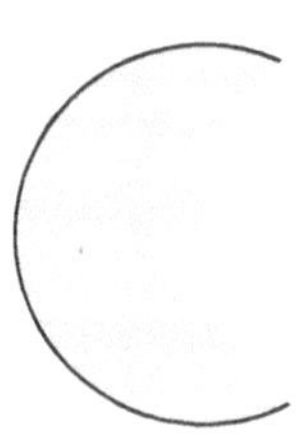


Der Bereich Ihres Denkens, der unabhängig vom Druck durch die emotional unreife Person für eigenständiges Denken zur Verfügung steht

Diese verminderte geistige Kapazität ist ein großes Problem, da kreatives Denken voraussetzt, dass man Zugang zu seinem vollen geistigen Potenzial hat, unabhängig davon, wohin der nächste Gedanke führt. Kreativität und Problemlösungskompetenz nehmen ab, wenn man anfängt, Gedanken zu zensieren, die für die emotional unreife Person in Ihrem Leben beleidigend oder bedrohlich sein können. Wer seinen Ideen Grenzen setzt, nur weil sie jemanden vor den Kopf stoßen könnten, kann nicht gut Probleme lösen. Wie die nächste Abbildung zeigt, steht Ihnen Ihr unabhängiges Denken wieder in vollem Umfang zu Verfügung, sobald Sie es der Kontrolle der emotional unreifen Person entziehen, und Ihre Ideen können wieder frei fließen.

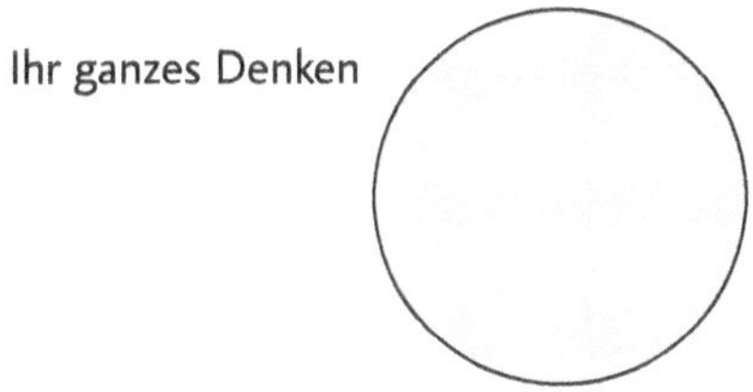


## Übung

### Was es bedeutet, wenn Ihr Denken Beschränkungen unterliegt

Schauen Sie sich die Abbildung (S. 208 unten) mit der »Gedankensichel« an und schreiben Sie in Ihr Tagebuch, wie es sich anfühlen würde, wenn Ihr Denken so stark eingeschränkt wäre. Vielleicht haben Sie schon einmal erlebt, dass Ihnen jemand, der emotional unreif ist, vorschreibt, wie Sie denken sollen. Wenn ja, schreiben Sie Ihre Erfahrungen auf. Wie haben Sie sich dabei gefühlt?

Voraussetzung für respektvolle Beziehungen ist, dass jeder Mensch frei ist, seine eigenen Gedanken zu haben. In sehr erfüllenden Beziehungen denken beide Seiten ihre eigenen Gedanken und nutzen ihr gesamtes geistiges Potenzial, ohne sich gegenseitig zu verurteilen oder zu korrigieren. In der nächsten Abbildung sehen Sie, wie zwei gleichberechtigte Personen gedanklich in eine Beziehung treten, in der es nicht um Dominanz, sondern um den Austausch von Gedanken geht.

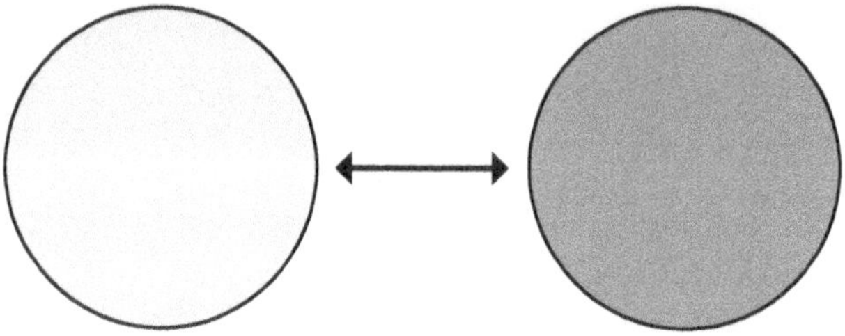

Zwei Personen beim gleichberechtigten Gedankenaustausch

Sich selbst zu erlauben, alle eigenen Gedanken zu akzeptieren, ist ein erster großer Schritt auf dem Weg zu einem selbstbestimmten Leben. Frei für sich selbst zu denken, ist ein wichtiges Zeichen persönlichen Wachstums. Sie brauchen der emotional unreifen Person Ihre Gedanken nur dann mitzuteilen, wenn Sie sich dabei wohlfühlen. Später, wenn es für Sie selbstverständlich geworden ist, können Sie mehr von sich preisgeben, je nach Ihrem persönlichen Stil. Aber es gibt keinen Grund, etwas zu überstürzen. Zunächst geht es darum, wieder frei und unzensiert zu denken.

## Sie brauchen beim Denken nicht freundlich zu sein

Anstatt ihrem Kind das Denken beizubringen, bringen emotional unreife Eltern es dazu, sich für das zu verurteilen, was es denkt. Für diese Eltern ist Denken immer eine Frage der Moral. Wenn sie sich durch die offenen, ehrlichen Gedanken ihres Kindes bedroht fühlen, gehen sie zum Angriff über. Durch ihre verletzte, beleidigte oder entsetzte Reaktion geben sie dem Kind unmissverständlich zu verstehen, dass man nur dann gut ist, wenn man in ihrem Sinne »nette« Gedanken hat.

Deshalb ist es wichtig zu verstehen, dass man nicht nett sein muss, wenn man denkt. Zum Glück gibt es keine Gedankenpolizei und es ist völlig in Ordnung, das zu denken, was einem in den Sinn kommt. Originäre Gedanken machen einen großen Teil Ihrer Individualität aus und sind die Grundlage für kreative Problemlösungen.

### *Shelbys Geschichte*

*Normalerweise fühlte sich meine Klientin Shelby schuldig, wenn sie »unfreundliche« Gedanken über ihre Eltern hegte. Um Klarheit darüber zu gewinnen, wie sie über ihre Eltern dachte, schrieb Shelby einen Brief an sie (den sie nie abschickte). Darin erklärte sie, warum sie nur noch sporadisch Kontakt zu ihnen hatte:*

*Liebe Mama, lieber Papa,*
*ihr fragt euch, warum ich auf Distanz gehe, aber ohne Augenhöhe können wir keine Beziehung führen, die auf Gegenseitigkeit beruht. Ihr habt mich immer kritisiert und verurteilt. Das Zusammensein mit euch hat mich traumatisiert. Dabei mag ich euch nicht mal besonders. Ihr behandelt mich wie ein Dummchen, aber die Wahrheit ist, dass ihr manchmal so ge-*

> *mein seid, dass ich in eurer Gegenwart keinen klaren Gedanken fassen kann. Ich fühle mich bei euch nicht sicher. Wenn ich euch wieder ins Netz gehe, werde ich mich schlecht fühlen und noch schlechter über euch denken. Ständig erzählt ihr mir, dass ich nicht genug bin oder dass ich nichts richtig mache. Deshalb habe ich das Recht, nichts mehr mit euch zu tun haben zu wollen. Ihr habt mich schlecht behandelt. Ich darf mich von euch lossagen und mir nette Menschen suchen, mit denen ich mich wohlfühle. Ihr hattet keinen Grund, mich so schlecht zu behandeln, nur damit ihr euch besser fühlt.*

*Nachdem Shelby ihre wahren Gedanken aufgeschrieben hatte, verspürte sie große Erleichterung. Auch Sie können üben, das, was Sie wirklich denken, schriftlich festzuhalten und dabei auch Ihre Ängste zuzulassen. Auf diese Weise üben Sie zu akzeptieren, was Sie denken. Sie brauchen es niemandem zu schicken.*

## Und wenn sie wissen, was ich denke?

Kinder sind sich nicht bewusst, dass das, was sie denken, ihre Privatsache ist. Sie gehen davon aus, dass andere ihre Gedanken und geheimen Reaktionen lesen können. Aussagen der Eltern wie »Ich weiß, was du denkst« oder »Ich habe Augen am Hinterkopf« nehmen sie wörtlich. Kinder können bis ins Erwachsenenalter hinein eine irrationale Angst davor haben, dass andere merken, wenn sie unfreundliche Dinge über sie denken. Andere können aber nicht Ihre Gedanken lesen, es sei denn, Ihre Mimik oder Ihr Verhalten verraten Sie.

Kinder haben nicht nur Angst, dass ihre Gedanken aufgedeckt und bestraft werden, sie wollen ihren Eltern auch nicht wehtun. Kinder emotional unreifer Eltern sind sich der Verletzlichkeit ihrer Eltern sehr bewusst. Die Vorstellung, wie gekränkt ihre Eltern wären, wenn sie wüssten, was sie wirklich denken, tut ihnen weh.

Das Heilmittel gegen die unbegründete Angst, Ihre geheimen Gedanken könnten auffliegen, besteht darin, in der Gegenwart Ihrer Eltern bewusst frei zu denken. Es mag seltsam klingen, doch es kann Ihnen helfen, viel mehr geistige Unabhängigkeit zu erlangen. So können Sie sich beispielsweise, während Sie einer solchen Person zuhören, denken: »Das ergibt überhaupt keinen Sinn.« Oder: »Du behandelst mich, als hätte ich überhaupt keine Ahnung.« Oder auch: »Das muss ich jetzt nicht glauben.« Indem Sie Ihre eigenen Gedanken denken, lassen Sie sich nicht geistig beherrschen. Sie genießen es, denken zu können, was Sie wollen, ohne dass es die andere Person jemals erfährt.

## Blockiert magisches Denken Ihre Gedanken?

Ich hatte schon viele Klienten, die zögerten, sich zu ihren Gedanken zu bekennen, weil sie insgeheim befürchteten, sie könnten mit ihnen anderen Menschen schaden. Diese Angst stammt aus der Kindheit, als wir dachten, unsere Gedanken könnten wahr werden. Es kann Jahre dauern, bis Kinder reif genug sind, um zu verstehen, dass man mit einem Gedanken niemandem schaden kann. Sogar manche Erwachsene »klopfen auf Holz«, um negative Konsequenzen abzuwenden, wenn sie bestimmte Gedanken laut aussprechen.

Wenn Ihnen insgeheim die vermeintlich zerstörerische Kraft Ihrer Gedanken immer noch Angst macht, denken Sie daran, dass etliche völlig verzweifelte Menschen unter Extrembedingungen – viel schlimmer als Ihre – daran scheiterten, ihre dringlichsten Wünsche wahr werden zu lassen. Mit Gedanken allein können Sie nichts bewirken und andere Menschen können diese nicht lesen. Auch wenn es manchmal so scheint, ist es nur Zufall.

Freies Denken ist die Grundlage Ihrer psychischen Gesundheit und Unabhängigkeit. Ganz gleich, wie »schlecht« manche Gedanken erscheinen mögen, sie sind natürliche Phänomene mit einem Eigenleben, für das Sie sich nicht schuldig fühlen müssen. Der gesunde menschliche Geist denkt ohne Grenzen, deshalb lassen kluge Menschen ihre Gedanken kommen und gehen, ohne sich übermäßig dafür verantwortlich zu fühlen. Manchmal ist Denken eine gute Möglichkeit, Dampf abzulassen. Es tut niemandem weh und unterliegt ohnehin nicht unserer Kontrolle. Wir können entscheiden, wie wir handeln, aber keiner kann sich aussuchen, welcher Gedanke ihm als Nächstes in den Sinn kommt.

## Ihre Gedanken machen Sie nicht zu einem schlechten Menschen

Leider wird manchmal behauptet, Gedanken seien genauso schlimm wie Taten. Ich glaube aber, dass hier eine moralische Lehre missverstanden und aus dem Kontext gerissen wird. Die Aussage, dass es genauso schlimm sei, etwas zu denken, wie es zu tun, bedeutet *nicht*, dass Fantasien buchstäblich dasselbe sind wie tatsächliche Handlungen. Sie ist vielmehr als Warnung zu verstehen, die eigene Selbstgerechtigkeit und die Verurteilung anderer zu überdenken. Wir können nicht so tun, als kämen uns bestimmte Gedanken nie in den Sinn. Wir haben keine Kontrolle darüber. Was zählt, ist, was wir aus diesen Gedanken machen.

## Trennen Sie Ihre eigenen Gedanken vom Wirrwarr der übernommenen Gedanken

Wenn Sie als Kind ständig unter dem Druck standen, so zu denken wie Ihre Eltern, ist es jetzt an der Zeit, sich von deren Einflüssen zu befreien, um herauszufinden, welche Gedanken wirklich Ihre eigenen sind. Welche Ihrer Wertvorstellungen stammen aus Ihrem eigenen Bewusstsein und welche wurden Ihnen vermittelt? Welche Gedanken sind die Spreu und welche der Weizen?

Der Prozess der mentalen Reinigung ist sehr einfach: Misstrauen Sie jedem Gedanken, der Ihnen ein schlechtes Gefühl gibt. Viele Menschen glauben, selbstkritische Gedanken seien die Stimme ihres Gewissens, aber das stimmt nicht. Ihr echtes Gewissen leitet Sie. Es macht Ihnen keine pauschalen Vorwürfe und urteilt nicht, wie gut oder schlecht Sie sind. Ein gesundes Gewissen unterstützt Ihre moralische Entwicklung, indem es Sie dazu anregt, Korrekturen vorzunehmen oder Wiedergutmachung anzubieten. Hart mit sich selbst ins Gericht zu gehen oder Schuldgefühle zu haben, sich selbst zu verurteilen und zu beschuldigen, ist ein verzerrtes Bild von Selbstbeherrschung und eine Wiederholung des starren Denkens, das Sie als Kind von Ihren emotional unreifen Eltern gelernt haben. Ihr Gewissen soll Sie leiten und nicht gegen Sie gerichtet sein.

Eigene Gedanken sind sachlich und klar. Sie tun das, was sie tun sollen: uns helfen, Probleme zu lösen, kreativ zu sein, uns zu schützen und unsere Bedürfnisse zu befriedigen.

Übernommene Denkmuster hingegen sind anders. Sie vermitteln das Gefühl, tyrannisiert zu werden. Überwältigende Schuldgefühle haben ihre Wurzeln in der emotionalen Erpressung, die Sie als Kind erlebt haben. Es ist nicht Ihr Verstand, der Sie zum Perfektionismus antreibt oder Sie niedermacht, wenn

Ihnen Fehler unterlaufen. Er schreibt Ihnen auch nicht vor, auf keinen Fall Autoritäten zu widersprechen. Schuldgefühle, zwanghafte oder autoaggressive Gedanken sind das geistige Erbe, das einem bleibt, wenn man von emotional unreifen Autoritätspersonen beherrscht wurde.

Meine Klientin Jasmine äußerte sich zum Unterschied zwischen ihren eigenen Gedanken und der verinnerlichten Kritik ihrer emotional unreifen Eltern: »Ich habe in letzter Zeit diese kritische Stimme gehört und gemerkt, dass es nicht meine Stimme ist. Ich habe diese Stimme für die meine gehalten, aber nun trenne ich mich von ihr und wähle stattdessen etwas anderes. Wann immer ich jetzt eine negative Stimme über mich sprechen höre, stelle ich fest, dass es nicht meine Stimme ist!«

## Wenn Sie »Ich sollte« oder »Ich muss« denken, halten Sie erst einmal inne

Wann immer Sie sich dabei ertappen, »Ich *sollte*« oder »Ich *muss*« zu denken, halten Sie inne und fragen Sie sich, woher Sie diese starren Regeln haben. Überlegen Sie anschließend, welche Möglichkeiten Sie wirklich haben. Das ist es, was Ashley in der vorigen Geschichte getan hat. Sie erkannte, dass ihr Gefühl des »Müssens« auf der Überzeugung beruhte, die Ansprüche ihrer Mutter wären wichtiger als ihre eigene Erschöpfung. Sie hatte die Überzeugung übernommen, dass »gute Kinder« ihre Eltern immer an die erste Stelle setzen. Ashley fühlte sich viel besser, als sie ihre Grenzen rational auslotete und erkannte, dass nach der Pfeife ihrer Mutter zu tanzen, kein »Muss« war, an das sie sich länger halten wollte.

Das »Sollte« oder »Muss« emotional unreifer Eltern verlangt von Ihnen, ihnen oberste Priorität einzuräumen und sich für sie aufzuopfern. Wären die Eltern tatsächlich die wichtigsten Menschen auf der Welt, würde das vielleicht einen Sinn ergeben. Da dies aber nicht der Fall ist, stellen Sie sich selbst klärende Fragen wie »Warum fühle ich mich schuldig und schlecht, wenn ich ihre Erwartungen nicht erfülle?« oder »Ist das, was sie verlangen, respektvoll und vernünftig?«. Das wird Ihnen helfen, das Durcheinander in Ihrem Kopf zu ordnen und die Situation richtig zu betrachten. Als Erwachsener ist es Ihre Aufgabe, sich um Ihre eigene emotionale Gesundheit zu kümmern und nicht darum, die Zustimmung von jemandem zu bekommen, der in seiner Gedankenlosigkeit vielleicht mehr verlangt, als Sie geben können.

## Emotionale Vereinnahmung in früher Kindheit kann depressive Gedanken auslösen

Menschen, die im Laufe ihrer Kindheit mit Schuld- und Schamgefühlen konfrontiert wurden, neigen zu depressiven Gedanken und dem Gefühl, gefangen zu sein. Sie können diesen Zustand der Machtlosigkeit überwinden, wenn Sie erkennen, dass er seine Ursache in der emotionalen Erpressung durch Ihre Eltern hat. Sobald Sie depressive Gedanken als solche benennen können und sich über ihren Ursprung im Klaren sind, können Sie sie durch realistische, selbstunterstützende Ansichten ersetzen.

In seinem Buch *Feeling Good* analysiert der Psychiater David Burns, wie depressive Menschen denken und wie man depressive Gedanken mit kognitiver Selbsttherapie umwandeln kann (Burns 2006). Unabhängig davon, ob die Ursache der Depression physischer oder psychischer Natur ist, sind depressive Gedanken durchsetzt von selbst auferlegten Zwängen, als ob man keine andere Wahl hätte, als ein Leben zu akzeptieren, das man nicht besonders mag. Die Gedankenwelt vieler Menschen ist regelrecht »zugemüllt« von diesem extremen Schwarz-Weiß-Denken, das sie von ihren emotional unreifen Eltern geerbt haben.

Burns empfiehlt, depressive Gedanken aufzulösen, indem man gezielt positivere, vernünftigere und flexiblere Gedanken denkt. Die Idee ist, den Verstand darauf zu trainieren, extremen oder hoffnungslosen Anwandlungen sofort mit Vernunft und einer alternativen Sichtweise zu begegnen, ähnlich einem Verteidiger, der einen gegnerischen Zeugen ins Kreuzverhör nimmt.

Die kognitive Selbsttherapie nach Burns funktioniert, weil sie hilft, die pessimistischen und unrealistischen Wurzeln des eigenen Denkens zu erkennen, und weil sie dazu auffordert, diese *aktiv* und bewusst zu verändern. Anstatt all Ihre demoralisierenden Gedanken als Tatsachen hinzunehmen, können Sie sie als negativ bezeichnen und die verzerrte Sichtweise des Lebens, die sie hervorrufen, infrage stellen. Sie können hoffnungslose, kritische und entmutigende Gedanken in realistischere, hoffnungsvolle Ideen umwandeln.

Wenn Ihnen beispielsweise demoralisierende, übertriebene Befürchtungen in den Sinn kommen wie »Ich werde diese Arbeit nie fertigstellen«, halten Sie inne und denken Sie etwas Realistischeres, etwa: »Wenn ich einen Schritt nach dem anderen mache, werde ich es irgendwann geschafft haben.« Sollten Sie denken: »Das habe ich wirklich vermasselt; alles geht schief«, fragen Sie sich, ob das wirklich stimmt (es stimmt nicht), und überlegen Sie sich dann etwas Positives, etwa: »Ich habe einen Fehler gemacht, weil ich so mutig war, es zu versuchen; jetzt kann ich ihn beheben und etwas anderes ausprobieren.« Und falls etwas Schlimmes passiert, können Sie Gedanken wie »Das ist das Ende der Welt, darüber werde ich nie hinwegkommen« ersetzen durch »Das ist nicht das Ende der Welt, aber ein riesiger Schock; ich werde einen Weg finden, damit nach und nach fertigzuwerden«.

## Angst und Sorgen sind Formen mentalen Mülls

Mentaler Müll besteht aus Gedanken, die ursprünglich nicht Ihre eigenen waren. Sie verursachen Gefühle wie Scham, Angst, zwanghafte Sorgen, Hoffnungslosigkeit, Hilflosigkeit, Pessimismus und Selbstkritik. Ich nenne diese Gedanken »Müll«, weil sie ursprünglich nichts mit der natürlichen Funktionsweise Ihrer Seele zu tun haben. Sie verursachen nur Chaos und Verzerrung. Stellen Sie sich diese Gedanken als Überbleibsel der emotionalen Erpressung durch Ihre unreifen Eltern vor. Diese fördern gern demoralisierende Gedanken bei ihren Kindern, weil sie sie dann leichter kontrollieren können.

Es ist wichtig zu unterscheiden, ob es sich um Ihre eigenen Gedanken handelt oder um solche, die Sie von Ihrer Familie übernommen haben. Denken Sie daran, dass einige Ihrer größten Ängste von Generation zu Generation weitergegeben wurden und ursprünglich dazu dienten, einen längst verstorbenen Vorfahr vor einer feindlichen Umwelt zu schützen. Stellen Sie sich diese zermürbenden und lähmenden Gefühle und Gedanken wie verstaubte, klapprige Möbel vor, die seit Generationen in der Familie weitergegeben werden. Vielleicht sind Sie jetzt das erste Familienmitglied, das sie nicht mehr haben will.

Zwanghaftes Grübeln ist eine andere Art zu denken, die daher rührt, dass man das Kind emotional unreifer Eltern ist. Solche Kinder müssen sehr auf die Stimmungen ihrer Eltern achten. Wenn deren Gefühlsausbrüche ständig die eigene emotionale Sicherheit bedrohen, lernt man zu grübeln, warum sich jemand aufregt und was die Konsequenzen sind. Man zerbricht sich den

Kopf darüber, wie man die Dinge für die Eltern wieder in Ordnung bringen kann.

Leider hält einen die Grübelei über die Launen anderer davon ab, sich auf die eigenen Gefühle und Gedanken zu fokussieren. Es wäre viel produktiver, die Sorgen loszulassen und sich zu fragen, was es für einen selbst bedeutet, es mit solchen Eltern zu tun zu haben. Sie könnten sich fragen: »Wie würde ich gern von ihnen behandelt werden? Welche Auswirkungen hat das für mich? Habe ich es wirklich verdient, so behandelt zu werden?« Wenn Sie das tun, denken Sie frei und nehmen sich selbst genauso wichtig wie sie.

Wann immer Sie sich dabei ertappen, darüber nachzudenken, ob jemand mit Ihnen unzufrieden sein könnte, betrachten Sie die Dinge aus einem anderen Blickwinkel und schreiben Sie auf, welche Gefühle das Verhalten dieser Person bei Ihnen auslöst. Bleiben Sie ganz bei sich und bilden Sie sich Ihre eigene Meinung über die Situation, statt die Kritik anderer für bare Münze zu nehmen. Wenn Sie Ihre eigenen Gedanken reflektieren, erkennen Sie, was Sie von einer Situation erwarten, und können auf das gewünschte Ergebnis hinarbeiten. Indem Sie Ihren Verstand aktiv und zielgerichtet einsetzen, können Sie sich auf Ihr eigenes Glück konzentrieren, statt sich sinnlose Gedanken darüber zu machen, wie sich eine emotional unreife Person am besten besänftigen lässt.

## Selbstgespräche sind Ihr Weg zu mentaler Klarheit

Selbstgespräche sind die wichtigste Methode, um Ihre Stimmung und Ihr Denken zu verändern. Sie können sie nutzen, um sich über Ihre Wünsche klar zu werden, mit Enttäuschungen umzugehen und sich Ziele zu setzen. Achten Sie darauf, dass das, was Sie sich sagen, Ihnen hilft, sich auf das zu konzentrieren, was Sie wollen und was Ihnen wirklich wichtig ist. Konstruktive Selbstgespräche helfen, nicht mehr von anderen emotional dominiert zu werden. Die innere Stimme kann wie ein gutes Navi den Weg weisen. Selbstgespräche helfen, Pläne zu konkretisieren und erstrebenswerte Ziele zu definieren. Die emotionale Vereinnahmung durch unreife Personen, die ihre Interessen über die Ihren gestellt haben, können Sie nun rückgängig machen, indem Sie in einem inneren Monolog neue Reaktions- und Verhaltensweisen durchsprechen.

## Selbstgespräche können verhindern, dass man den Kontakt zu sich selbst verliert

Selbstgespräche helfen Ihnen, mit sich selbst in Kontakt zu bleiben, wenn eine emotional unreife Person versucht, Sie zu kontrollieren. Angenommen, Sie besuchen Ihre Eltern und diese reagieren negativ auf etwas, was Sie tun. Das kann dazu führen, dass Sie ähnlich wie in Ihrer Kindheit reagieren und sich durch die Kritik hilflos und gelähmt fühlen. Wenn Sie jedoch auf ihre vorhersehbaren Versuche, Sie zu dominieren, durch Selbstgespräche vorbereitet sind, können Sie ruhig dastehen, Ihren Eltern direkt ins Gesicht sehen und immer noch Ihre eigenen Gedanken denken. Sie würden sich weder über das Verhalten der Eltern wundern, noch würden Sie aufhören, wie ein Erwachsener zu denken, und ihnen die Kontrolle überlassen. Sie würden einfach in Kontakt mit sich selbst bleiben und die Situation beobachten.

Wenn andere sich ablehnend äußern, können Sie innerlich mit sich selbst sprechen und sich daran erinnern, dass Sie ein

Recht auf Ihre eigenen Gedanken und Wünsche haben. Sollten andere Ihnen Schuldgefühle einreden oder Ihre Werte kritisieren, können Sie sich sagen, dass Sie ein wertvoller Mensch sind und niemand dies infrage stellen kann. Unabhängig davon, was die Person behauptet, können Sie fest zu Ihren eigenen Gedanken stehen und wissen, dass ihr Missfallen nichts über Ihren Selbstwert aussagt. Durch Selbstgespräche bauen Sie wieder eine Verbindung zu Ihrem wahren Selbst auf und können ihm wieder vertrauen.

## Selbstgespräche machen Gehirnwäsche rückgängig

Emotional unreife Eltern glauben, sie hätten das Recht, ihre Kinder einem Brainwashing zu unterziehen, damit diese ihre Sicht der Dinge übernehmen. Zuerst verwirren sie ihre Kinder und drängen sie in die Defensive, wodurch sie sie daran hindern, rational zu denken. Das macht die Kinder verletzlicher und schließlich empfänglicher für die Denkvorgaben der Eltern.

Um der mentalen und emotionalen Bevormundung entgegenzuwirken, muss man analytisch weiterdenken. Wenn diese Person sich über Sie ärgert, sollten Sie nicht abschalten und in einen Gedankensumpf abtauchen, sondern sich im Geiste Notizen über ihr Verhalten machen, so als wären Sie ein Anthropologe, der seine Beobachtungen und Kommentare dazu aufzeichnet. Dieses analytische Selbstgespräch bewirkt, dass Sie weiterhin den objektiven, erwachsenen Teil Ihres Gehirns benutzen, der die Kontrollversuche des Gegenübers durchschaut.

Wenn man das Verhalten der emotional unreifen Person in Selbstgesprächen genau benennt, werden ihre emotionalen Erpressungsversuche scheitern. Auch Kriegsgefangene und Opfer totalitärer Regime nutzen Selbstloyalität und analytisches Denken, um trotz jahrelanger Misshandlung oder Gefangenschaft ihre Integrität zu bewahren und ihren Überzeugungen treu zu bleiben.

## Drei Situationen, in denen Sie Selbstgespräche führen sollten

Selbstgespräche geben Ihnen emotionale Stärke. Deshalb hier einige Vorschläge, die Sie anwenden können, wenn Sie sich durch unangemessene Erwartungen unter Druck gesetzt fühlen.

1. *Wenn Sie beschuldigt werden, nicht genug zu tun, sagen Sie sich:*
   Ich habe nichts falsch gemacht. Ich kann zuhören, aber ich lasse mir keine Schuldgefühle einreden.
   Ich bin nicht schlecht und es geht nicht nur um mich.
   Es ist nicht meine Schuld, dass sie enttäuscht ist. Ihre Erwartungen waren völlig überzogen.
   Das wird schon wieder, auch wenn er so tut, als käme es nie mehr in Ordnung.
   Sie erwartet mehr, als ich geben kann. Ich könnte das alles nicht leisten, geschweige denn, dass ich das wollte. Was sie von mir verlangt, wäre für mich stressig und kräftezehrend.
2. *Wenn jemand emotional entgleist, sagen Sie sich:*
   Es ist nicht meine Schuld, dass er seine Gefühle nicht unter Kontrolle hat.
   Sie ist sauer, aber mir geht es trotzdem gut. Die Welt dreht sich weiter.
   Jetzt spielt er sich wieder zum strafenden Gott auf, aber das bedeutet nicht, dass er in der Sache recht hat.
   Wenn sich jemand aufregt, heißt das noch lange nicht, dass ich mich von ihm dominieren lassen muss.

Was sie behauptet, ist völlig übertrieben.
Sie versucht, mir einzureden, dass dieser Vorfall das Ende der Welt bedeutet. Das trifft aber nicht zu.

3. *Wenn jemand versucht, Sie zu dominieren und Ihre Gedanken zu kontrollieren, denken Sie daran:*
Meine Bedürfnisse sind genauso legitim und wichtig wie die seinen. Jetzt, da wir beide erwachsen sind, befinden wir uns auf Augenhöhe.
Ich gehöre ihr nicht. Ich kann ihr widersprechen.
Ich bestimme, wem gegenüber ich loyal bin. Er hat keinen Anspruch darauf, dass ich ihm völlig ergeben bin.
Seine Gefühle mir gegenüber bestimmen nicht darüber, wie wertvoll ich bin.
Das ist einfach ihre Meinung; sie hat keine Besitzansprüche auf mich.

Wenn Sie solche inneren Selbstgespräche während der Interaktion mit einer emotional unreifen Person führen, stellen Sie sicher, dass Sie die starke Verbindung zu sich selbst nicht verlieren. Realistische Selbstgespräche helfen Ihnen, den Überblick zu behalten und sich daran zu erinnern, dass Ihre innere Welt und Ihre Bedürfnisse genauso wichtig sind wie diejenigen des oder der anderen.

## Füllen Sie den freien Platz im Kopf, nachdem Sie ihn entrümpelt haben

Stellen Sie sich Ihren Geist als eine Schachtel vor, in die nur eine bestimmte Anzahl von Gedanken passt. Wenn Sie ein Gedankenmuster verstärken, bleibt weniger Platz für alles andere. Ihr allgemeines Ziel ist es, negative Gedankenmuster zu verdrängen, indem Sie sich auf möglichst angenehme Erfahrungen konzentrieren.

Sich bewusst mehr Zeit zu nehmen, um über Erfreuliches, Vergnügliches oder mögliche Veränderungen nachzudenken, verschiebt das Verhältnis zwischen angenehmen und toxischen Gedanken. Wenn Sie positive Erfahrungen betonen und in ihnen verweilen, werden Sie immun gegen Menschen, die Angst, Schuld und Scham instrumentalisieren, um Sie zu kontrollieren. Der Neuropsychologe Rick Hanson beschreibt in seinem Buch *Denke wie ein Buddha* die Vorteile für das Gehirn, wenn wir unsere angenehmen, wertschätzenden Gedanken verstärken (Hanson 2013). Hanson zufolge können gewohnte Denkmuster des Gehirns bereits dann umkonfiguriert werden, wenn man nur einige Sekunden lang bewusst mehr glückliche Gedanken wahrnimmt.

Er erklärt: Je mehr Zeit Sie damit verbringen, Ihre angenehmen Erlebnisse zu genießen, desto mehr trainieren Sie Ihr Gehirn auf »Einheiten« mentalen Wohlgefühls. Es hängt nicht mehr von anderen ab, ob Sie einen guten Tag haben oder sich liebenswert finden. Sie können Ihre Stimmung gezielt ändern, indem Sie sich bewusst auf das fokussieren, was Sie an sich selbst mögen und schätzen.

Diana Fosha konnte zeigen, dass heilsame emotionale Veränderungen am ehesten stattfinden, wenn wir uns in einem positiven Gemütszustand befinden, und nicht, wenn wir uns auf negative, selbstkritische Gedanken konzentrieren (Fosha 2000). Das Streben nach Selbsterkenntnis und positiven, selbstbejahenden Erfahrungen hat nichts mit Eskapismus zu tun. Es ist das, was wir brauchen, um uns zum Besseren zu verändern.

Wenn Sie Ihre Glücksmomente auskosten und verlängern, stärken Sie dadurch auch Ihre Individualität und Autonomie. Das bewusste Erinnern an glückliche Erfahrungen hilft, die eigene

Stimmung und das Selbstwertgefühl zu steuern. All diese kleinen Momente des bewusst genossenen Glücks und der Selbstbestätigung steigern außerdem Ihr Selbstwirksamkeitsempfinden. In der Summe führt dies zu einem Gefühl der Belohnung, ein aktiver, selbstbestimmter Mensch zu sein, und macht Sie weniger anfällig für emotionale Zwänge, Vereinnahmungen und Realitätsverzerrungen anderer.

Es geht nicht nur darum, glücklichere Gedanken zu haben, sondern auch darum, unabhängige, schuldfreie und positive Gefühle in sich zu wecken. Wenn Sie erkennen, dass Sie Ihren inneren Zustand aktiv verändern können, indem Sie sich auf das konzentrieren, was Ihnen zu mehr Wohlbefinden verhilft, werden Sie weniger abhängig von Beziehungen, die Sie nicht erfüllen. Sie sind dann in der Lage, ein Gespür dafür zu entwickeln, was für Sie Selbstwirksamkeit, Unabhängigkeit und Trost bedeutet, und Sie werden glücklicher.

## Das Wichtigste in Kürze

Die emotionalen Anforderungen emotional unreifer Menschen führen dazu, dass Sie sich schuldig fühlen und für Ihre eigenen Gedanken schämen. Dies kann Ihre Fähigkeit blockieren, unabhängig zu denken.

Sie gewinnen geistige Freiheit zurück, wenn Sie Ihren Kopf von Gedankenmüll befreien, der durch die Vereinnahmung Ihrer emotional unreifen Eltern entstanden ist. Hinterfragen Sie »Soll«-Gedanken, um depressive Stimmungen zu vermeiden und sich eine eigene Meinung zu bilden. Die Einsicht, dass das, was Sie denken, Ihre Privatsache ist und bloße Gedanken keinen Schaden anrichten, bestärkt Sie darin, frei zu denken. Situative Selbstgespräche verhindern emotionale Vereinnahmung und den

Verlust der Verbindung zu sich selbst. Wenn Sie Ihre Gedanken bewusst auf Erfahrungen richten, die Ihr Glücksgefühl verstärken, werden Sie erleben, wie schön es ist, wieder Herr über die eigenen Gedanken zu sein.

## Kapitel 9

# Bringen Sie Ihr Selbstkonzept auf den neuesten Stand

### Wie Sie Verzerrungen korrigieren und selbstbewusster werden

Ihr Selbstkonzept ist die Grundlage für alles, was Sie über sich denken und was Sie sich zutrauen. Dieses Selbstbild wurde dadurch geprägt, wie andere Menschen Sie in Ihrer Kindheit behandelt haben. Aus dem Verhalten dieser Menschen konnten Sie ableiten, wie sie über Sie dachten. Als Kind hatte man keine andere Wahl, als sich durch die Augen dieser Menschen zu sehen und über sich selbst zu lernen. Allerdings sind emotional unreife Eltern bei der Entwicklung eines zutreffenden Selbstkonzepts keine große Hilfe, da sie die einzigartigen Eigenschaften, Fähigkeiten und Interessen ihrer Kinder im Allgemeinen ignorieren.

Diese Eltern erwarten, dass man sich ihren Erwartungen entsprechend entwickelt. Daher fällt es ihren Kindern schwer, die eigenen Stärken zu erkennen. Stattdessen beurteilen sie sich vielleicht nur danach, wie gut sie die an sie gestellten Ansprüche erfüllen. Leider entmutigen derart disponierte Eltern ihre Kinder oft durch negatives Feedback und geben ihnen dadurch ein Gefühl der Minderwertigkeit. Um authentischer zu sein, sich persönlich weiterzuentwickeln und Ihre Verbindung zu sich und zu anderen zu vertiefen, ist es wichtig, Ihre falsche Selbsteinschätzung zu korrigieren.

Emotional unreife Eltern ignorieren die Individualität anderer und bringen ihren Kindern wenig über sich selbst bei. Sie werfen Menschen in einen Topf und sehen mehr Ähnlichkeiten, als in Wirklichkeit vorhanden sind. Sie ignorieren Ihre individuelle Komplexität, wenn sie Sätze sagen wie »Du bist genau wie dein Vater« oder »Du bist wie meine Schwester«. Sie glauben, Sie zu kennen, weil Sie sie an irgendjemanden erinnern. Infolgedessen verpassen sie Ihnen ein vorgefertigtes Selbstbild, das nicht wirklich zu Ihnen passt. Als Kind wurde Ihnen gesagt, was Sie sein sollen. Sie wurden nicht dabei unterstützt, herauszufinden, wer Sie wirklich sind.

Jetzt, als Erwachsener, können Sie Ihr Selbstkonzept um Ihr gesamtes Potenzial und all Ihre Komplexität erweitern, auch wenn Ihre Eltern Ihnen immer noch den eindimensionalen Stempel aus Kindertagen aufdrücken. Sie müssen nicht mit dem Gefühl durchs Leben gehen, weniger zu sein, als Sie in Wirklichkeit sind. Zum Glück ist Ihr Selbstkonzept nicht mehr der Meinung Ihrer Eltern ausgeliefert. Sie haben jetzt die Freiheit, herauszufinden, wer Sie sind und was Sie werden wollen. Sie können Ihr Selbstbild aktualisieren, damit es auch wirklich zu der Person passt, die Sie sind.

Zunächst aber lassen Sie uns untersuchen, wie die vorherrschende emotionale Atmosphäre Ihrer Kindheit Ihr Selbstkonzept beeinflusst hat. Dies wird Aufschluss darüber geben, wie Sie sich heute sehen, und Ihnen helfen, sich von einer überkommenen Identität zu lösen, die auf der Behandlung beruht, die Sie als Kind erfahren haben.

## Übung
## Überprüfen Sie das Selbstkonzept Ihrer Kindheit

Nehmen Sie sich Zeit zum Nachdenken und schreiben Sie die Antworten auf folgende Fragen in Ihr Tagebuch:

- Wie sah Ihr Selbstkonzept als Kind aus?
- Wie haben Sie sich gesehen, wenn Sie mit anderen Kindern zusammen waren?
- Haben Ihnen Ihre Eltern dabei geholfen, Ihre potenziellen Stärken zu erkennen und weiterzuentwickeln?
- Hatten Sie eine klar abgegrenzte Identität oder waren Sie »nur ein Kind unter anderen«?
- Haben Ihre Eltern Sie ermutigt, in die Zukunft zu blicken und sich vorzustellen, wie Ihr Leben als Erwachsener idealerweise aussehen sollte?
- Haben sie Sie gefragt, wie Sie »die Welt verändern« wollen?
- Haben sie Sie wie einen Menschen behandelt, der später einmal erfolgreich und liebevoll sein würde?

Lesen Sie nun nochmals durch, was Sie aufgeschrieben haben, und denken Sie darüber nach. Wie fühlen Sie sich dabei? Wie hat Ihrer Meinung nach Ihre Kindheit Ihr Selbstbild als Erwachsener beeinflusst?

Die gute Nachricht ist, dass Sie jetzt in der Lage sind, die negativen Auswirkungen Ihrer Kindheit auf Ihr Selbstbild anzugehen und auszugleichen. Wenn Ihre Eltern Ihnen als Kind nicht dabei helfen konnten, sich selbst gut kennenzulernen, können Sie dies jetzt als Erwachsener nachholen.

## Achten Sie darauf, Ihr erwachsenes Selbstkonzept zu verteidigen

Wie Sie wissen, sehen emotional unreife Eltern in ihren Kindern Eigenschaften, die ihren Bedürfnissen entsprechen. Es kann also sein, dass man Ihnen in Ihrer Kindheit Dinge über Sie erzählt hat, die einfach nicht stimmten. Aber als Erwachsener können Sie nun ein Selbstbild aufbauen, das besser zu Ihnen passt und Sie unterstützt.

Dies ist nun besonders wichtig, da die Art und Weise, wie Sie sich als Erwachsener sehen, Einfluss auf jeden Lebensbereich hat. Haben Sie sich erlaubt, ein selbstbejahender Mensch zu werden? Wie wollen Sie sich um sich selbst kümmern, wenn Sie Ihren eigenen Wert nicht erkennen? Wie wollen Sie für sich selbst werben oder enge, erfüllende Beziehungen zu anderen pflegen, wenn Sie sich selbst nicht interessant finden? Wie wollen Sie sich anderen gegenüber sicher fühlen, wenn Sie sich selbst nicht schützen?

Nun wollen wir sehen, wie das durch emotional unreife Eltern verzerrte Selbstkonzept Erwachsener korrigiert werden kann.

## Machen Sie sich klar, dass Sie als Erwachsener Autorität besitzen

Viele emotional unreife Eltern erkennen ihre Kinder nie als vollwertige Erwachsene an und untergraben deren Würde, indem sie ihnen das Gefühl geben, albern oder anmaßend zu sein, wenn sie sich selbst ernst nehmen. Sollten die erwachsenen Kinder solcher Eltern die Autorität und Unabhängigkeit einfordern, die ihnen zusteht, führt dies bei ihnen letztlich zu einem Gefühl der Verlegenheit. Ohne den elterlichen Segen, erwachsen werden zu dürfen und völlig gleichberechtigt zu sein, ist es Kindern derartiger Eltern unangenehm, die Autorität eines Erwachsenen für sich in Anspruch zu nehmen.

### *Jonelles Geschichte*

*Jonelle ging in ihrem Job als Führungskraft auf und war gut darin, aber ihr Assistent Todd bremste ihre Produktivität aus. Er stellte viele unnötige Fragen und sprach bei jeder Gelegenheit über persönliche Angelegenheiten.*

*Es lag auf der Hand, dass sie Todd Grenzen setzen musste, doch er tat ihr leid. Daher versuchte sie, ihm zuzuhören, wenn er reden wollte. Sie machte das Ganze sogar noch schlimmer, indem sie sich häufig nach seinem Befinden erkundigte. Irgendwie konnte sie es nicht lassen, obwohl sie bereits darüber nachdachte, Todd zu ersetzen.*

*Das zugrunde liegende Problem war, dass Jonelle keinen emotionalen Zugang zu ihrer Autorität als Erwachsene hatte. Sie sah sich immer noch als das Kind in einer fünfköpfigen Familie, das die Rolle der Retterin spielen und seine unglückliche und unzufriedene Mutter trösten musste. Als sie erklärte, warum sie Todds Verhalten tolerierte, kam ihr altes Selbstbild zum Vorschein: »Weil er im Büro bleiben muss, während ich reise und Spaß habe. Ich fühle mich sogar schuldig, weil ich seine Chefin bin und so viel mehr verdiene als er. Ich habe ein schlechtes Gewissen, ihn auszuschließen, und möchte ihm das Gefühl geben, dass ich für ihn da bin.« Die Befürchtung, dass Todd beleidigt auf die Bitten seiner Chefin reagieren und sich »ausgeschlossen« fühlen könnte, stammten direkt aus Jonelles Beziehung zu ihrer Mutter.*

*Als Jonelle erkannte, dass ihr überkommenes Selbstkonzept ihren Erfolg beeinträchtigte, gab sie ihre Schuldgefühle auf, beanspruchte ihre Autorität als Erwachsene und setzte Todd angemessene Grenzen.*

Schauen Sie sich nun Ihr eigenes Leben an und prüfen Sie, ob es Situationen gibt, in denen Sie zögern, Ihre legitime Autorität geltend zu machen, weil Sie befürchten, jemanden zu verärgern. Glücklicherweise können Sie das ändern, denn es liegt in Ihrer Macht, die Einflüsse Ihrer Kindheit zu überwinden und sich weiterzuentwickeln (Vaillant 1993). Durch Ihre natürlichen Fähigkeiten und die Anleitung durch andere können Sie ein stärkeres Selbstkonzept aufbauen und eine effektive Führungspersönlichkeit werden, auch wenn Ihre Eltern Sie nicht so gesehen haben.

## Sie sind kein Hochstapler

Menschen, die unter dem sogenannten Hochstapler- oder Imposter-Syndrom leiden, haben Schwierigkeiten, ihre Leistungen voll und ganz für sich zu beanspruchen, da sie nicht das *Gefühl* haben, dass es ihre eigenen Leistungen sind (Clance und Imes 1978). Insgeheim fürchten sie, als Betrüger entlarvt zu werden – wie ein Kind, das sich nur verkleidet hat. Das eigentliche Problem besteht darin, dass sie ihr Selbstkonzept seit ihrer Kindheit nicht mehr bewusst aktualisiert haben.

Auch in Beziehungen fühlen sich manche Menschen wie Schwindler und können nicht nachvollziehen, warum andere sie lieben. Eine Klientin beispielsweise war schockiert, als ihre Freunde sie mit einer großen Geburtstagsparty überraschten. Sie fühlte sich nicht wichtig genug, um auf diese Weise gefeiert zu werden, und sagte: »Ich verstehe das nicht, aber danke.«

Viele erwachsene Kinder schützen den Narzissmus ihrer Familienmitglieder und fühlen sich unwohl damit, wenn sie deren Anspruch auf die Hauptrolle infrage stellen. Sollten sie doch einmal im Rampenlicht stehen, spielen sie ihren Erfolg sofort herunter. Anstatt stolz zu sein, denken sie: »Das bin nicht wirklich

ich.« Die Aufmerksamkeit von ihrem egozentrischen Familienmitglied auf sich selbst zu lenken, macht ihnen ein schlechtes Gewissen, weswegen sie das Gefühl vermeiden, erfolgreich zu sein.

Der Eindruck, ein Hochstapler zu sein – eine ganz offensichtliche Verzerrung, da die Betreffenden die Arbeit ja *tatsächlich geleistet* haben –, ist durchaus nachvollziehbar, wenn man in dem Glauben aufgewachsen ist, nicht so interessant wie das Familienmitglied mit seinen überhöhten Ansprüchen zu sein.

Ein Beispiel für diese Anspruchshaltung ist der Vater, der an der Preisverleihung seiner Tochter teilnimmt, sich aber darüber aufregt, dass zu viele Leute anwesend sind, die Verleihung den ganzen Abend dauert und er deswegen das Fußballspiel im Fernsehen verpasst. Ein anderes Beispiel ist die Mutter, die sich über die Rücksichtslosigkeit der Hochschule echauffiert, die Abschlussfeier ihres Sohnes auf das Muttertagswochenende zu legen. Die Botschaft dieser Eltern lautet, dass ihre Wohlfühlzone viel wichtiger ist als der Erfolg ihres Kindes.

Aber nur weil eine emotional unreife Person Ihre Erfolge nicht anerkennt, sollten Sie Ihre Leistungen als Erwachsener nicht schmälern. Mit solchen Eltern müssen Sie noch entschlossener für Ihre Sache eintreten. Lassen Sie sich nicht ablenken, wenn diese alle Aufmerksamkeit auf sich ziehen wollen. Feiern Sie jeden noch so kleinen Erfolg und integrieren Sie ihn in Ihr Selbstkonzept.

## Schützen Sie Ihr erwachsenes Ich vor den Verzerrungen Ihrer Eltern

Der Blick emotional unreifer Eltern auf ihre Kinder ist geprägt von ihren eigenen Projektionen. Dadurch vermitteln sie ihren Kindern ein verzerrtes Selbstbild, das manchmal kaum nachzuvollziehen ist.

Lily zum Beispiel hatte während ihrer gesamten Jugend mit Magersucht zu kämpfen. Verstärkt wurde diese Situation dadurch, dass ihre Mutter besessen war von den Themen »Ernährung« und »Gewichtszunahme«. Selbst als Lily schon gefährlich dünn war, kommentierte die Mutter potenzielle Dickmacher. Auch nachdem Lily als Erwachsene wieder ihr Normalgewicht erreicht und ihre verzerrte Körperwahrnehmung korrigiert hatte, kam es vor, dass Besuche bei ihrer Mutter das Denken einer Magersüchtigen reaktivierten. Ständig machte ihre Mutter subtile Bemerkungen über Lilys Oberschenkel oder andere vermeintliche Gewichtsprobleme. Kaum war Lily wieder mit der zwanghaften Beschäftigung der Mutter mit ihrem Körpergewicht konfrontiert, war sie selbst erneut wie besessen von den Themen »Sport« und »Diät«. Schließlich entschied Lily, dass sie ihre Mutter nur noch selten besuchen konnte, wenn sie dauerhaft gesund bleiben wollte.

## Wie Sie Ihr Selbstkonzept aktualisieren

Mit einem zutreffenden Selbstkonzept wissen Sie Ihre Vielschichtigkeit und Ihren Beitrag zur Welt als einzigartige Persönlichkeit zu schätzen. Beginnen Sie damit, Ihr Selbstkonzept auf den neuesten Stand zu bringen:

1. Legen Sie Ihren Wert fest.
2. Werden Sie sich über Ihre Werte und Ihre Lebensphilosophie klar.
3. Füllen Sie die Leerstellen in Ihrem Selbstkonzept.
4. Definieren Sie selbst Ihre Wesensmerkmale.
5. Suchen Sie sich Vorbilder und Mentoren.

Sie werden überrascht sein, wie viel Sie über sich selbst lernen, wenn Sie diese Schritte durchlaufen, um Ihr Selbstkonzept zu definieren und zu stärken.

## 1. Legen Sie Ihren Wert fest

Die Qualität Ihrer Beziehung zu sich selbst und zu anderen hängt davon ab, wie Sie sich und Ihren Wert einschätzen.

### Übung
### Was denken Sie über sich selbst?

Um herauszufinden, was Sie über die eigene Person denken, setzen Sie sich in Ruhe hin und versuchen Sie, tief in sich hineinzuhorchen. Schreiben Sie jeweils die erste Antwort, die Ihnen auf die folgenden Fragen einfällt, in Ihr Tagebuch. Versuchen Sie Ihren Intellekt beiseitezulassen und aus dem Bauch heraus zu antworten:

- Bin ich gut?
- Bin ich fähig?
- Bin ich genug?
- Bin ich wichtig?
- Bin ich liebenswert?

Denken Sie nun über Ihre Antworten nach. Wenn Ihre Eltern emotional unreif sind, haben Sie möglicherweise eine oder mehrere Antworten mit Nein beantwortet. In diesem Fall sind Selbstzweifel dafür verantwortlich, die wiederum aus Scham- und Schuldgefühlen resultieren, die Ihre Eltern in Ihrer Kindheit bei Ihnen ausgelöst haben. Die gute Nachricht ist, dass Sie daran arbeiten können, Ihr Selbstkonzept und Ihre Überzeugungen darüber, was Menschen wertvoll macht, auf den neuesten Stand zu bringen.

## 2. Werden Sie sich über Ihre Werte und Ihre Lebensphilosophie klar

Ihre Grundwerte und Ihre Vorstellung davon, was ein gutes Leben ausmacht, bestimmen Ihre Lebensqualität. Was sind Ihrer Meinung nach die Faktoren für ein glückliches und sinnvolles Dasein? Wahrscheinlich wissen Sie es unbewusst, aber es hilft, es zu artikulieren. Schauen wir uns einige Ihrer Überzeugungen und Werte genauer an.

### Übung
### Stellen Sie klar, woran Sie glauben

Bei dieser Übung gibt es keine richtigen Antworten; schreiben Sie einfach das auf, was Ihnen in den Sinn kommt. Der Zweck dieser Übung ist es, Ihre grundlegende Lebensphilosophie offenzulegen, was Ihnen helfen wird, sich selbst besser kennenzulernen. Ergänzen Sie die folgenden Aussagen in Ihrem Tagebuch.

- Der Sinn des Lebens ist …
- Das Geheimnis guter Beziehungen ist …
- Erfolg hat, wer …
- Man kann kein sinnvolles Leben führen, außer man …
- Mehr Selbstwertgefühl gewinnt man, wenn …
- Ich schätze …
- Zu einem glücklichen Leben gehört …
- Es ist wichtig, daran zu glauben, dass …
- Um im Leben voranzukommen, muss man …

- Es ist grundlegend falsch, …
- Mein Lebensprinzip besteht darin, …
- Menschen verbessern sich, wenn sie …

Diese Aussagen treffen den Kern dessen, wie Sie sich selbst und die Welt sehen und wie Ihr Verhältnis zu sich selbst ist. Fragen Sie sich nach der Vervollständigung der Sätze, ob Ihr Leben durch Ihre Lebensphilosophie eher positiv oder negativ beeinflusst wird.

## 3. Füllen Sie die Leerstellen in Ihrem Selbstkonzept

Wenn ein Elternteil die positiven Eigenschaften seines Kindes nicht anerkennt, integriert es diese leider nicht in sein Selbstkonzept (Barrett 2023). Es ist, als ob dort, wo ein großer Teil des Selbst sein sollte, eine große Lücke klafft. Meine Klientin Francine zum Beispiel konnte Lob für ihre Arbeit annehmen, aber sobald es um *sie* und ihre positiven Eigenschaften ging, reagierte sie abweisend. Sie machte sofort selbstironische Bemerkungen oder zog alles ins Lächerliche, weil sie sich selbst nicht so sah.

Francine erklärte, dass Lob sie mit einer Leerstelle in ihrem Inneren konfrontierte: »Ich halte mich nicht für wertvoll oder wichtig. Ich glaube nicht, dass ich anderen etwas bedeute, und ich glaube nicht, dass ich jemals davon überzeugt sein werde.« Francine erkannte zwar, dass ihr Freund sie so behandelte, als ob sie ihm etwas bedeute, aber sie konnte es trotzdem nicht so recht glauben. Sie befürchtete, er könne jeden Moment entdecken, dass sie doch nicht so toll war, und er würde sie als »zu anstrengend« empfinden. Dieser Eindruck war Francine von ihrem Vater vermittelt worden, der ihr als kleines Mädchen zu verstehen gab, dass er keine Zeit für sie habe. Als ich Francine fragte, ob sie sich selbst für einen liebenswerten Menschen halte, überlegte sie einen Moment und meinte dann: »Nein, es ist, als hätte ich da ein Loch. Ein totales Vakuum.«

Eine andere Klientin, Caitlyn, war völlig überrascht, als ein Kirchengruppenmitglied ihr zu ihrem großen Erstaunen sagte, es sei »so schön, von ihr umarmt zu werden«, und sie sei »eine gute Zuhörerin«. Mir gegenüber sagte sie: »Ich bin wirklich nicht gut im Geben.« Dieses verzerrte Selbstbild hatte Caitlyn von ihrer depressiven, wütenden Mutter, die viel zu verbittert über ihr Leben war, um Caitlyns gute Eigenschaften wertzuschätzen. Caitlyn *war* gut im Geben, aber ihre Mutter hatte das nie gesehen.

Obwohl weder die Eltern von Francine noch die von Caitlyn die besten Eigenschaften ihrer Töchter schätzten, erkannten beide schließlich ihre wahren, aber zuvor ignorierten Qualitäten. Francine akzeptierte, dass sie liebenswert war, einfach weil sie so war, wie sie war. Und Caitlyn erkannte, dass sie ein warmherziger, großzügiger Mensch war. Beide Frauen empfanden Ehrfurcht und Dankbarkeit, als sie realisierten, dass Eigenschaften wie »liebenswert« und »großzügig« ihre wahren Persönlichkeitsmerkmale waren. Die Tatsache, dass ihre Eltern diese Eigenschaften nie anerkannt hatten, bedeutete nicht, dass sie nicht existierten.

Wenn Sie von Ihren Eltern wenig Rückmeldung bekommen haben, verfügen auch Sie wahrscheinlich über mehr gute Eigenschaften, als Ihnen bewusst ist. Aber wenn Sie, wie Caitlyn und Francine, diese Eigenschaften nicht für sich beanspruchen, verleugnen Sie Ihr Potenzial mit Gedanken wie »Das bin nicht ich«, »Ich bin nicht so« oder »Ich bin kein Mensch, der …«. Vielleicht sagen Sie nach einem Erfolg Sätze wie »Ich weiß gar nicht, wie ich das geschafft habe«. Aber nur weil Sie etwas an sich nicht erkennen, heißt das nicht, dass es nicht da ist. Vielleicht ist es nur nie in Ihr Bewusstsein vorgedrungen, da es nie jemand benannt hat.

Sie sollten alle Gedanken hinterfragen, die Ihre guten Eigenschaften relativieren, etwa Defizite, die Sie zu haben glauben, oder Dinge, die Sie niemals ausprobieren würden. Trifft das wirklich auf Sie zu – oder stammt es von der emotional unreifen Person in Ihrem Leben?

## 4. Definieren Sie selbst Ihre Wesensmerkmale

Emotional unreife Eltern verfügen über ein begrenztes Vokabular für spezifische positive Eigenschaften. Sie verwenden selten beschreibende Worte für das Seelenleben, daher gelingt es ihnen auch nicht, die einzigartigen Qualitäten und Merkmale ihrer Kinder zu artikulieren. Stattdessen verwenden sie vage und allgemeine Begriffe wie »gut«, »schlecht«, »dumm«, »klug« oder »nett«, um das Verhalten ihrer Kinder zu beschreiben. Die Konsequenz für Sie ist, dass Ihr erlerntes Vokabular nicht ausreicht, um sich selbst zu beschreiben oder über Ihre Gefühle zu sprechen. Dies kann sich im späteren Leben als Nachteil erweisen, da die Fähigkeit, die eigenen Qualitäten zu artikulieren, bei der Job- oder Partnersuche hilfreich ist.

### Übung
### Fassen Sie sich in Worte

Beginnen wir damit, ein realistischeres und positiveres Selbstbild zu entwickeln. Wenn Ihnen die Worte fehlen, um sich selbst zu beschreiben, können Sie beispielsweise das Stichwort »Liste von Charaktereigenschaften« in Ihre Suchmaschine eingeben. Wahrscheinlich werden Sie nur einen kleinen Teil davon verwenden, aber Sie haben damit ein Vokabular zur Hand, aus dem Sie auswählen können.

Anstatt in Ihr Tagebuch zu schreiben, sollten Sie diesmal lose Blätter verwenden, damit Sie sie, nachdem Sie sie nach Belieben beschrieben haben, auf einem Tisch ausbreiten und aus einiger Entfernung einen Blick darauf werfen können.

1. *Wie Ihre Familie Sie gesehen hat.* Denken Sie darüber nach, wie Sie aus Sicht Ihrer Familie (einschließlich Ihrer Eltern, Betreuer und Geschwister) als Kind waren. Schreiben Sie auf, wie Sie jede dieser Personen als Kind empfunden hat. Welche Adjektive würden sie verwenden, um Sie zu beschreiben?
2. *Was Sie heute über sich selbst wissen.* Schreiben Sie auf einem separaten Blatt Papier möglichst viele Eigenschaften auf, die heute auf Sie zutreffen. Denken Sie dabei sowohl an Ihre inneren Qualitäten als auch an Ihre äußeren Merkmale.
3. *Welche Eigenschaften Sie gern verstärken würden.* Beschreiben Sie auf einem weiteren Blatt, wie Sie in Zukunft sein möchten. Welche Eigenschaften wollen Sie verstärken, welche weniger? Was für ein Mensch möchten Sie im Alter sein?

Vergleichen Sie diese drei Blätter und schreiben Sie Ihre Eindrücke in Ihr Tagebuch. Können Sie die Entwicklung Ihrer Persönlichkeit von der Vergangenheit über die Gegenwart bis in die Zukunft nachvollziehen? Sich selbst auf diese Weise in Worte zu fassen, ist eine gute Möglichkeit, all das zu würdigen, was man geworden ist und noch werden wird.

Probieren Sie in Ihrem Alltag einige neue Wörter aus der Online-Liste aus, die Ihre Eigenschaften beschreiben. Schlagen Sie Synonyme dieser Wörter nach und prüfen Sie, ob sie auch auf Sie zutreffen. Mit der Zeit bauen Sie auf diese Weise einen umfangreicheren Wortschatz auf, um sich selbst zu beschreiben. Sie können auch Freunde bitten, dazu beizutragen: Erzählen Sie ihnen, was Sie vorhaben, und fragen Sie sie, mit welchen Worten sie Sie beschreiben würden. Die Entdeckung neuer Attribute für Ihr Selbstbild ist ein spannender Prozess der Selbsteinschätzung, der Ihnen für Ihr weiteres Leben von Nutzen sein wird.

## 5. Suchen Sie sich Vorbilder und Mentoren

Vorbilder und Mentoren können dazu beitragen, Ihr Selbstkonzept zu erweitern. Wenn Sie sich persönlich weiterentwickeln wollen, suchen Sie sich Menschen, die Sie bewundern, und lernen Sie von ihnen, indem Sie sie beobachten. Verbringen Sie Zeit mit Leuten, die Eigenschaften haben, welche Sie in Ihr Selbstkonzept integrieren und kultivieren möchten. Betrachten Sie jede Beziehung als eine Gelegenheit, sich weiterzuentwickeln, und wählen Sie die Menschen, mit denen Sie sich umgeben, entsprechend aus.

Sie werden überrascht sein, wie viele Menschen bereit sind, als Vorbild oder Mentor zu fungieren und ihre Erfahrungen mit Ihnen zu teilen. Suchen Sie sich einen Mentor, der Sie in Ihrer Begeisterung, mehr aus sich selbst zu machen, unterstützt und Sie auf Ihrem Weg begleitet. Besuchen Sie zum Beispiel einen Kurs bei einem Lehrer, den Sie mögen, oder kontaktieren Sie Personen aus den Lokalnachrichten, deren Geschichte Sie inspiriert hat. Überlegen Sie sich, was Sie von ihnen lernen möchten, damit Sie Ihre Anfrage konkret formulieren können.

Wenden Sie sich telefonisch oder schriftlich an Personen, die Sie bewundern, und bitten Sie sie, ihnen drei spezifische Fragen zu ihren Stärken stellen zu dürfen, die Sie auch entwickeln möchten. Wenn es gut läuft, können Sie diese Personen bei Gelegenheit wieder um Rat oder Unterstützung bitten. Wenn Sie respektvoll sind, spezifische Fragen stellen und nicht zu viel Zeit in Anspruch nehmen, werden Sie eher auf offene Ohren stoßen.

## Erkennen Sie Verzerrungen im Selbstbild und hinterfragen Sie diese

Von entscheidender Bedeutung ist es, dass Sie Verzerrungen in Ihrem Selbstkonzept, die durch Ihre emotional unreifen Eltern verursacht wurden, eliminieren und ersetzen. Achten Sie besonders auf hemmende Gefühle und Rollen und stellen Sie diese infrage. Hier erfahren Sie, wie Sie mit einigen der schwierigsten umgehen können.

### Sie sind mehr als eine Rolle: Halten Sie sich aus den Dramen anderer heraus

Anstatt andere als Individuen zu sehen, stecken unentwickelte Personen ihre Mitmenschen in Schubladen und weisen ihnen verzerrte, überzogene Rollen zu. Sie neigen dazu, jede Situation als eine Geschichte zu sehen, in der es Opfer, Angreifer und Retter gibt. Da die Realität in ihren Augen auf diese Geschichte reduziert wird, ziehen emotional unreife Menschen voreilige Schlüsse darüber, wer der Böse, wer der Unschuldige und wer der Retter ist, der ihnen zu Hilfe eilt. Dieses verzerrte Rollenspiel wird als »Dramadreieck« bezeichnet, das in der Abbildung dargestellt ist (Karpman 1968).

So wurde Julie als Kind regelmäßig in die Dramen ihrer Mutter hineingezogen. Julie fühlte sich schuldig, weil sie nicht in der Lage war, ihre Mutter vor dem Stiefvater zu »retten«, den ihre Mutter als Bösewicht darstellte, sich selbst sah die Mutter als Opfer. Da ihr niemand sagte, dass ihre erwachsene Mutter keineswegs hilflos war und sich selbst hätte helfen können, fühlte Julie sich verpflichtet, sie zu beschützen.

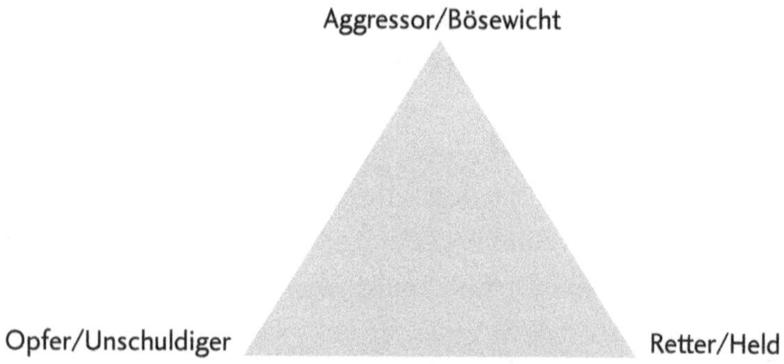


Das Dramadreieck

In einem anderen Beispiel versuchte die Jugendliche Carla, ihrer Mutter zu erklären, dass sie sich zu sehr kontrolliert fühlte und mehr Freiheit brauchte. Anstatt mit Carla darüber zu sprechen, wurde ihre Mutter wütend und beschimpfte sie als grausam und respektlos. Ihre Mutter stellte Carla als Täterin dar, während sie sich selbst als Opfer sah. Sie erwartete von ihrem Mann, dass er sie vor Carlas »Attacke« rettete, indem er sie bestrafte.

Da emotional unreife Menschen Beziehungen verzerrt als Dramadreiecke interpretieren, sind sie die Quelle nicht enden wollender Konflikte: Die Starken beuten die Unschuldigen aus, die leiden und von jemandem gerettet werden müssen. Es ist so leicht, in eine dieser Rolle zu schlüpfen, dass man es manchmal gar nicht bemerkt. Jeder kann vorübergehend in eine dieser fesselnden Geschichten hineingezogen werden, während emotional unreife Menschen dauerhaft in ihnen leben.

Das Beziehungsmuster des Dramadreiecks ist uns deswegen so vertraut, weil es sowohl Kindermärchen als auch Dramen zugrunde liegt. Aus dem Konflikt zwischen Gut und Böse entsteht eine spannende Handlung, doch im realen Leben führen diese vereinfachten, hochemotionalen Motive zu unnötigen Konflikten und Abwehrreaktionen. Wenn Menschen gegnerische Rollen einnehmen, gibt es keinen Raum für echte Kommunikation und emotionale Nähe (Patterson et al. 2012). Achten Sie auf diese Verhaltensmuster, wenn emotional unreife Menschen nicht bekommen, was sie wollen. Wahrscheinlich lässt sich ihre empörte Sicht der Dinge auf das Beziehungsdreieck zurückführen.

Wenn Sie nicht aufpassen, kann das Dramadreieck Ihre Beziehung zu sich selbst beeinträchtigen. Überlegen Sie, was es für Ihr Selbstwertgefühl bedeuten würde, wenn Sie sich immer als Opfer sähen. Denken Sie darüber nach, wie eingeschränkt Ihnen Ihre Zukunftsperspektiven erscheinen würden, wenn Sie immer für alle der Retter sein müssten. Stellen Sie sich vor, wie es an Ihnen nagen würde, wenn man Sie immer wieder in die Rolle des Bösewichts drängte.

Der Ausweg aus einem Dramadreieck besteht darin, sich bewusst zu machen, dass andere für ihr Verhalten und ihr Wohlbefinden selbst verantwortlich sind. Wenn Sie sich in einem Dramadreieck gefangen fühlen, rütteln Sie sich auf und weigern Sie sich, eine der Rollen zu übernehmen. Diese eindimensionale Definition Ihres Selbstkonzepts müssen Sie nicht akzeptieren. Lassen Sie sich nicht auf die Rolle des Bösewichts, des hilflosen Opfers oder des heldenhaften Retters reduzieren. Seien Sie stattdessen Sie selbst, definieren Sie *Ihr* anzustrebendes Ergebnis und suchen Sie nach Möglichkeiten, die Situation in die gewünschte Richtung zu lenken.

Wenn Sie den Dramadreiecken anderer nicht mehr auf den Leim gehen, können Sie zielstrebiger auf sie zugehen, ohne Ärger zu befürchten. Finden Sie sich zum Beispiel nicht mit der Opferrolle ab, wenn eine emotional unreife Person versucht, Sie zu dominieren oder Ihnen Schuldgefühle einzureden. Stehen Sie für sich ein und bestimmen Sie selbst, was das Beste für Sie ist, statt sich von den emotionalen Dramen anderer herumschubsen zu lassen.

## Weigern Sie sich dagegen, dominiert oder unterdrückt zu werden

Wenn es Ihnen nichts ausmacht, dass andere Ihnen vorschreiben, was Sie denken, fühlen oder tun sollen, haben Sie sich daran gewöhnt, *unterdrückt* zu werden (Young et al. 2005). Dies bedeutet aber, dass Ihre emotionale Autonomie und geistige Freiheit untergraben werden, und deshalb sollten Sie es nicht zulassen. Eine emotional unreife Person ist nicht legitimiert, über Ihr Leben zu bestimmen, und es entbehrt jeder Logik, zu glauben, dass sie weiß, was das Beste für Sie ist. Sobald Sie Ihr Recht einfordern, Ihre eigenen Entscheidungen zu treffen, wird Ihnen auffallen, wie überaus unangemessen die Versuche anderer sind, Sie zu beherrschen. Wenn Sie ein klares und selbstbewusstes Selbstkonzept haben, wird es Ihnen Ihre Würde und Integrität verbieten, emotionale Vereinnahmung und Erpressung zuzulassen.

Es gibt keinen Grund, die Dominanzversuche der anderen Person ernst zu nehmen. Beharren Sie auf Ihrer Entscheidungsfreiheit, indem Sie beispielsweise sagen: »Da sind wir beide unterschiedlicher Meinung«, »Dafür werde ich mich nicht entscheiden«, »Das mag für dich funktionieren, aber mein Stil ist das nicht« … oder: »Danke, aber das kann ich nicht tun.« Sollte Sie die Person weiter unter Druck setzen, können Sie zum Beispiel sagen: »Es gibt keinen Grund. Ich mache das einfach nicht.«

Jede Interaktion mit einer emotional unreifen Person, bei der Sie sich hilflos oder unterdrückt fühlen, ist eine gute Gelegenheit, Ihr erwachsenes Selbstkonzept zu stärken. Sollten Sie versucht sein, dem Drängen dieses Menschen nachzugeben, erinnern Sie sich an Ihr Recht, Ihre Grenzen zu verteidigen. Jedes Mal atmen Sie dann tief durch und genießen die Freiheit, zu allem Nein zu sagen, was Ihnen nicht gefällt. Sie brauchen sich nicht zu rechtfertigen. Sie haben gesagt, was Sie wollen, und das muss reichen. »Ich möchte nicht«, »Nein danke« oder »Nicht für mich« können dem Gespräch ein für alle Mal ein Ende setzen.

## Hinterfragen Sie jede Begegnung, bei der Sie sich unterlegen oder unzulänglich fühlen

Minderwertigkeitsgefühle können Ihnen genau zeigen, wo Sie in Ihrem Selbstkonzept falschliegen. Es ist in Ordnung, andere zu bewundern, aber wenn Sie jemanden als »höher*wertig*« ansehen, stimmt etwas nicht. Versuchen Sie, andere weder zu idealisieren noch zu vergöttern. Sie haben mehr Freude miteinander, wenn Sie auf Augenhöhe bleiben.

Gefühle der Minderwertigkeit oder Wertlosigkeit sind wie blinkende Warnlampen, die Sie darauf aufmerksam machen, dass Sie in ein emotional unreifes Beziehungssystem oder ein Dramadreieck hineingezogen werden. Wenn Sie lernen, Minderwertigkeitsgefühle als Warnung zu verstehen, dass jemand Sie zugunsten seines eigenen Selbstwerts missbraucht, können Sie sich distanzieren und Ihre Autonomie und Ihr positives Selbstbild bewahren.

Ganz anders fühlt man sich, wenn man mit einer emotional *reifen* Person zusammen ist, die man bewundert. Statt sich minderwertig zu fühlen, wird sie einen inspirieren, seine Ziele zu verfolgen. Solche Menschen legen Wert auf ein ausgeglichenes, respektvolles Miteinander. In ihrem Streben nehmen sie einen mit, statt einem das Gefühl zu geben, minderwertig zu sein.

## Befreien Sie Ihr Selbstkonzept von schambedingten Verzerrungen

Scham spielt bei der Verzerrung des Selbstkonzepts eine besondere Rolle, da sie – wie wir in Kapitel 2 gesehen haben – einem nicht als etwas vorkommt, was man *fühlt*, sondern wie etwas, was man *ist*. Dies hat schwerwiegende Folgen für Ihr Selbstkonzept.

Scham ist eine so quälende Erfahrung, dass man am liebsten im Boden versinken oder sterben würde. Erinnern Sie sich an Kapitel 2: Wenn Ihre Eltern Sie so behandeln, als wären Sie schlecht, kann Ihr Selbstkonzept mit dem belastet sein, was der Psychologe Jerry Duvinsky als *Core Shame Identity* bezeichnet (Duvinsky 2017).

Aber es ist wichtig, zu betonen, dass Schamgefühle nichts über Sie aussagen. Die einzig wahre Aussage über Scham besteht darin, dass eine emotional unreife Person Sie in einem Alter, in dem Sie sich nicht wehren konnten, dazu gebracht hat, sich schrecklich zu fühlen. Jetzt, da Sie erwachsen sind, können Sie Schamgefühle entschärfen, indem Sie die falsche Selbstüberzeugung, die ihnen zugrunde liegt, aufdecken und sie sich ansehen, ohne wegzulaufen, und infrage stellen. Duvinsky weist darauf hin, dass das wiederholte Erforschen von Schamgefühlen aus der Kindheit (gefolgt von der korrekten Umetikettierung als höchst unangenehme Emotionen – nicht als die Wahrheit über einen selbst) Scham wieder zu einer kontrollierbaren Emotion macht und nicht zu einem Urteil über Ihren Wert als Mensch.

Indem Sie Scham infrage stellen, entlarven Sie sie als eine Emotion, die Ihnen von anderen aufgezwungen wird, statt sie als das zu betrachten, was Sie als Person ausmacht *(core identity)*. Wenn Sie Scham nicht in Ihr Selbstkonzept integrieren, können Sie sie als eine Emotion von vielen behandeln. Wie das geht, erfahren Sie hier.

## Übung
## Nehmen Sie der Scham den Schrecken

Denken Sie an etwas, wofür Sie sich geschämt haben. Versetzen Sie sich in diese Situation zurück und erinnern Sie sich immer wieder daran, dass es nur ein Gefühl ist, das Sie empfinden, und kein Makel, der an Ihnen haftet. Duvinsky empfiehlt, aufzuschreiben, wie sich die Scham anfühlt, und sich dabei immer wieder bewusst zu machen, dass sie nichts weiter als eine unangenehme Emotion ist. Sagen Sie sich: »Das fühlt sich schrecklich an, aber es ist nur ein Gefühl. Es sagt nichts darüber aus, wer ich bin. Dieses Gefühl der Scham ist nur eines von vielen.« Wenn Sie auf diese Weise vorgehen, können Sie sie leicht überwinden.

Sobald Sie sich Ihren Schamgefühlen stellen, werden Sie sie nicht mehr als so katastrophal empfinden. Vielleicht sehen Sie Scham sogar als nützliches Warnzeichen dafür, dass jemand versucht, Ihnen negative Gefühle zu verursachen, um sich selbst besser zu fühlen. Scham als das zu sehen, was sie ist, bewahrt Sie nicht nur vor emotionalen Erpressungsversuchen, sondern wertet auch Ihr Selbstkonzept auf.

## Bestärken Sie Ihr Selbstkonzept als liebender Mensch

Emotional unreife Personen halten Sie für kalt und gefühllos, wenn Sie sich nicht Hals über Kopf in ihre Probleme stürzen. Wenn Sie zögern, sich für sie aufzuopfern, zweifeln sie daran, dass Sie ein guter Mensch sind, und geben Ihnen das Gefühl, nicht liebevoll genug zu sein.

Der Zweifel an der eigenen Liebesfähigkeit ist eine der folgenschwersten Selbstverzerrungen, die aus der Beziehung zu emotional unreifen Eltern resultieren. Deren Unfähigkeit, den eigenen Kindern zur Seite zu stehen, sie glücklich zu machen oder ihnen das Gefühl zu geben, ausreichend geliebt zu werden, kann den Eindruck erwecken, emotional defizitär zu sein. So wuchs eine Frau in dem Glauben auf, ihr Herz sei wie eine »gefrorene Erbse«, während eine andere berichtete, sie scheue Verabredungen, weil die Männer erkennen würden, dass es bei ihr »nicht genug« gäbe. Beide Frauen hatten emotional unersättliche Eltern, die die Großherzigkeit ihrer Kinder nie anerkannt hatten.

Nur weil Ihre Eltern Ihre Bemühungen, sie zu lieben, nicht zu schätzen wissen, heißt das nicht, dass Sie kein liebevoller Mensch sind. Oft können solche Eltern die Liebe ihres Kindes einfach nicht annehmen oder sie ist ihnen nie genug. Messen Sie Ihren Wert oder Ihre Güte nicht daran, ob sich Ihre Eltern von Ihnen geliebt fühlen. Investieren Sie stattdessen mehr Liebe und Wertschätzung in Ihre Beziehung zu sich selbst. Mit derart aufgelegten Eltern können Sie diese zusätzliche Unterstützung selbst sicher sehr gut gebrauchen.

## Machen Sie sich klar, wie hoch der Preis für ein reduziertes Selbstkonzept ist

Viele Menschen leben schon so lange mit einem negativen Selbstbild, dass sie dessen negative Auswirkungen gar nicht mehr wahrnehmen. Statt empört oder verletzt zu reagieren, haben sie sich daran gewöhnt, Unterdrückung und Respektlosigkeit hinzunehmen. Obwohl diese Einstellung den Schmerz lindert, schlecht behandelt zu werden, ist es wichtig, sich den hohen Preis vor Augen zu führen, den man für ein niedriges Selbstkonzept zahlt. Wenn Sie erkennen, wie sehr es schmerzt, von anderen herabgesetzt zu werden, können Sie etwas dagegen unternehmen. Tony Robbins zufolge ist es manchmal der beste Weg, den alten Schmerz absichtlich zu verstärken, um sich zu motivieren, etwas zu ändern (Robbins 2017).

Stellen Sie sich vor, Sie lachen mit Familienmitgliedern, die Sie schon seit Ihrer Kindheit auf Ihre Kosten aufziehen. Sie können das einfach als ein vertrautes Drehbuch abtun, das Sie schon eine Million Mal gespielt haben. Aber was wäre, wenn Sie einmal innehielten und bewusst *spürten*, wie die abfälligen Bemerkungen Sie emotional treffen? Was, wenn Sie sich bewusst machten, wie es ist, Angst zu haben, sich zu wehren oder, schlimmer noch, mit Ihren Peinigern zu lachen? Wenn Sie sich das wirklich klar vor Augen führen, können Sie vielleicht mehr Mitgefühl für sich selbst entwickeln. Verstärken Sie diese Gefühle, bis Sie merken, wie schädlich sie sich auf Ihr Selbstwertgefühl und Ihr Vertrauen auf andere auswirken. Sie werden ein anderes Bild von sich selbst bekommen, wenn Sie den Schmerz und das damit verbundene Mitgefühl zulassen.

Sobald Sie wirklich spüren, wie viel Sie für Ihr verzerrtes Selbstkonzept »bezahlt« haben, wird es Ihnen leichter fallen, etwas zu ändern. Dann ist Ihr Schmerz für etwas gut.

## Wie fühlt es sich an, ein gesundes Selbstkonzept zu haben?

Das Selbstkonzept eines Menschen hat dann optimale Startbedingungen, wenn eine starke Bindung zu den Eltern besteht und diese liebevolle Unterstützung bieten. Aber es gibt auch individuelle Faktoren, die unabhängig von der persönlichen Geschichte Resilienz und Selbstheilung fördern (Vaillant 1993). Vielleicht rühren sie von der innigen Beziehung zu sich selbst her, sodass man *weiß*, dass man zu mehr bestimmt ist. Einige von uns scheinen auch ohne nährende Beziehungen über »geheimnisvolle« innere Ressourcen zu verfügen. Sie ermöglichen es, sich selbst bewusst zur Seite zu stehen, zu lernen und aus widrigen Umständen herauszuwachsen. Diese Freundschaft mit uns selbst fördert die Selbstfürsorge und das Selbstmitgefühl und stattet uns mit einem instinktiven Selbstschutz gegenüber ausbeuterischen Menschen aus.

Sie wissen, dass Sie ein gesundes Selbstkonzept haben, wenn Sie sich selbst kennen- und schätzen gelernt haben. Sie würdigen Ihre Individualität – Ihre Interessen, Leidenschaften und Ideale – und die neuen Stärken, an denen Sie noch arbeiten. Mit einem gesunden Selbstkonzept sind Sie nicht davon besessen, das zu korrigieren, was vermeintlich *falsch* an Ihnen ist. Sie versuchen einfach, Ihr Potenzial auszuschöpfen und noch mehr Sie selbst zu sein. Sie haben ein gesundes Selbstkonzept, wenn Ihre Individualität etwas Wertvolles für Sie ist und Sie nicht irgendjemand oder irgendetwas anderes sein wollen. Diese Art von Selbstkonzept ist Ihr Geburtsrecht als Mensch.

## Das Wichtigste in Kürze

Ihr Selbstkonzept ist Ihr Wissen darüber, wer Sie sind und wie Sie sind. Leider kann es sein, dass Sie als Kind emotional unreifer Eltern ein verzerrtes Selbstbild entwickelt haben, das Minderwertigkeitsgefühlen und Unterdrückung Tür und Tor öffnet. Beziehungen zu emotional unreifen Menschen engen Sie ein, weil sie Ihnen ein verzerrtes Selbstkonzept vermitteln – zum Beispiel das Hochstapler-(Imposter-)Syndrom – oder eindimensionale Rollen in deren Dramadreiecken aufzwingen. Aber auch wenn Sie sich minderwertig fühlen oder Leerstellen in Ihrem Selbstkonzept haben, besteht immer die Möglichkeit, Ihre Autonomie und Autorität zurückzufordern. Indem Sie auf Ihre innere Stimme vertrauen und sich Mentoren oder Vorbilder suchen, die Sie in Ihrer persönlichen Entwicklung unterstützen, können Sie ein positiveres und gesünderes Selbstkonzept aufbauen.

## Kapitel 10

# Jetzt können Sie die Beziehung aufbauen, die Sie sich immer gewünscht haben

### Fokussieren Sie sich jeweils auf nur eine Interaktion

Wenn Sie wissen, was in den verschiedenen Interaktionen für Sie akzeptabel ist, können Sie eine gesündere Beziehung zu Ihren emotional unreifen Eltern aufbauen. Sie können die Zeit mit Ihren Eltern zielführender gestalten, wenn Sie sich nur auf die unmittelbare Interaktion konzentrieren und nicht auf die Beziehung zu ihnen im Allgemeinen. Letzteres würde Sie zu sehr unter Druck setzen. Der Schlüssel liegt darin, nach und nach eine ehrlichere und aktivere Beziehung zu Ihren Eltern aufzubauen, statt zu schweigen, sich von ihnen vereinnahmen zu lassen oder in Streit zu geraten. Solange Sie eine sichere Verbindung zu sich selbst aufrechterhalten und sich der Taktiken emotional unreifer Personen bewusst sind, werden Sie nicht so anfällig für ihre emotionalen Erpressungsversuche sein.

Indem Sie sich selbst und Ihrer inneren Welt treu bleiben, wahren Sie Ihre Grenzen, Ihre emotionale Autonomie und Ihr

Recht auf Individualität. Durch die Priorisierung Ihrer Verbindung zu sich selbst ist eine neuartige Beziehung zu Ihren Eltern möglich – eine, in der Ihr achtsamer Umgang mit sich selbst und Ihr Selbstschutz eine viel größere Rolle spielen. In vielerlei Hinsicht wird dies die Beziehung sein, die Sie sich schon immer gewünscht haben, *da Sie in Gegenwart Ihrer Eltern endlich Sie selbst sein können.*

Es geht nicht nur darum, wie Ihre Eltern Sie behandelten, sondern auch darum, wie sehr Sie sich selbst vernachlässigt haben, um mit ihnen auszukommen. Es ist, als hätten Sie in Ihrer Kindheit unwissentlich einen Beziehungsvertrag mit ihnen »unterschrieben«, ohne sich darüber im Klaren zu sein, was Sie das im Erwachsenenleben kosten würde. Zum Glück können Sie diesen alten Kontrakt mit Ihren Eltern jetzt revidieren und fairer gestalten. Sie kennen nun den Grad ihrer emotionalen Reife, können ihr Verhalten durchschauen und selbst entscheiden, ob Sie anders reagieren wollen.

Auch wenn Sie keinen Kontakt mehr zu Ihren Eltern haben oder diese nicht mehr leben, können Sie Ihre Erinnerungen nutzen und sich vorstellen, wie Sie anders mit ihnen hätten umgehen können. Indem Sie frühere Interaktionen in Ihrer Imagination nochmals durchleben, ist es sogar möglich, dass Sie die Vergangenheit anders empfinden. Eine Frau erzählte mir, sie habe durch die Vorstellung, ruhiger und selbstbestimmter auf ihren Vater zu reagieren, eine Beziehung zu ihm aufbauen können, die so gut war wie nie zuvor – und das, obwohl er schon seit sieben Jahren tot war.

Lassen Sie uns nun die unausgesprochene Vereinbarung, die vielleicht noch immer zwischen Ihnen und der emotional unreifen Person in Ihrem Leben oder Ihren Eltern besteht, überprüfen und bessere Bedingungen aushandeln.

## Wollen Sie an der alten Vereinbarung festhalten?

In den meisten Beziehungen werden im Laufe der Zeit unausgesprochene Vereinbarungen getroffen, die uns nicht bewusst sind, solange es keine Probleme gibt. Diese »Verträge« bleiben meist im Verborgenen. Erst wenn sie offen auf dem Tisch liegen, erkennen wir, worauf wir uns geeinigt haben. Die folgende Übung hilft Ihnen, sich bewusst zu machen, worauf Sie sich eingelassen haben, und gleichzeitig zu prüfen, ob Sie sich immer noch daran halten wollen.

### Übung
### Bewerten Sie die Bedingungen der Beziehung zu Ihren emotional unreifen Eltern neu

Wenden Sie die folgenden Aussagen auf eine wichtige emotional unreife Person in Ihrem Leben an und schreiben Sie jeweils »Ich stimme zu« oder »Ich stimme nicht zu« in Ihr Tagebuch:

1. Ich stimme zu, dass deine Bedürfnisse vor denen aller anderen stehen sollten.
2. Ich stimme zu, in deiner Gegenwart nicht offen meine Meinung zu äußern.
3. Sag, was immer du willst, ich werde nicht widersprechen.
4. Ja, wenn ich anders als du denke, habe ich wahrscheinlich einfach keine Ahnung.
5. Du hast allen Grund, verärgert zu sein, wenn jemand Nein zu dir sagt.
6. Bitte bring mir bei, was ich mögen und was ich nicht mögen sollte.

7. Ja, es ist sinnvoll, dass du darüber entscheidest, wie viel Zeit ich mit dir verbringen will.
8. Du hast recht, ich sollte dir »Respekt« erweisen, indem ich meine eigenen Gedanken in deiner Gegenwart verleugne.
9. Natürlich musst du dich nicht selbst unter Kontrolle haben, wenn du keine Lust dazu hast.
10. Es ist in Ordnung, wenn du nicht nachdenkst, bevor du redest.
11. Auf keinen Fall solltest du warten müssen oder mit Unannehmlichkeiten konfrontiert werden.
12. Ich stimme dir zu: Du solltest dich nicht anpassen müssen, wenn die Umstände sich ändern.
13. Es ist in Ordnung, wenn du mich ignorierst, mich anschnauzt oder dich nicht freust, mich zu sehen: Ich will trotzdem Zeit mit dir verbringen.
14. Natürlich hast du das Recht, unverschämt zu sein.
15. Ich stimme dir zu, dass du dir von niemandem etwas vorschreiben lassen solltest.
16. Sprich gern über deine Lieblingsthemen, solange du willst. Ich werde einfach zuhören und nicht erwarten, dass du mir Fragen über mich stellst.

Ziel dieser Übung ist es, sich bewusst zu machen, inwiefern man einer emotional unreifen Person unwissentlich erlaubt hat, die erste Geige in der Beziehung zu spielen. Die Offenlegung der Beziehungsbedingungen erleichtert es, sich VOR Augen zu führen, womit man in Zukunft einverstanden ist.

## Zwei Gedanken, die Interaktionen mit emotional unreifen Personen wieder ausbalancieren

Unausgeglichene Beziehungsmuster lassen sich mithilfe zweier neuer Gedanken wieder ins Gleichgewicht bringen. Interaktionen werden dadurch erheblich verbessert. Wenn es zu Konflikten kommt oder Sie von jemandem emotional erpresst werden, machen Sie Folgendes:

1. Sehen Sie sich selbst als genauso wichtig an wie die emotional unreife Person. (»Ich bin genauso wichtig wie sie.«)
2. Halten Sie bewusst die Verbindung zu sich selbst aufrecht und akzeptieren Sie sich bedingungslos. (»Ich bin gut so, wie ich bin.«)

Indem Sie sich diese beiden Tatsachen ins Gedächtnis rufen – dass Sie genauso wichtig wie diese Person sind und dass Sie so, wie Sie sind, gut sind –, wehren Sie Erpressungsversuche und Anspruchsdenken dieser Person ab. Wenn Ihnen diese beiden Gedanken stets präsent sind, werden Interaktionen mit einer emotional unreifen Person ein anderes Gefühl bei Ihnen hinterlassen. Der andere wird sein Verhalten vermutlich nicht ändern und tun, was er immer tut, doch wenn Sie sich selbst als ebenso wichtig ansehen und mit sich selbst verbunden bleiben, werden Sie eine völlig andere Beziehungserfahrung erleben. Dadurch, dass Sie sich darin üben, diese grundlegende Haltung einzunehmen, können Sie nicht dominiert, von sich selbst getrennt oder glauben gemacht werden, dass Ihr Erleben weniger wichtig ist als das dieser Person.

## 1. Sie sind genauso wichtig wie sie

Emotional unreife Menschen können sich nicht vorstellen, dass die Bedürfnisse anderer genauso wichtig sind wie die ihren. Da sie sich berechtigt fühlen, in der Beziehungshierarchie über Ihnen zu stehen, gehen sie selbstverständlich davon aus, dass auch Sie ihre Vorrangstellung akzeptieren. Dieses Selbstvertrauen verleiht ihnen eine autoritäre, ja charismatische Ausstrahlung, die jedoch auf Egozentrik und emotionaler Unreife basiert. Glücklicherweise sind Sie jetzt in der Lage, die ichbezogenen Grundannahmen dieser Personen zu durchschauen.

In dem Moment, in dem Sie sich fragen, was genau diese Person eigentlich wichtiger macht als Sie, stellen Sie die Verbindung zu sich selbst wieder her. Wenn Sie darüber nachdenken, werden Sie feststellen, dass es keinen Grund gibt, warum sie bedeutender sein sollte als Sie. Es ist nur der Eindruck, dem Sie unterlegen waren.

Sobald Sie sich – trotz des konträren Verhaltens Ihres Gegenübers – als gleichwertig betrachten, werden Ihnen automatisch gezieltere und selbstbewusstere Antworten einfallen. Sie werden nach dem fragen, was Sie in diesem Moment bevorzugen. Sie werden Antworten geben, die der anderen Person sanft signalisieren: »Ich bin auch da und meine Bedürfnisse sind genauso wichtig wie deine.« Sie erklären, was das Beste für Sie wäre. Denn es gibt keinen Grund, sich zu schämen, wenn man sich auf Augenhöhe begegnet.

## 2. Halten Sie die Verbindung zu sich selbst aufrecht und akzeptieren Sie sich bedingungslos

Wenn Sie sich selbst und Ihre innere Welt wertschätzen, werden Sie neue Selbstsicherheit und Zufriedenheit gewinnen. Indem Sie sich so akzeptieren, wie Sie sind, und die Verbindung zu Ihrem unmittelbaren Erleben nicht verlieren, werden Sie sich innerlich stärker fühlen. Sich selbst als ein Wesen zu betrachten, das sich ständig weiterentwickelt, ermutigt Sie, Ihre Energiereserven und Interessen zu schützen. Sie koppeln sich nicht mehr von Ihren eigenen Gefühlen ab oder stellen die emotional unreife Person in den Mittelpunkt. Es ist für Sie nicht mehr akzeptabel, Ihre eigenen Bedürfnisse zurückzustellen, nur weil der andere an erster Stelle stehen will.

Es ist sehr wichtig, in Gegenwart einer solchen Person dem Drang zu widerstehen, sich ganz klein zu machen und sich tief in sich selbst zurückzuziehen. Es ist falsch, so wenig Raum wie möglich für sich zu beanspruchen, damit der andere sich ausdehnen kann. Dieses Zusammenschrumpfen ist ein überkommener Abwehrmechanismus aus Kindertagen, den Sie jetzt ablegen sollten. Bleiben Sie im Moment, indem Sie Ihr Recht auf Ihre eigenen Gedanken und Gefühle verteidigen. Statt sich kleinzumachen und zum ergebenen Zuhörer zu werden, bleiben Sie »ganz Sie selbst«.

## Wie Sie die Verbindung zu sich selbst aufrechterhalten und präsent bleiben

Für eine emotional unreife Person besteht die einzige Möglichkeit, Sie gedanklich und emotional zu vereinnahmen, darin, dass sie Sie dazu bringt, sich von Ihrem Innenleben abzukoppeln. Sobald Sie in ihrem Bann stehen und in Passivität verfallen, werden Sie emotional unbeweglich und dissoziieren sich von sich selbst. Mit Achtsamkeit können Sie diesen Prozess jedoch umkehren.

Ein achtsamer und bewusster Umgang mit sich selbst mag den Anschein von Untätigkeit erwecken, zumal man sich dabei vielleicht in Schweigen hüllt. Doch der achtsame Umgang mit sich selbst ist eine große Leistung, da er Sie davon abhält, gemäß der Erwartung der emotional unreifen Person nur dafür zu existieren, deren Selbstwertgefühl aufzupolieren und sie emotional stabil zu halten. Achtsamkeit ist auf psychologischer Ebene deshalb so wirksam, weil sie Ihnen ein Werkzeug an die Hand gibt, mit dem Sie Ihr Mindset von »passiv« auf »zielorientiert« umstellen können.

Wenn Sie sich in Gegenwart eines solchen Menschen der achtsamen Selbstwahrnehmung widmen, gewinnen Sie Ihre emotionale Autonomie, Ihre geistige Freiheit und das Recht, Sie selbst zu sein, zurück. Das Ausmaß der Selbstbefreiung, wenn Sie sich bewusst auf Ihre eigenen Gefühle und Gedanken konzentrieren, während Sie sich in unmittelbarer körperlicher Nähe eines solchen Zeitgenossen befinden, ist kaum zu überschätzen.

Sie können dies üben, indem Sie den Blickkontakt mit einer derartigen Person suchen und sich dabei gezielt Ihrer eigenen Gedanken und Gefühle bewusst werden. Erleben Sie, wie es sich anfühlt, innerlich voll präsent zu sein, auch wenn Ihr Gegenüber erwartet, dass Sie sich auf es konzentrieren. Dieser bewusste, achtsame Umgang mit sich selbst ist eine mutige Aufkündigung des alten Beziehungsvertrags, weil der emotional unreife Mensch nicht mehr im Mittelpunkt Ihrer Aufmerksamkeit steht. Es lohnt sich, emotionale Autonomie und Gedankenfreiheit zu üben, um sich nicht automatisch aus dem inneren Gleichgewicht bringen zu lassen.

Statt sich darauf zu fokussieren, was die emotional unreife Person will, achten Sie auf Ihre Körperempfindungen, Ihr unmittelbares emotionales Erleben und Ihre Gedanken. Indem Sie Ihre Aufmerksamkeit auf das richten, was Sie im Moment erleben, stellen Sie den anderen nicht mehr an die erste Stelle.

Wenn Sie möchten, können Sie die Achtsamkeitsübungen von Thich Nhat Hanh ausprobieren (Thich Nhat Hanh 2012). Sie sind einfach und leicht durchzuführen. Bleiben Sie bei sich selbst, indem Sie sich auf Ihren Atem konzentrieren und sich sagen: »Beim Einatmen bin ich hier. Beim Ausatmen bin ich ruhig.« Die Konzentration auf den Atem hilft, sich des eigenen Wertes und der eigenen Existenz zu vergewissern, auch wenn die emotional unreife Person versucht, die Interaktion ganz auf sich zu lenken.

Wenn Sie diese neuen Haltungen und Ansätze einüben, geht es in der Wechselbeziehung mit Ihrem Elternteil um zwei Personen, nicht nur um eine. Im nächsten Schritt werden wir uns damit beschäftigen, wie dies erreicht werden kann.

## Wie Sie die Interaktionen ausgeglichener und friedlicher gestalten

Eine Beziehung, in der man nicht aufrichtig ist, wird nicht erfüllend sein. Im nun Folgenden werden wir sehen, wie man mit emotional unreifen Eltern umgehen kann, um die Chancen auf eine echte Beziehung zu erhöhen, ohne sich selbst zu verleugnen.

## Durchbrechen Sie alte Muster, bevor sie überhandnehmen

Um nicht emotional vereinnahmt zu werden, wenn jemand Druck auf Sie ausübt, achten Sie darauf, Verantwortung für Ihre Gefühle zu übernehmen, um sie zu bestätigen oder sie sogar zu optimieren. Sobald Sie den Drang verspüren, dafür zu sorgen, dass sich die Person auf Ihre Kosten besser fühlt, verhindern Sie eine weitere Vereinnahmung, indem Sie sich bewusst machen, was sie tut. Es hilft, das Verhalten der Person in inneren Selbstgesprächen wie den folgenden in Worte zu fassen:

- Jetzt versucht sie, mich emotional zu erpressen und mir ein schlechtes Gewissen zu machen.
- Jetzt will sie mich für ihr Dramadreieck ködern.
- Jetzt sendet er auf dem »Ich-Kanal« und das Gespräch dreht sich nur um ihn.
- Jetzt lehnt sie mein inneres Erleben ab und respektiert es nicht.
- Jetzt zieht er mein Recht in Zweifel, meine eigenen Gefühle und Gedanken zu haben.
- Jetzt stellt er meine Pflicht infrage, mich zuerst um mich selbst zu kümmern.
- Jetzt macht sie mir Schuldgefühle, damit sie das Unschuldslamm geben kann.

Sobald es Ihnen in Fleisch und Blut übergegangen ist, diese Dynamik wahrzunehmen, können Sie zum Schutz Ihrer Grenzen und Ihrer emotionalen Autonomie anders reagieren. Zuvor hat die emotional unreife Person »gemacht«, dass Sie bestimmte Gefühle empfanden. Doch je klarer Sie sehen, was sie da gerade tut, desto weniger wirksam werden ihre Versuche sein.

Meine Klientin Tina zum Beispiel hatte stets das Gefühl, dass in ihr »ein Ast abbricht«, bis sie irgendwann an ihre Grenzen stieß, weil ihre Mutter sich immer in der Opferrolle sah. Von da an wechselte Tina das Thema, widersprach oder verließ das Haus, wenn ihre Mutter ihr auf die Nerven ging und ihre Energie raubte.

Als Tina merkte, dass einige der Gesprächsthemen ihrer Mutter eine toxische Wirkung auf sie hatten, konnte sie ihnen so intuitiv ausweichen, als ob sie körperliche Schläge vermeiden würde. (»Mama, ich habe nicht die Fähigkeiten, dir dabei zu helfen. Lass uns über etwas anderes reden.«) Hätte ihre Mutter darauf bestanden, dass Tina ihr »einfach zuhört«, hätte Tina beispielsweise erwidern können: »Geht nicht, Mama. Es macht mich einfach zu traurig.«

Emotionale Vereinnahmung zu vermeiden, bedeutet, klar zu sagen, was man fühlt und will, und sich von dem zu distanzieren, was man nicht will. Indem Sie sofort sagen, was Sie gerade brauchen – *und sei es auch noch so zaghaft und unbeholfen* –, legen Sie die Rolle ab, die Interaktionen mit einer emotional unreifen Person seicht und stressig macht.

## Übernehmen Sie die Führungsrolle in der Beziehung

Wenn Sie verhindern, dass eine solche Person die Kontrolle an sich reißt, können Sie die Interaktion mit ihr in die von Ihnen gewünschte Richtung lenken. Schlagen Sie etwas vor, was in Ihrem Sinne ist, und fördern Sie so eine ausgeglichenere und respektvollere Beziehung zwischen Erwachsenen. Falls ein Elternteil zum Beispiel versucht, die Kontrolle zu übernehmen oder Ratschläge zu erteilen, können Sie sagen: »Das ist eine gute Idee, Mama, aber es ist wichtig, dass ich selbst darüber nachdenke.«

Wenn Ihre Mutter oder Ihr Vater wütend ist und ausfallend wird, können Sie die Führung übernehmen, indem Sie sagen: »Ich erwarte, dass du dich beherrschst. Wir sind zwei erwachsene Menschen. Wie können wir eine respektvolle, erwachsene Beziehung haben, wenn du so mit mir sprichst?«

Verantwortungsvolle Menschen, die die Führungsrolle in einer Beziehung übernehmen, leben respektvolles Verhalten vor und vermitteln, dass Interaktionen auf Gegenseitigkeit beruhen. Sie machen deutlich, wie sie behandelt werden möchten und was für sie eine erfüllende Beziehung ausmacht. Personen, die in einer Beziehung auf solche Weise den Ton angeben, sprechen sich klar für Werte aus, die andere dazu inspirieren, sich gegenseitig gut zu behandeln.

Brie zum Beispiel hat ihren Vater, der abnehmen wollte, angefeuert und mit ihm jeden noch so kleinen Erfolg gefeiert. Aber als Brie selbst an ihrer Fitness arbeiten wollte, fragte ihr Vater nie, wie es ihr ging. Brie erklärte ihrem Vater, dass sie sich gegenseitig unterstützen sollten und es dann beiden mehr Spaß machen würde. Ihr Vater schien überrascht – so als wäre ihm der Gedanke nie gekommen – und versprach, sich mehr zu interessieren.

Es ist selbstzerstörerisch, jemandem zu folgen, der nicht die Reife besitzt, verantwortungsvoll mit seiner Führungsrolle umzugehen. Man tut ihm keinen Gefallen, wenn man ihm nicht beibringt, wie man es besser macht, obwohl man es besser weiß.

## Optimieren Sie die Beziehung und konzentrieren Sie sich auf jeweils nur eine Interaktion

Wie bereits erwähnt, kommt man mit einer emotional unreifen Person besser zurecht, wenn man sich nicht ständig um die Beziehung als Ganzes sorgt. Es ist möglich, eine Interaktion zu verbessern, doch die gesamte Beziehung zu optimieren, ist ein zu ehrgeiziges Ziel. Wenn Sie sich jeweils auf nur eine Interaktion konzentrieren, werden Sie sich effektiver fühlen und weniger Rückschläge erleiden.

Versuchen Sie einmal, Ihren Eltern mit einer möglichst neutralen Haltung zu begegnen, so als würden Sie überhaupt keine Vergangenheit mit ihnen teilen. Öffnen Sie ein neues Kapitel. Tun Sie so, als hätten Sie alles, was Ihre Eltern sagen und tun, noch nie erlebt, um in diesem Moment aufrichtig reagieren zu können. Mithilfe der Technik des unbelasteten Eintritts in Interaktionen – »ohne Erinnerung oder Wunsch« (Bion 1967) – kann man Menschen im jeweiligen Augenblick begegnen, ohne dass alte Ressentiments einem die Sicht auf die Interaktion mit ihnen trüben. Man hegt keinen Groll gegen sie und sieht sie mit neuen Augen.

Sie können mit Ihren Eltern so umgehen, als wären sie Bekannte, die Sie gerade erst kennengelernt haben – *ohne die Erwartung, dass sie Ihre emotionalen Bedürfnisse befriedigen.* Sie müssen sie nicht lieben, genauso wenig, wie sie Sie lieben müssen. Sie können sich einfach nur gut verstehen.

Eine Klientin erzählte mir, wie viel besser ihr Verhältnis zu ihrer Mutter sei, seit sie alle Erwartungen an eine enge Beziehung aufgegeben habe. Stattdessen pflegte sie einen freundschaftlichen Umgang mit ihr, so als handle es sich um eine Begegnung mit einer älteren Dame. Ihr wurde klar, dass sie eigentlich schon vor Jahren aufgehört hatte, etwas von ihrer Mutter zu brauchen. Tatsächlich empfand die Klientin ihr Gefühlsleben als sehr erfüllend, unabhängig davon, ob ihre Mutter sie liebte oder nicht. Sie akzeptierte jetzt jede kleine Interaktion mit ihrer Mutter so, wie sie war, ohne deren Verhalten mit dem zu vergleichen, was sie sich gewünscht hätte. Das Gefühl der Bitterkeit verflog, als sie beschloss, jede Interaktion als neu zu betrachten, ohne Groll oder

Hoffnung. Wie auch immer die Interaktion mit ihrer Mutter aussah, sie war zufrieden.

## Durch eine reife Kommunikation bleiben Ihre Interaktionen real

Damit der Austausch authentisch bleibt, muss auf eine klare Kommunikation geachtet werden, die Nähe schafft. Auf diese Weise teilen Sie Ihrem Gegenüber mit, was Sie fühlen, denken und wollen, ohne es anzugreifen. Klare und vertraute Kommunikation ist nicht unhöflich oder konfrontativ. Sie bringen damit Ihre Erfahrungen möglichst neutral zum Ausdruck, ohne zu beschuldigen, zu interpretieren oder zu drohen. Sie versuchen nicht, Ihr Gegenüber zu ändern: Sie teilen ihm lediglich mit, wie sich sein Verhalten auf Sie auswirkt. Sie kommunizieren unmissverständlich, wie es Ihnen in der Beziehung geht, und geben ihm damit die Möglichkeit, sich ebenfalls zu öffnen, falls es das wünscht. Indem Sie transparent mit Ihrem inneren Erleben umgehen, lassen Sie sich ehrlich auf die Beziehung ein und geben Ihrem Gegenüber die Chance, Sie kennenzulernen. Die Dinge zwischen Ihnen werden sofort realer.

## Sprechen Sie über Ihre Gefühle, um eine aufrichtigere Beziehung zu haben

Ein großer Schritt hin zu mehr Loyalität sich selbst gegenüber ist, einer emotional unreifen Person beziehungsweise seinen Eltern zu sagen, wie man sich angesichts bestimmter Verhaltensweisen und Vorkommnisse fühlt. Wenn Sie die Verbindung zu sich selbst aufrechterhalten und sich selbst treu bleiben, verändern Sie dadurch die Bedingungen Ihrer Beziehung zueinander. Ihre Interaktionen werden von einer größeren emotionalen Nähe und mehr Aufrichtigkeit geprägt sein, auch wenn diese nur von Ihnen selbst kommt. Jedes Mal, wenn Sie das Wort ergreifen – unabhängig davon, wie zögerlich oder verlegen Sie dabei sind –, tragen Sie durch eine tiefere und bedeutungsvollere Kommunikation dazu bei, dass Ihre Beziehung nicht oberflächlich bleibt.

**Sie signalisieren Ihre Ebenbürtigkeit, wenn Sie sich äußern.** Indem Sie sich zu Wort melden, zeigen Sie, dass Sie gleichberechtigt sind. Wenn Sie sich äußern, sagen Sie, dass das, was in Ihnen vorgeht, genauso wichtig ist wie das, was in der emotional unreifen Person vorgeht. Auf diese Weise verhindern Sie, dass sich ungesunde Hierarchien bilden.

Sich in Gegenwart solcher Personen zu äußern, kann jedoch eine Herausforderung sein, da diese in der Regel kaum Fragen stellen oder Ihnen die Möglichkeit geben, sich einzubringen. Vielleicht müssen Sie sich Raum zum Sprechen verschaffen, indem Sie beispielsweise »Warte mal!« oder »Moment!« sagen oder sogar die Hand heben und winken. Wenn Sie unterbrochen werden, können Sie sagen: »Nur noch eine Minute, ich möchte ausreden«, und tief durchatmen, bevor Sie fortfahren. Es geht *nicht* darum, dass Ihr Gegenüber Ihnen zuhört. Wichtig ist, dass Sie in Ihrem eigenen Interesse handeln, indem Sie darum bitten, gehört zu werden. Ihre Beziehung zu sich selbst wird gestärkt, unabhängig davon, ob man Ihnen zuhört oder nicht.

**Bitten Sie Ihr Gegenüber, Ihnen zuzuhören.** Wenn Sie sich über eine emotional unreife Person ärgern und es nicht schaffen, sofort etwas zu sagen, können Sie später immer noch auf sie zugehen und sie bitten, Ihnen zuzuhören. Sagen Sie ihr, dass Sie einige Gedanken mit ihr teilen wollen, und fragen Sie, ob sie sich fünf Minuten Zeit nehmen kann. (Das Zeitlimit von fünf Minuten ist wichtig, da emotionale Nähe diese Person ziemlich nervös macht.)

Wenn sie einverstanden ist, schildern Sie, wie Sie die Situation erlebt haben, indem Sie ihr *spezifisches* Verhalten beschreiben und wie Sie sich dabei gefühlt haben. Fragen Sie, was sie damit bezweckt hat. (»Papa, als du so grimmig dreingeschaut hast und ganz rot im Gesicht wurdest, hatte ich das Gefühl, du würgst mich ab. Ich hatte den Eindruck, kein Recht auf eine eigene Meinung haben zu dürfen. Willst du, dass ich in deiner Nähe den Mund halte? Was soll ich tun, wenn du so wütend bist?«)

Sprechen Sie in jedem fünfminütigen Gespräch nur über *eine* Interaktion. Bleiben Sie respektvoll, während Sie die Gefühle beschreiben, die das Verhalten des Gesprächspartners bei Ihnen auslöst, und vermeiden Sie es, vorwurfsvoll zu sein. Wenn die Person Sie unterbricht oder Gründe für ihr Verhalten nennt, gestehen Sie ihr dies zu, bitten Sie aber darum, ausreden zu dürfen.

Wenn die fünf Minuten vorüber sind, bedanken Sie sich bei Ihrem Gesprächspartner fürs Zuhören und fragen Sie ihn, ob er Ihnen etwas sagen möchte. Vielleicht will er das nicht, aber denken Sie daran, dass Ihre Aufgabe erfüllt ist, sobald Sie um ein Gespräch gebeten haben. Durch Ihr Handeln haben Sie bereits Ihre alte Rolle aus der Kindheit ins Gegenteil verwandelt. Sie haben den alten Beziehungsvertrag aufgehoben (zum Beispiel die Klausel »Ich bin damit einverstanden, in deiner Gegenwart nicht über meine Gedanken zu sprechen«). Kurze Gespräche lassen die Dinge realer erscheinen und zeigen Ihnen beiden, dass Ihre Beziehung ein gewisses Maß an Ehrlichkeit verträgt.

Ich kann nicht oft genug betonen, dass Sie mit dieser Art der Kommunikation – auch wenn das angesprochene Problem dadurch nicht gelöst wird – bereits Ihr Ziel erreicht haben: Sie haben auf Augenhöhe gehandelt und mit Ihrem klaren, vertrauten Kommunikationsstil die Führung übernommen. Das ist ein großer Schritt nach vorn.

## Kommunizieren Sie gekonnt und wertfrei, statt auf Konfrontationskurs zu gehen

Glücklicherweise wissen wir heute viel darüber, welche Arten der Kommunikation auch unter Stressbedingungen zu positiven Ergebnissen führen. Ein effektiver Kommunikationsstil ist ehrlich, nicht wertend, neutral im Ton und einfühlsam in Hinblick auf die Sichtweise der anderen Person. Schauen wir uns die Kommunikationsstile an, die im Umgang mit emotional unreifen Personen und Eltern am besten funktionieren.

**Nichtkomplementäre Kommunikation.** Dieser von dem Psychologieprofessor Christopher J. Hopwood beschriebene Kommunikationsstil setzt wütendem oder aggressivem Verhalten eine unerwartet ruhige und einfühlsame Reaktion entgegen (Hopwood 2016). Mit »komplementärem Verhalten« wird umschrieben, dass Menschen einander spiegeln. Wenn die aufgebrachte Person jedoch auf Neugier und Sympathie statt auf Gegenwehr stößt, löst sich ein scheinbar unabwendbarer Konflikt häufig in Luft auf. Die überraschende Freundlichkeit des *nicht*komplementären Verhaltens lässt Feindseligkeit und Dominanzversuche oft scheitern.

Bei diesem Ansatz reagieren Sie auf die Feindseligkeit der emotional unreifen Person mit Einfühlungsvermögen, so als würde sie Verständnis und nicht Streit suchen. Sie erkennen ihr tiefer liegendes emotionales Bedürfnis nach Verbundenheit und deuten ihr unangenehmes Verhalten als einen Schrei nach Aufmerksamkeit und Akzeptanz. Manchmal löst die Überraschung angesichts einer empathischen Reaktion eine aggressionsgeladene Situation auf und lässt stattdessen etwas Kreatives, Sinnvolles und Verbindendes entstehen.

Zum Beispiel kam Bobbis Partnerin nach Geschäftsreisen immer mürrisch nach Hause. Bobbi fand schließlich heraus, dass ihre Partnerin nicht nur müde war, sondern auch Angst hatte, dass Bobbi sich nicht freuen würde, sie zu sehen. Als Bobbis Partnerin das nächste Mal durch die Tür kam und ein Gesicht wie bei sieben Tagen Regenwetter machte, stand Bobbi auf, umarmte sie und sagte: »Ich bin so froh, dass du wieder da bist. Ich hab dich so vermisst. Möchtest du etwas essen?«

Menschen, die in nichtkomplementärer Kommunikation geübt sind, nutzen Humor oder entwaffnende Freundlichkeit, um angespannte Situationen zu entschärfen. Auch eine naive oder besorgte Reaktion kann die Angriffslust einer emotional unreifen Person abschwächen. Wenn Sie zum Beispiel ungerechtfertigt kritisiert werden, können Sie mit einem neutralen »Oh, das wusste ich gar nicht« antworten.

Durch nichtkomplementäre Kommunikation können Sie auf das Bedürfnis Ihres Gegenübers eingehen, verstanden zu werden, statt nur auf sein feindseliges Handeln zu reagieren. Wenn die eigene Reaktion aufrichtig ist, kann eine nichtkomplementäre Reaktion eine unangenehme Konfrontation in einen Moment überraschender Verbundenheit verwandeln. Selbst wütende Menschen wollen einfach nur gesehen und anerkannt werden.

**Nicht defensive und gewaltfreie Kommunikation.** Nicht defensive (Ellison 2016) und gewaltfreie (Rosenberg 2016) Kommunikation sind Methoden, die im Umgang mit anderen auf Aggression, Beleidigung, Vorwürfe und Beschämung verzichten. Ziel ist es zuzuhören, ohne in die Defensive zu gehen, immer im Bewusstsein dessen, was einem selbst wichtig ist.

Nicht defensive oder gewaltfreie Kommunikation vermeidet die polarisierende Rollenverteilung (Aggressor/Opfer) des Dramadreiecks und gibt Ihrem Gegenüber das Gefühl, dass es kein Risiko bedeutet, die Kommunikation aufrechtzuerhalten.

Diese Kommunikationsstile erkennen an, dass beide Seiten legitime Absichten und wichtige Bedürfnisse haben. Durch die Anwendung dieser Techniken können Gespräche weniger emotional und wertend geführt werden. Unabhängig davon, wie die andere Person reagiert, werden Sie sich handlungsfähiger und souveräner fühlen. Neben den Werken der oben genannten Autoren finden Sie im Literaturverzeichnis dieses Buches weitere Publikationen zu offenen, nicht bedrohlichen Kommunikationsstilen bei Patterson et al. 2012 und Stone et al. 2001.

## Wenn Unstimmigkeiten Konflikte auslösen

Nun wollen wir einen Blick darauf werfen, wie man mit unvermeidlichen Meinungsverschiedenheiten umgeht. Wie kann man trotz Grenzverletzungen und inakzeptablem Verhalten eine möglichst gute Beziehung aufrechterhalten?

**Setzen Sie Grenzen und sagen Sie Nein.** Zum Schutz des eigenen Wohlbefindens ist es in jeder Beziehung notwendig, gelegentlich Nein zu sagen und Grenzen zu setzen. Sie brauchen sich nicht zu entschuldigen oder zu erklären. Sagen Sie einfach: »Nein, das kann ich wirklich nicht.« Oder: »Das wird nicht funktionieren.«

Im Gegensatz zu Menschen mit normal entwickeltem Einfühlungsvermögen ist es schwierig, einer emotional unreifen

Person etwas abzuschlagen. Vielleicht stellt sie Ihre Ablehnung infrage und wird etwas wie »*Warum* kannst du nicht?« sagen. Manchmal wird sie auch versuchen, das vermeintliche Problem hinter Ihrer Entscheidung zu lösen, und einen Vorschlag unterbreiten. (»Könntest du es vielleicht doch machen, wenn du …?«) Kein vernünftiger und freundlicher Mensch würde es weiter versuchen, aber solche Personen tun so, als würde ihnen Ihre Zeit gehören. Wenn ein solcher Zeitgenosse trotz Ihres Neins hartnäckig bleibt, können Sie einfach mit den Schultern zucken oder erwidern: »Soll ich dir noch mehr Gründe nennen? Ich fürchte, das kann ich nicht.«

**Nehmen Sie nur das an, was Sie wollen.** Die Großzügigkeit emotional unreifer Menschen äußert sich oft in einer Weise, die das Gefühl vermittelt, verpflichtet zu sein oder keine Wahl zu haben. Für sie geht es nur darum, was sie geben wollen, unabhängig davon, ob es Ihren Wünschen entspricht oder nicht. Sie machen wie gesagt beispielsweise Geschenke, die sie selbst gern hätten, planen ungefragt irgendwelche Freizeitaktivitäten oder bieten wiederholt Hilfe an, um die Sie nicht gebeten haben. Sie sind wie Kinder, die ständig »Noch mal!« betteln. Solche Personen nehmen nicht wahr, dass andere vielleicht müde sind oder eine Aktivität nicht so sehr genießen wie sie selbst. Als die Mutter eines Klienten sein Nein nicht akzeptierte, nachdem sie ein unpassendes Geschenk vorbeigebracht hatte, erklärte er ihr schließlich: »Mama, deine Geschenke sind keine Geschenke. Sie sind Verpflichtungen.«

Wenn Sie um das, was Ihnen angeboten wird, keinen großen Wirbel machen – egal, ob es sich um Essen, Geschenke, Geld, Gastfreundschaft oder Ratschläge handelt –, gibt Ihnen die emotional unreife Person das Gefühl, unhöflich zu sein oder ihre Gefühle absichtlich zu verletzen. Aber das ist natürlich Nonsens.

Sie haben das Recht, »Das reicht jetzt« zu sagen, egal, was es ist. Dasselbe gilt für »Nicht mehr« oder »Ich wünschte, ich könnte, aber nein danke«. Danach ist es Sache Ihres Gegenübers, mit seinen Gefühlen umzugehen.

**Belohnen Sie regressives Verhalten nicht.** Emotional unreife Personen schmollen gern oder reagieren verletzt, um Sie dazu zu bringen, sie zu »retten«. Wenn Sie darauf eingehen und sie beschwichtigen, fördern Sie dadurch ihr regressives Verhalten, anderen die Schuld zu geben.

Cora zum Beispiel, die sehr emotionale Mutter meiner Klientin Sandy, zog sich weinend in ihr Schlafzimmer zurück, wenn ihr etwas nicht passte. Sandy fühlte sich dann immer schlecht und folgte ihrer Mutter, stellte ihr Fragen und versuchte, sie zu beruhigen. Manchmal zog Cora die ungeteilte Aufmerksamkeit, die ihre Tochter ihr in solchen Situationen schenkte, in die Länge, indem sie sich weigerte, zu sprechen oder sich trösten zu lassen, bis Sandy mehrere Minuten durchgehalten hatte.

Sandy hatte verständlicherweise genug von diesem Verhaltensmuster und probierte etwas Neues aus. Als Cora das nächste Mal in ihr Schlafzimmer verschwand, folgte Sandy ihr und sagte *aufrichtig*: »Ich sehe, dass du wirklich traurig bist, Mama. Ich überlasse es dir, damit zurechtzukommen. Wenn du so weit bist, bin ich unten, und wir können einkaufen gehen, wie wir es geplant haben. Aber ich möchte, dass du dir so viel Zeit nimmst, wie du brauchst, um traurig zu sein.« Dann schloss Sandy leise die Tür hinter sich.

Mit dieser neuen Herangehensweise vermittelte Sandy ihrer Mutter, dass sie für sich selbst verantwortlich war, und streifte die Rolle der Retterin ab. Sandy hatte Verständnis für Coras Gefühle – sie reagierte weder kalt noch kritisch –, machte ihr aber klar, dass sie sich nicht in die Situation einmischen und das »Problem« für sie lösen würde. Cora kam etwa eine Viertelstunde später die Treppe herunter. Sandy lächelte sie an und fragte: »Bereit, einkaufen zu gehen?«

In einem anderen Beispiel weigerte sich Pauls moralisierender Vater, wie geplant abends ins Restaurant zu gehen, weil er abstruserweise dachte, Paul hätte sich die Reservierung »unter Vorspiegelung falscher Tatsachen« erschlichen. Paul sagte seinem Vater in aller Ruhe: »Das ist schon in Ordnung, Dad. Bitte tu nichts, was du nicht willst. Wir fahren in einer halben Stunde. Falls du es dir anders überlegst, würden wir uns freuen, wenn du mitkommst. Oder du nimmst später ein Taxi und kommst zum Dessert zu uns.«

Das Wichtigste an diesen Beispielen ist, dass es keine Schuldzuweisungen, keine Beschämung und keinen Versuch gab, die Gefühle der Eltern zu ändern. Die Kinder ließen ihren Eltern die Freiheit, ihre Gefühle zuzulassen und ihre Entscheidungen zu treffen. Dadurch boten sie ihnen auf respektvolle Art und Weise verschiedene Wahlmöglichkeiten: Die Eltern konnten auf einen vergnüglichen Ausflug mitkommen oder weiterschmollen.

**Äußern Sie Ihren Ärger klar, direkt und respektvoll.** Auch wenn ruhige Interaktionen ideal sind, gibt es Situationen, in denen Ärger unvermeidlich ist. Die Sturheit eines emotional unreifen Vaters oder einer solchen Mutter kann sehr schwer zu ertragen sein, besonders wenn die gemeinsame Vergangenheit von der Dominanz dieses Elternteils geprägt ist. Glücklicherweise kann man seinen Unmut zum Ausdruck bringen, ohne respektlos oder beleidigend zu werden.

***Bethanys Geschichte***

*Eines Tages begann Bethany ihre Sitzung mit der Ankündigung: »Heute bin ich meinem Vater gegenüber explodiert.« Es stellte sich heraus, dass ihr älterer, emotional unreifer Vater Levi das Personal in seinem Pflegeheim wieder einmal beschimpft und wegen Kleinigkeiten angeschrien hatte, gerade so, als wäre er in einem Fünf-Sterne-Hotel und könnte sich das erlauben. Mehrere der Mitarbeiter drohten nun, sich nicht mehr groß um ihn kümmern zu wollen. Bethany hatte genug von den ständigen Anrufen aus dem Heim wegen des Verhaltens ihres Vaters. Sie musste ihm den Ernst der Lage verdeutlichen. Sie konfrontierte Levi mit den Tatsachen und machte ihm klar, dass er, sollte er so weitermachen, rausgeschmissen würde und in einem weitaus weniger schönen Heim landen könnte (was auch stimmte; Levis Mittel waren begrenzt und er konnte sich glücklich schätzen, einen Platz in diesem Heim bekommen zu haben).*

*Bethany erinnerte Levi daran, dass auch die Mitarbeiter des Heims nur Menschen waren und einen anstrengenden Job machten. Sie sagte ihm, dass sie es leid sei, immer alles wieder für ihn in Ordnung zu bringen, und dass er zur Abwechslung mal an andere denken solle. »Ich bin erschöpft«, sagte Bethany. »Überleg mal, was all das mit mir macht. Was wirst du tun, wenn ich tot bin? Sei doch ein bisschen dankbar, Dad! Nimm mir etwas von dieser Last ab. Du weißt, wie man nett ist, also sei nett!«*

*Bethany machte Levi klar, was er zu tun hatte, ohne ihn zu beschämen oder zu beleidigen. Da Levi bei klarem Verstand war, musste er sich trotz seines hohen Alters vernünftig verhalten. Seine Lebensumstände passten ihm nicht, aber Bethany gefielen auch ihre nicht. Um der eigenen Gesundheit willen musste Bethany Levi sagen, dass er sich anstrengen und aufhören sollte, ihr das Leben schwer zu machen. Diese Konfrontation änderte zwar Levis Persönlichkeit nicht, gab ihnen aber die Möglichkeit, klar, offen und vertrauensvoll miteinander zu kommunizieren. Zu Bethanys Überraschung entschuldigte sich ihr Vater später. Sie waren – zumindest für einen Moment – zwei Erwachsene, die nach einer gemeinsamen Lösung suchten.*

Bethany zeigte, wie man Ärger mit einem klaren, vertrauten Kommunikationsstil äußert, ohne dabei sein Gegenüber anzugreifen. Jedes Mal, wenn ihr Vater wieder beleidigend wurde, konnte Bethany ihren Unmut klar ausdrücken und ihrem Vater sagen, was sie von ihm erwartete. Ärger, mit dem man reif umgeht, mag zwar immer noch emotional und intensiv sein, doch man bleibt beim Thema und setzt sich *direkt* mit der anderen Person auseinander, um ein *bestimmtes* Problem zu lösen. Ross Campbell beschreibt, dass der Ausdruck von Wut in verschiedene Reifegrade eingeteilt werden kann, wobei die Ausdrucksformen mehr oder weniger förderlich für die Problemlösung sind (Campbell 1981). Die Wut kann einen negativen Ton haben, aber solange sie logisch ist, zur Sprache gebracht wird, ohne Beleidigungen oder unangemessenes Verhalten auskommt, beim Thema bleibt und sich auf die betreffende Person oder das entsprechende Thema konzentriert, handelt es sich immer noch um einen relativ reifen Ausdruck von Wut.

Obwohl Bethanys Ton ihrem Vater gegenüber emotional und negativ war, sprach sie das Problem sachlich an und sagte ihm, was sie wollte, ohne beleidigend zu werden. Sie versuchte nicht, ihn zu bestrafen oder zu dominieren; sie wurde nur etwas lauter, um in seine selbstbezogene Welt vorzudringen. Sie erinnerte ihn eindringlich daran, dass es noch andere Menschen auf der Welt gibt und dass er ohne Rücksicht auf diese dabei war, die in seinen Augen selbstverständliche Unterstützung zu verlieren. Die Tatsache, dass Bethany ein Machtwort sprach, kam beiden zugute und sorgte dafür, dass ihre Interaktion real blieb.

## Verluste akzeptieren und nach vorn schauen

Viele Menschen glauben, dass sie eine gute Beziehung zu ihren Eltern haben, wenn diese endlich mit ihnen zufrieden sind. Doch angesichts der chronischen Unzufriedenheit und Abwehrhaltung emotional unreifer Menschen wissen Sie, dass sie nichts auf Dauer glücklich machen kann. Warum also noch länger versuchen, sie zu ändern, wenn Sie stattdessen glücklich mit sich selbst werden können? Die Unzulänglichkeiten einer emotional unreifen Person zu akzeptieren, verschafft Ihnen mehr Freiraum, sich um sich selbst zu kümmern und vielleicht mehr Mitgefühl für sich selbst zu empfinden.

## Schätzen Sie, was möglich ist, und nehmen Sie die Bindung an, wie Sie sie empfinden

Die meisten von uns empfinden eine ursprüngliche Verbundenheit mit unseren Eltern, unabhängig davon, ob sie unsere emotionalen Bedürfnisse erfüllt haben oder nicht. Familienbande sind trotz aller Frustrationen tief und nur wenige wollen sie völlig aufgeben. Auch wenn uns manche Familienmitglieder schier zur Verzweiflung bringen, kann uns die Beziehung zu ihnen auf einer sehr grundlegenden menschlichen Ebene sinnvoll und unersetzlich scheinen. Das starke Gefühl der Zugehörigkeit lässt uns trotz schmerzlicher oder entbehrungsreicher Erfahrungen an unseren Eltern festhalten.

Eine Klientin gestand mir, dass sie sich eine Beziehung zu ihrer Mutter wünschte, obwohl diese »weder sanft und zärtlich noch zuverlässig« war. Sie erinnerte sich lebhaft an den Moment, als sie in ihrem Zimmer weinte und ihr klar wurde, dass ihre Mutter sich niemals ändern würde. In diesem Moment beschloss sie, ihre Mutter so zu akzeptieren, wie sie war, weil ihr die Familienbande so viel bedeuteten.

Eine andere Klientin hatte eine sehr schwierige und belastende Beziehung zu ihrem emotional unreifen Vater. Obwohl sie von ihm oft schlecht behandelt und im Stich gelassen worden war, wich sie ihm, als er unheilbar krank wurde, nicht von der Seite. Nach seinem Tod stellte sie fest, dass ihre widersprüchlichen Gefühle ihm gegenüber keine Rolle mehr spielten. »Er war mein *Vater*«, betonte sie.

Auch wenn Ihre Eltern Ihnen nie die Liebe schenkten, die Sie gebraucht hätten, spielten sie eine wesentliche Rolle dabei, dass Sie lieben gelernt haben. Und das ist wichtig. Natürlich fühlen Sie sich Ihren Eltern sehr verbunden. Vergessen Sie aber nicht, sich selbst genauso verbunden zu bleiben. Solange Sie sich selbst nicht aufgeben, um Ihre Beziehung zu ihnen aufrechtzuerhalten, ist alles in Ordnung.

## Wie Sie die Beziehung zu Ihren Eltern mitfühlend und realistisch betrachten

Wenn Sie erst einmal aus den emotional unreifen Beziehungsmustern ausgebrochen sind, die Sie so lange ausbremsten, bedauern Sie vielleicht die Zeit, die Sie verloren haben, bevor Sie selbstbewusster wurden und sich Ihrer Liebesfähigkeit sicher waren. Viele Menschen wünschen sich, sie könnten die Zeit zurückdrehen, die sie damit vergeudet haben, die Anerkennung ihrer Eltern zu suchen. Aber vielleicht ist es tröstlich zu wissen, dass man wirklich ein neues Leben beginnen kann, wenn man sich erst einmal von der erdrückenden Kontrolle der emotional unreifen Eltern befreit hat. Manchmal ist der Kontrast zwischen der Unterdrückung und der neu entwickelten Selbstbestimmtheit so groß, dass man das Gefühl hat, zwei Leben und zwei Selbstkonzepte statt eines zu haben.

Im Rückblick auf die Beziehung zu Ihren emotional unreifen Eltern betrachten Sie diese jetzt vielleicht sowohl mit mitfühlender Traurigkeit als auch mit knallhartem Realismus. Ihre Perspektive hat sich erweitert, sodass Sie die Beziehung mit dem Blick eines Erwachsenen quasi von außen betrachten können.

### *Graces Geschichte*

*Grace hatte in der Therapie hart an einem positiveren Selbstkonzept und einem erfüllenderen Sozialleben gearbeitet. Sie war mit einer dominanten Mutter aufgewachsen, die so misstrauisch und kontrollierend war, dass Grace sich illoyal fühlte, wenn sie etwas außerhalb der Familie unternahm. Nach dem Tod ihrer Mutter öffnete sich Grace mehr für andere Menschen und stellte fest, dass diese viel freundlicher und aufgeschlossener waren als ihre Mutter. Grace trauerte nicht um ihre Mutter – sie waren sich nie besonders nah gewesen –, aber wenn sie an deren Leben zurückdachte, empfand sie Mitgefühl, weil die Unreife ihrer Mutter sie viel gekostet hatte.*

*»Ich glaube nicht, dass eines von uns Kindern um meine Mutter trauerte; denn sie war sehr kaltherzig. Sie hatte das Nachsehen, weil sie nicht geliebt wurde. Die meisten meiner Geschwister hatten schreckliche Probleme mit ihr. Sie hatte so wenig Einfühlungsvermögen. Man hatte das Gefühl, dass sie gar keine Verbindung zu einem wollte. Sie war so sehr damit beschäftigt, über andere und deren Fehler zu urteilen, dass sie gar nicht in der Lage war, jemanden zu lieben. In erster Linie ging es ihr darum, wie andere sich verbessern sollten. Sie hatte einfach nicht die Fähigkeit, eine innige Beziehung zu anderen Menschen zu haben. Theoretisch konnte sie mitfühlend sein, zum Beispiel in der Kirche, aber im persönli-*

*chen Umgang war sie wahnsinnig schwierig. Alles drehte sich um das, was man ihr angetan hatte. Für uns gab es kein Mitgefühl. Ihre Verbitterung machte sie innerlich so hässlich, dass es unmöglich war, sie zu lieben.«*

*Ich war tief davon berührt, wie Grace sich im Laufe der Zeit persönlich weiterentwickelte und sich der emotionalen Unzulänglichkeiten ihrer Mutter bewusst wurde. Graces Entwicklungsprozess ähnelte dem vieler anderer Menschen, die als Kinder emotional unreifer Eltern Heilung fanden. Sie blieb sich selbst treu und fand heraus, was sie interessierte und wen sie mochte. Sie liebte ihr Zuhause und ihre Haustiere, schloss Freundschaften und genoss es, etwas mit anderen zu unternehmen. Jetzt, da Grace sich frei fühlte, in ihrem Leben das zu machen, was sie für richtig hielt, wurde ihr bewusst, wie sehr sie die Ängste ihrer Mutter eingeengt hatten. Sie empfand Mitleid mit ihrer Mutter, war aber auch erleichtert, dass ihr Leben jetzt ganz ihr gehörte. Dank ihrer nährenden Beziehung zu sich selbst konnte sich Grace nun alles geben, was sie von ihrer Mutter nie bekommen hatte.*

*All die Jahre nach dem Tod ihrer Mutter sah Grace sie in einem neuen Licht. Jetzt, da sie gelernt hatte, ihr inneres Selbst zu schützen und zu lieben – diesen arglosen Teil ihrer Persönlichkeit, der ihre Mutter geliebt hatte, aber nie wiedergeliebt worden war -, konnte sie die Mutter objektiver sehen. Grace fühlte sich als eigenständige Person, nicht weil sie endlich die Liebe ihrer Mutter gewonnen, sondern weil sie sich selbst gefunden hatte.*

Nachdem es Ihnen nun gelungen ist, aus den lähmenden und emotional unreifen Beziehungsmustern auszubrechen, bereuen Sie es möglicherweise, sich so sehr um Menschen bemüht zu haben, die Ihnen so wenig zurückgegeben und Sie derart verletzt haben. Angesichts Ihres neu entwickelten Selbstwertgefühls schmerzt Sie vielleicht die Erkenntnis, so schlecht behandelt worden zu sein. Viele wünschten, sie könnten die Zeit zurückgewinnen, die sie mit dem Versuch verloren haben, sich an ihre egozentrischen Eltern anzupassen und sich deren Anerkennung zu verdienen. Aber vielleicht tröstet Sie die Gewissheit, dass Sie jetzt, da Sie wissen, wie solche Leute ticken, nicht länger versuchen müssen, ihnen zu gefallen oder sie zu ändern. Sie können nun Ihre emotionale Autonomie, Ihr inneres Erleben und Ihre Gedankenfreiheit in vollen Zügen genießen. Ihre Kindheit werden Sie nicht zurückbekommen, aber Ihr weiteres Leben können Sie selbst gestalten. Da Ihr inneres Selbst nun auf einem neuen Fundament steht, wird es mit Sicherheit wunderbar sein.

## Das Wichtigste in Kürze

Nachdem Sie nun intensiv über den Einfluss emotional unreifer Menschen in Ihrem Leben nachgedacht haben, wissen Sie, welche Bedingungen Sie in Ihrer gemeinsamen Beziehung nicht mehr akzeptieren können. Sie wissen, dass Sie genauso wichtig sind und dass Sie mit sich selbst und Ihrer inneren Welt auf eine liebevolle, loyale und schützende Weise verbunden bleiben können. In der Beziehung zu Ihren Eltern können Sie jetzt Ihre eigenen Bedürfnisse, Grenzen und Ihr Recht, Ihre Gefühle auszudrücken – auch Ihre Wut –, geltend machen. Sie wissen, wie Sie aktiv auf solche Personen reagieren müssen, um sich danach vollwertig und handlungsfähig zu fühlen. Sie können die tiefe familiäre Bindung zu ihnen anerkennen und gleichzeitig Ihre Autonomie und Freiheit schützen, so zu sein, wie Sie wirklich sind. Wenn Sie ganz Sie selbst sind und sich ebenbürtig fühlen, können Sie nicht in ein unausgewogenes Beziehungssystem hineingezogen werden. Stattdessen kommt es jetzt zur Begegnung zweier gleichberechtigter Menschen – der emotional unreifen Person und Ihnen –, was die Chancen auf eine echte Beziehung zwischen zwei sehr unterschiedlichen Individuen erhöht.

## Epilog

# Die Grundrechte erwachsener Kinder emotional unreifer Eltern

Am Ende unserer Reise möchte ich Ihnen eine Liste mit Rechten an die Hand geben, auf die Sie sich berufen können, wenn Sie in der Beziehung mit einer emotional unreifen Person auf Schwierigkeiten stoßen. Diese zehn Grundrechte fassen zusammen, was Sie in diesem Buch gelernt haben, insbesondere den Gedanken, dass Sie ein Recht auf Ihr eigenes Leben haben. Verwenden Sie sie als kurze Zusammenfassung, um emotional stabil zu bleiben, wenn Sie mit emotional unreifen Eltern oder Personen zu tun haben. Ich hoffe, sie hilft Ihnen weiter. Ich wünsche Ihnen alles Gute bei der Wiedererlangung Ihrer emotionalen Autonomie, Ihrer geistigen Freiheit und Ihres inneren Erlebens. Ich hoffe, dass Sie durch die Erkenntnisse, die Sie nach der Lektüre dieses Buches gewonnen haben, jede Interaktion mit einem emotional unreifen Menschen nutzen können, um über sich selbst hinauszuwachsen und sich selbst noch besser kennenzulernen.

## 1. Das Recht, Grenzen zu setzen

Ich habe das Recht, deinem verletzenden oder ausbeuterischen Verhalten Grenzen zu setzen.

Ich habe das Recht, jegliche Interaktion zu beenden, in der ich mich unter Druck gesetzt oder erpresst fühle.

Ich habe das Recht, alles abzubrechen, lange bevor ich erschöpft bin.

Ich habe das Recht, jede Interaktion zu beenden, die mir nicht gefällt.

Ich habe das Recht, ohne guten Grund Nein zu sagen.

## 2. Das Recht, sich nicht emotional erpressen zu lassen

Ich habe das Recht, nicht dein Retter zu sein.

Ich habe das Recht, dich zu bitten, dir anderswo Hilfe zu suchen.

Ich habe das Recht, deine Probleme nicht zu lösen.

Ich habe das Recht, dein Selbstwertgefühl dir zu überlassen, ohne etwas dazu beizutragen.

Ich habe das Recht, deinen Stress dir selbst zu überlassen.

Ich habe das Recht, mich zu weigern, mich schuldig zu fühlen.

## 3. Das Recht auf emotionale Autonomie und geistige Freiheit

Ich habe ein Recht auf wirklich alle meine Gefühle.

Ich habe das Recht, zu denken, was ich will.

Ich habe das Recht, nicht wegen meiner Wertvorstellungen, Gedanken oder Interessen belächelt oder verspottet zu werden.

Ich habe das Recht, mich daran zu stören, wie ich behandelt werde.

Ich habe das Recht, dein Verhalten oder deine Einstellung nicht gut zu finden.

**4. Das Recht, sich auszusuchen, mit wem man eine Beziehung hat**

Ich habe das Recht zu wissen, ob ich dich liebe oder nicht.

Ich habe das Recht, das, was du mir geben willst, nicht anzunehmen.

Ich habe das Recht, nicht illoyal mir selbst gegenüber zu sein, nur um es dir einfacher zu machen.

Ich habe das Recht, unsere Beziehung zu beenden, obwohl wir miteinander verwandt sind.

Ich habe das Recht, nicht abhängig zu sein.

Ich habe das Recht, jeden zu meiden, der mir unangenehm ist oder mich auslaugt.

**5. Das Recht auf klare Kommunikation**

Ich habe das Recht, alles zu sagen, solange ich es auf eine gewaltfreie, nicht verletzende Art und Weise tue.

Ich habe das Recht, darum zu bitten, dass man mir zuhört.

Ich habe das Recht, dir zu sagen, dass du meine Gefühle verletzt hast.

Ich habe das Recht, das Wort zu ergreifen und dir mitzuteilen, was ich wirklich möchte.

Ich habe das Recht, dass du nicht voraussetzt, ich wüsste, was du willst, sondern dass du es mir sagst.

### 6. Das Recht, selbst zu bestimmen, was das Beste für einen ist

Ich habe das Recht, etwas nicht zu machen, wenn es mir zeitlich nicht passt.

Ich habe das Recht, jederzeit zu gehen.

Ich habe das Recht, Nein zu sagen zu Unternehmungen oder Treffen, die ich nicht genieße.

Ich habe das Recht, ohne Selbstzweifel meine eigenen Entscheidungen zu treffen.

### 7. Das Recht, sein Leben auf seine Art zu leben

Ich habe das Recht, Dinge zu machen, auch wenn du sie nicht gut findest.

Ich habe das Recht, meine Energie und Zeit auf das zu verwenden, was ich wichtig finde.

Ich habe das Recht, auf meine inneren Erfahrungen zu vertrauen und meine Ambitionen ernst zu nehmen.

Ich habe das Recht, mir so viel Zeit zu nehmen, wie ich brauche, und nicht gedrängt zu werden.

### 8. Das Recht, gleich wichtig zu sein und respektiert zu werden

Ich habe das Recht, genauso wichtig zu sein wie du.

Ich habe das Recht, mein Leben zu leben, ohne von irgendjemandem belächelt zu werden.

Ich habe das Recht, als gleichberechtigter Erwachsener mit Respekt behandelt zu werden.

Ich habe das Recht, mich zu weigern, Scham zu empfinden.

### 9. Das Recht, die eigene Gesundheit und das eigene Wohlbefinden an die erste Stelle zu setzen

Ich habe ein Recht darauf, dass es mir gut geht, und nicht nur darauf, zu überleben.

Ich habe das Recht, mir Zeit für mich selbst zu nehmen, um das zu tun, was ich gern mag.

Ich habe das Recht, zu entscheiden, wie viel Energie und Aufmerksamkeit ich anderen Menschen widme.

Ich habe das Recht, Dinge zu überdenken.

Ich habe das Recht, mich um mich selbst zu kümmern, unabhängig davon, was andere denken.

Ich habe das Recht, mir die Zeit und den Freiraum zu nehmen, um meine innere Welt zu nähren.

### 10. Das Recht, sich selbst zu lieben und zu beschützen

Ich habe das Recht, Mitgefühl für mich selbst zu empfinden, wenn mir Fehler unterlaufen.

Ich habe das Recht, mein Selbstkonzept zu verändern, wenn es nicht mehr zu mir passt.

Ich habe das Recht, mich selbst zu lieben und nett zu mir zu sein. Ich habe das Recht, ich zu sein.

Ich habe das Recht, keine Selbstkritik zu üben und meine Individualität zu genießen.

# Danksagung

Mein aufrichtiger Dank gilt Tesilya Hanauer, meiner Autorenbetreuerin, die das Konzept der emotional unreifen Eltern von Beginn an für vielversprechend hielt. Tesilya hat dieses Buch mit großem Engagement durch den langwierigen Entwicklungsprozess begleitet. Ihre Geduld, ihre Hartnäckigkeit und ihr Glaube an das Projekt haben es möglich gemacht, dass die Erkenntnisse, die ich zusammen mit meinen Klienten hatte, die Öffentlichkeit erreichen. Großer Dank gebührt auch den Redakteuren von New Harbinger Clancy Drake und Jennifer Holder, die unermüdlich am Fokus und der Struktur des Buchs gearbeitet haben, damit alles so klar wie möglich zum Ausdruck kommt. Außerdem danke ich Gretel Hakanson für ihr scharfes Auge bei den Korrekturen und ihren Rat.

Ich bewundere meine vielen Klienten, die mir erlaubten, die Dokumentation zu ihrem Fall in anonymisierter und pseudonymisierter Form zu verwenden, getreu dem Motto: »Sicher, wenn es jemand anderem hilft!« Wir fanden gemeinsam heraus, wie man die verwirrende Kindheit mit emotional unreifen Eltern hinter sich lässt und zu einer neuen Leichtigkeit findet. Diese stellt sich ein, wenn man versteht, womit man zu kämpfen hatte, und einengende Muster in neue Stärken umwandelt.

Mein Dank gilt auch den Theoretikern und Forschern im Bereich der Entwicklungspsychologie, auf deren Arbeit sich mein Verständnis der emotionalen Unreife und deren Auswirkungen stützt. Ich hatte das Glück, dass ich während meines Studiums mit den entwicklungs- und persönlichkeitspsychologischen Erkenntnissen der Altmeister der Psychologie in Berührung kam, statt mich nur auf Symptome und Techniken zu konzentrieren. Theorien führen uns das große Ganze vor Augen und verleihen ihm Sinn. Ich habe von den Besten gelernt.

Ich möchte mich bei meinen Kollegen Brian Wald, Tom Baker und Mary Warren Pinnell bedanken, deren Ideen und Vorschläge mir sehr geholfen haben, heikle Fragen und knifflige Sachverhalte zu klären.

Ich bin zutiefst dankbar für die emotionale Unterstützung durch meine Schwester Mary Babcock und die aufschlussreichen Gespräche mit ihr. Seit meiner Kindheit ist sie meine größte Stütze. Ihre Einsichten und ihr tiefes Verständnis für menschliches Verhalten helfen mir stets, den Dingen auf den Grund zu gehen. Danke an Barbara und Danny Forbes für ihre Ideen und Beiträge. Barbara kennt mich sehr gut, steht mir seit vielen Jahren liebevoll zur Seite und richtet immer wieder besondere Feiern für mich aus.

Lynn Zoll hat mich während des gesamten Prozesses unterstützt und angefeuert. Sie hat mich mit Gedichten, Essen und »Schreib weiter!«-E-Mails zum Lachen gebracht und war immer bereit, über das Buch zu sprechen. Kim Forbes hat unermüdlich Interesse gezeigt, mir ihre einzigartigen, inspirierenden Karten und Texte geschickt, ganz zu schweigen von den aufschlussreichen Diskussionen, die wir hatten. Mein tiefer Dank gilt auch Esther Freeman, die mich in unserer langen Freundschaft viel darüber gelehrt hat, wie man aktiv auf Rückschläge und Entmutigungen reagiert. Ihre wertvollen Einsichten lenkten meine

Ideen immer wieder in Richtung Praktikabilität und Anwendungsfreundlichkeit.

Ich danke meinem wunderbaren Sohn Carter Gibson, der meine Fortschritte genau verfolgt und mir angesichts scheinbar überwältigender Rückschläge mit neuen und ermutigenden Ansätzen neuen Mut zugesprochen hat. Ich liebe die Art, wie er die Welt sieht und sein Leben lebt. Ich wünsche mir diese Art von Lebendigkeit für alle.

Schließlich gilt mein tiefster Dank meinem Mann Skip. Unsere Beziehung ist die Freude meines Lebens und war ein wichtiger Katalysator für meine emotionale Reife. Er hat meinen Traum, dieses Buch zu schreiben, sowohl emotional als auch materiell unterstützt. Aber das Beste war sein tiefes Verständnis für die Bedeutung und Kraft von Träumen selbst.

# Literaturverzeichnis


Ainsworth, M., S. Bell und D. Stayton, 1974, »Infant-Mother Attachment and Social Development: ›Socialization‹ as a Product of Reciprocal Responsiveness to Signals«, in: *The Integration of a Child into a Social World*, hrsg. von M. Richards, New York, Cambridge University Press

Barrett, L., 2023, *Wie Gefühle entstehen: Eine neue Sicht auf unsere Emotionen. Mit einem Vorwort von Leon Windscheid*, Hamburg, Rowohlt

Beattie, M., 2024, *Schluss mit der Co-Abhängigkeit: Wie du lernst, loszulassen und für dich selbst zu sorgen*, Berlin, Ullstein

Berne, E., 2002, *Spiele der Erwachsenen: Psychologie der menschlichen Beziehungen*, Hamburg, Rowohlt

Bickel, L., 2000, *Mawson's Will: The Greatest Polar Survival Story Ever Written*, South Royalton, VT, Steerforth Press

Bion, W., 1967, »Notes on Memory and Desire«, in: *Psychoanalytic Forum* 2, S. 272 f.

Bowen, M., 1985, *Family Therapy in Clinical Practice*, Lanham, MD, Rowman and Littlefield Publishers, Inc.

Bowlby, J., 1979, *The Making and Breaking of Affectional Bonds*, New York, Routledge

Bradshaw, J., 2018, *Das Kind in uns: Wie finde ich zu mir selbst*, München, Knaur MensSana

Burns, D., 2006, *Feeling Good: Depressionen überwinden, Selbstachtung gewinnen: Sich wieder wohlfühlen lernen*, Paderborn, Junfermann

Campbell, R., 1977, *How to Really Love Your Child*, Wheaton, IL, SF Publications

Campbell, R., 1981, *How to Really Love Your Teenager*, Colorado Springs, David C. Cook/Kingsway Communications

Capacchione, L., 1991, *Recovery of Your Inner Child*, New York, Touchstone

Clance, P. R., und S. Imes, 1978, »The Imposter Phenomenon in High Achieving Women: Dynamics and Therapeutic Intervention«, in: *Psychotherapy Theory, Research and Practice* 15 (3), S. 241–247

Clore, G. L., und J. R. Huntsinger, 2007, »How Emotions Inform Judgment and Regulate Thought«, in: *Trends in Cognitive Sciences* 11 (9), S. 393–399

Degeneres, E., 2017, »Holiday Headphones«, 5. Dezember, Ellentube.com, https://www.youtube.com/watch?v=78ObBXNgbUo

DeYoung, P. A., 2015, *Understanding and Treating Chronic Shame*, New York, Routledge

Duvinsky, J., 2017, *Perfect Pain/Perfect Shame*, North Charleston, SC, CreateSpace

Ellison, S., 2016, *Taking the War Out of Our Words*, Sunriver, OR, Voices of Integrity Publishing

Ezriel, H., 1952, »Notes on Psychoanalytic Group Therapy: II. Interpretation«, in: *Research Psychiatry* 15, S. 119

Fonagy, P., G. Gergely, E. Jurist und M. Target, 2004, *Affective Regulation, Mentalization, and the Development of the Self*, New York, Other Press

Forbes, K., 2018, persönliche Kommunikation

Forward, S., 1993, *Vergiftete Kindheit: Elterliche Macht und ihre Folgen*, München, Goldmann

Fosha, D., 2000, *The Transforming Power of Affect*, New York, Basic Books

Fraad, H., 2008, »Toiling in the Field of Emotion«, in: *Journal of Psychohistory* 35 (3), S. 270–286

Frankl, V., 1989, *… trotzdem Ja zum Leben sagen. Ein Psychologe erlebt das Konzentrationslager*, München, dtv

Gibson, L. C., 2018, *Kalte Kindheit: Wie wir trotz unemotionaler Eltern Wärme im Leben finden*, München, Kailash

Goleman, D., 1997, *EQ. Emotionale Intelligenz*, München, dtv

Gonzales, L., 2003, *Deep Survival*, New York, W. W. Norton and Company

Gordon, D., 2007, *Mindful Dreaming*, Franklin, NJ, The Career Press

Goulding, R. A., und R. C. Schwartz, 2002, *The Mosaic Mind*, Oak Park, IL, Trailhead Publications

Hanson, R., 2013, *Denke wie ein Buddha. Gelassenheit und innere Stärke durch Achtsamkeit*, München, Irisiana

Hatfield, E. R., R. L. Rapson und Y. L. Le, 2009, »Emotional Contagion and Empathy«, in: *The Social Neuroscience of Empathy*, hrsg. von J. Decety und W. Ickes, Boston, MIT Press

Hopwood, C., 2016, »Don't Do What I Do«, NPR, Shots, Opinion: Your Health, 16. Juli, https://www.npr.org/sections/health-shots/2016/07/16/485721853/dont-do-what-i-do-how-getting-out-of-sync-can-help-relationships

Huntford, R., 1985, *Shackleton*, New York, Carroll and Graf Publishers

Jung, C. G., 2021, *Aion – Beiträge zur Symbolik des Selbst: Gesammelte Werke 9/2* (C. G. Jung, *Gesammelte Werke 1–20*), Ostfildern, Patmos

Kabat-Zinn, J., 2019, *Gesund durch Meditation: Das große Buch der Selbstheilung mit MBSR*, München, Knaur MensSana

Karpman, S., 1968, »Fairy Tales and Script Drama Analysis«, in: *Transactional Analysis Bulletin* 26 (7), S. 39–43

Katie, B., 2002, *Lieben was ist. Wie vier Fragen Ihr Leben verändern können*, München, Arkana

Kernberg, O., 2009, *Borderline-Störungen und pathologischer Narzissmus*, Berlin, Suhrkamp Taschenbuch Wissenschaft

Kohut, H., 1976, *Narzissmus. Eine Theorie der psychoanalytischen Behandlung narzisstischer Persönlichkeitsstörungen*, Frankfurt am Main, Suhrkamp Taschenbuch Wissenschaft

Kornfield, J., 2015, *Meditation für Anfänger: Mit 6 geführten Audio-Meditationen für Einsicht, innere Klarheit und Mitempfinden*, München, Arkana

Mahler, M., und F. Pine, 2008, *Die psychische Geburt des Menschen: Symbiose und Individuation*, Frankfurt am Main, Fischer Taschenbuch

McCullough, L., 1997, *Changing Character*, New York, Basic Books

McCullough, L., N. Kuhn, S. Andrews, A. Kaplan, J. Wolf und C. L. Hurley, 2003, *Treating Affect Phobia*, New York, The Guilford Press

Minuchin, S., 2015, *Familie und Familientherapie: Theorie und Praxis struktureller Familientherapie*, Freiburg im Breisgau, Lambertus

Ogden, T., 1982, *Projective Identification and Psychoanalytic Technique*, Northvale, NJ, Jason Aronson, Inc.

O'Malley, M., 2016, *What's in the Way Is the Way*, Boulder, CO, Sounds True

Patterson, K., J. Grenny, R. McMillan und A. Switzler, 2012, *Heikle Gespräche: Worauf es ankommt, wenn viel auf dem Spiel steht. Die 7-Punkte-Strategie. Die 6-Minuten-Meistertechnik*, Wien, Linde

Perkins, J., 1995, *The Suffering Self*, New York, Routledge

Porges, S., 2023, *Die Polyvagal-Theorie und die Suche nach Sicherheit*, Lichtenau, G. P. Probst

Robbins, T., 2017, *Das Robbins Power Prinzip: Befreie die innere Kraft. Schluss mit Fremdbestimmung, Frustration und Unsicherheit*, Berlin, Ullstein

Rosenberg, M., 2016, *Gewaltfreie Kommunikation. Eine Sprache des Lebens*, Paderborn, Junfermann

Schore, A., 2012, *The Science of the Art of Psychotherapy*, New York, W. W. Norton and Company

Schwartz, R., 2024, *Das System der Inneren Familie: Einführung in die IFS-Therapie – Ein Weg zu mehr Selbstführung – Erweiterte Neuausgabe*, München, Kösel

Siebert, A., 1993, *Survivor Personality*, New York, Vantage Books

Simpson, J., 1988, *Touching the Void*, New York, HarperCollins

Smith, M., 1975, *When I Say No I Feel Guilty*, New York, Bantam Books/Random House

Stern, D., 2004, *The Present Moment*, New York, W. W. Norton and Company

Stone, D., B. Patton und S. Heen, 2001, *Offen gesagt! Erfolgreich schwierige Gespräche meistern*, München, Goldmann

Stone, H., und S. Stone, 1989, *Embracing Ourselves*, Novato, CA, Nataraj Publishing

Thich Nhat Hanh, 2012, *Friede mit jedem Atemzug: Ein Übungsbuch*, München, Goldmann

Vaillant, G., 1977, *Adaptation to Life*, Boston, Little Brown

Vaillant, G., 1993, *The Wisdom of the Ego*. Cambridge, MA, Harvard University Press

Van der Kolk, B., 2023, *Das Trauma in dir: Wie der Körper den Schrecken festhält und wie wir heilen können*, Berlin, Ullstein

Vereinte Nationen, 1948, »Allgemeine Erklärung der Menschenrechte«, https://www.un.org/depts/german/menschenrechte/aemr.pdf (abgerufen am 26.2.2024)

Wald, B., 2018, persönliche Kommunikation

Wallin, D., 2016, *Bindung und Veränderung in der psychotherapeutischen Beziehung: Grundlagen und Anwendung*, Lichtenau, G. P. Probst

Whitfield, C. L., 1993, *Heilen des inneren Kindes. Entdecken und Wiedererwecken Sie den Teil in sich, der lebendig, kraftvoll, schöpferisch und erfüllt ist: Ihr wahres Selbst*, Wessobrunn, Medizin & Neues Bewusstsein

Wolynn, M., 2017, *Dieser Schmerz ist nicht meiner: Wie wir uns mit dem seelischen Erbe unserer Familie aussöhnen*, München, Kösel

Young, J., J. Klosko und M. Weishaar, 2005, *Schematherapie: Ein praxisorientiertes Handbuch*, Paderborn, Junfermann

# Autorin

**Lindsay C. Gibson, PsyD**, ist eine niedergelassene klinische Psychologin, die sich auf die individuelle Psychotherapie erwachsener Kinder emotional unreifer Eltern spezialisiert hat. Sie ist Autorin mehrerer Bücher zu diesem Thema, darunter *Emotional unreife Eltern: Wie wir mit distanzierten, abweisenden oder ichbezogenen Müttern und Vätern umgehen* und schreibt eine monatliche Kolumne zum Thema »Wohlbefinden« für die Zeitschrift *Tidewater Women*. In der Vergangenheit war sie als außerordentliche Assistenzprofessorin für Diplom-Psychologie am College of William and Mary und an der Old Dominion University tätig. Lindsay C. Gibson lebt und praktiziert in Virginia Beach, VA.